STATISTIEK VOOR DE PSYCHOLOGIE

DEEL 4: GLM EN NON-PARAMETRISCHE TOETSEN

De serie *Statistiek voor de psychologie* bestaat uit vier delen:

Deel 1: Verdeling van een variabele, samenhang tussen twee variabelen
Deel 2: Toetsen voor twee gemiddelden en toetsingstheorie
Deel 3: Variantieanalyse
Deel 4: GLM *en non-parametrische toetsen*

Statistiek voor de psychologie

Deel 4: GLM *en non-parametrische toetsen*

Jules L. Ellis

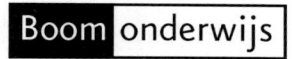

Boom onderwijs

Eerste druk 2003

© 2006, Uitgeverij Boom Onderwijs, Amsterdam
Tweede oplage, 2008

Behoudens de in of krachtens de Auteurswet van 1912 gestelde uitzonderingen mag niets uit deze uitgave worden verveelvoudigd, opgeslagen in een geautomatiseerd gegevensbestand, of openbaar gemaakt, in enige vorm of op enige wijze, hetzij elektronisch, mechanisch door fotokopieën, opnamen of enig andere manier, zonder voorafgaande schriftelijke toestemming van de uitgever.
Voor zover het maken van kopieën uit deze uitgave is toegestaan op grond van artikelen 16h t/m 16m Auteurswet 1912 jo. Besluit van 27 november 2002, Stb 575, dient men de daarvoor wettelijk verschuldigde vergoeding te voldoen aan de Stichting Reprorecht te Hoofddorp (postbus 3060, 2130 KB, www.reprorecht.nl) of contact op te nemen met de uitgever voor het treffen van een rechtstreekse regeling in de zin van art. 16l, vijfde lid, Auteurswet 1912. Voor het overnemen van gedeelte(n) uit deze uitgave in bloemlezingen, readers en andere compilatiewerken (artikel 16, Auteurswet 1912) kan men zich wenden tot de Stichting PRO (Stichting Publicatie- en Reproductierechten, postbus 3060, 2130 KB Hoofddorp, www.cedar.nl/pro).

No part of this book may be reproduced in any way whatsoever without the written permission of the publisher.

Verzorging omslag
Karin van der Meer, Amsterdam

Verzorging binnenwerk
H&R Communicatieve Vormgeving, Purmerend

Afbeelding omslag
Corbis

ISBN 978 90 8506 377 3

NUR 770, 916

Voorwoord

De serie *Statistiek voor de psychologie* is, zoals de titel al zegt, een inleiding in de statistiek toegespitst op opleidingen psychologie. De serie bestaat uit vier delen. Het algemene uitgangspunt is dat studenten aan de opleidingen psychologie, die niet allereerst komen voor de statistiek, toch gemotiveerd worden om het vak statistiek met goed gevolg af te leggen. De serie doet dit door in 'gewone taal' statistische begrippen uit te leggen, maar ook door je met behulp van opdrachten te stimuleren zelfstandig met de stof om te gaan.

Meer concreet heeft de serie de volgende kenmerken. Elke analyse wordt behandeld volgens dezelfde structuur, het 'elementaire rapport'. Dat maakt het leren veel gemakkelijker. Je wordt systematisch getraind op: datadesign en vraagstelling; betekenis en formulering van de conclusies; causale interpretaties en hun beperkingen. Je leert daarmee niet alleen het 'hoe' maar ook het 'wanneer', 'welke' en 'waarom' van de analyses op een praktische manier. Bij veel analyses wordt uitgebreid aandacht besteed aan visualiseren: het 'lezen' en inzichtsmatig redeneren met figuren. De stof begint extreem gemakkelijk (hoe bereken je een gemiddelde) maar eindigt op hoog niveau (dubbel multivariate repeated-measures ANOVA). In de eerste twee delen wordt uitvoerig stilgestaan bij de beperkingen van het intuïtieve statistische denken. Er is ook veel aandacht voor praktische regels. De stof wordt uitgelegd met veel gevarieerde voorbeelden, van het dagelijks leven tot gepubliceerd onderzoek. Met name onderzoeken die prototypisch zijn voor een bepaald gebied worden gebruikt. Tot slot is de stof vijf jaar lang getest en verbeterd naar aanleiding van vragen, problemen en suggesties van studenten van de opleiding Psychologie van de KUN.

Naast de serie is een site geopend: www.statistiekvoorpsychologie.nl. Je vindt hier onder andere de data van computeropgaven.

Bij dezen wil ik Maurits Geerts bedanken voor zijn bijdrage in het schrijven van de eerste versie van hoofdstuk 8. Daarnaast wil ik de student-assistenten bedanken die vanaf 1997 met hun commentaar, suggesties, tips en verbeteringen hebben bijgedragen aan dit boek. Ook veel studenten hebben hieraan bijgedragen, al was het maar door aan te geven welke passages ze niet snapten. Hun grootste bijdrage lag in het positieve commentaar. Het was altijd leuk om te horen dat studenten zeiden dat ze het boek duidelijk vonden, dat ze het vaak leuk vonden om te lezen, en dat ze mijn humor waardeerden. Dat stimuleerde me om ermee door te gaan.

Nijmegen, augustus 2003, augustus 2006

Inhoud

Hoofdstuk 1		Design en analyse	11
	1.1	Specificatie van designs	13
	1.2	Definities	14
	1.3	Het verschil tussen een afhankelijke variabele en een niveau van een within-subjectfactor	19
	1.4	Kiezen van de analyse	22
	1.5	Andere voorbeelden	26
	1.6	Bronnen van variatie	30
	1.7	Beknopt rapporteren en toelichten van conclusies	31
	1.7.1	Beknopt rapporteren	31
	1.7.2	Toelichten van conclusies	32
	1.8	Controle van assumpties	33
	1.9	Opgaven	34
Hoofdstuk 2		Multiple-regressieanalyse (MRA)	37
	2.1	Inleiding	37
	2.1.1	Herhaling *Statistiek voor de psychologie, deel 1B*	38
	2.2	Samenvatting	39
	2.3	Kort voorbeeld van een MRA	40
	2.4	Elementair rapport van een MRA	43
	2.4.1	Design	44
	2.4.2	Mate van controle	44
	2.4.3	Geaggregeerde data	45
	2.4.4	Schatters: de regressiegewichten	46
	2.4.5	De hypothesen	47
	2.4.6	Toetsing: de ANOVA summary table	49
	2.4.7	Toetsing: de p-waarden van de b-gewichten	54
	2.4.8	Beslissingen	54
	2.4.9	Causale interpretatie	58
	2.4.10	Samenvatting: elementair rapport MRA	59
	2.5	Beknopt rapport van een MRA	61
	2.6	Aansturen van SPSS *Regression*	62
	2.7	Output van SPSS *Regression* (selectie)	66
	2.8	Betekenis van de output van SPSS *Regression*	67

	2.9	Het adolescentieonderzoek	69
	2.10	Opgaven	72

Hoofdstuk 3		Varianten van MRA	79
	3.1	Gestandaardiseerde MRA	79
	3.1.1	Samenvatting	79
	3.1.2	Definitie van gestandaardiseerde regressiegewichten	80
	3.1.3	Berekenen van gestandaardiseerde regressiegewichten in SPSS	83
	3.1.4	Het effect van verandering van meeteenheid	83
	3.1.5	Het voordeel van gestandaardiseerde regressiegewichten	85
	3.1.6	Het voordeel van ongestandaardiseerde regressiegewichten	86
	3.1.7	Causale interpretatie van regressiegewichten	86
	3.1.8	De voorspellende waarde van een predictor	89
	3.2	ANOVA als MRA met dummycodering	90
	3.2.1	Dummycodering voor één factor	91
	3.2.2	MRA met de dummycodering van één factor	94
	3.2.3	Dummycodering van twee factoren	95
	3.3	Meer over regressie	96
	3.3.1	Hiërarchische regressie	96
	3.3.2	Mediatieanalyse	97
	3.3.3	Moderatie	97
	3.4	Opgaven	99

Hoofdstuk 4		GLM met één afhankelijke variabele	101
	4.1	Inleiding	101
	4.2	Samenvatting	102
	4.3	Korte voorbeelden van GLM-Univariate	103
	4.3.1	Alleen between-subjectfactoren: ANOVA	103
	4.3.2	Alleen covariaten: MRA	104
	4.3.3	Factoren en covariaten: ANCOVA	105
	4.4	Elementair rapport van een ANCOVA	107
	4.4.1	Design	107
	4.4.2	Mate van controle	108
	4.4.3	Geaggregeerde data	108
	4.4.4	Hypothesen	109
	4.4.5	Toetsing	113
	4.4.6	Beslissingen	116
	4.4.7	Causale interpretatie	117
	4.4.8	Samenvatting: elementair rapport van een ANCOVA	118
	4.5	Beknopt rapport van een ANCOVA of ANOVA	120

	4.6	Aansturen van SPSS *GLM-Univariate*	121
	4.7	Output van SPSS *GLM-Univariate* (selectie)	123
	4.8	Betekenis van de output van SPSS *GLM-Univariate*	124
	4.9	Meer over GLM-Univariate	126
	4.10	Opgaven	127
HOOFDSTUK 5		GLM met meerdere afhankelijke variabelen	131
	5.1	Inleiding	131
	5.2	Samenvatting	131
	5.3	Kort voorbeeld van GLM-Multivariate	132
	5.4	Elementair rapport van een MANOVA	135
	5.4.1	Design	136
	5.4.2	Mate van controle	137
	5.4.3	Geaggregeerde data	137
	5.4.4	Hypothesen	138
	5.4.5	Toetsing	143
	5.4.6	Beslissingen	145
	5.4.7	Causale interpretatie	147
	5.4.8	Samenvatting: elementair rapport van een MANOVA	147
	5.5	Beknopt rapport van een MANOVA	150
	5.6	Aansturen van SPSS *GLM-Multivariate*	151
	5.7	Output van SPSS *GLM-Multivariate* (selectie)	153
	5.8	Betekenis van de output van SPSS *GLM-Multivariate*	154
	5.9	Opgaven	157
HOOFDSTUK 6		GLM met een within-subjectfactor	161
	6.1	Inleiding	161
	6.2	Samenvatting	162
	6.3	Kort voorbeeld van een repeated-measures-MANOVA	163
	6.4	Elementair rapport van een repeated-measures-MANOVA	166
	6.4.1	Design	167
	6.4.2	Mate van controle	168
	6.4.3	Geaggregeerde data	169
	6.4.4	Hypothesen	170
	6.4.5	Toetsing	175
	6.4.6	Beslissingen	178
	6.4.7	Causale interpretatie	180
	6.4.8	Samenvatting: elementair rapport van een repeated-measures-MANOVA	183
	6.5	Beknopt rapport van een repeated-measures-MANOVA	185
	6.6	Aansturen van SPSS *GLM-Repeated Measures*	186
	6.7	Output van SPSS *GLM-Repeated Measures* (selectie)	191
	6.8	Betekenis van de output van *GLM-Repeated Measures*	192

	6.9	Meer over repeated measures	194
	6.10	Opgaven	197
HOOFDSTUK 7		GLM met within-subjectfactoren en meerdere afhankelijke variabelen	205
	7.1	Inleiding	205
	7.2	Samenvatting	206
	7.3	Kort voorbeeld van een dubbel multivariate repeated-measures-ANOVA	206
	7.4	Elementair rapport van een dubbel multivariate repeated-measures-ANOVA	208
	7.4.1	Design	208
	7.4.2	Mate van controle	209
	7.4.3	Geaggregeerde data	209
	7.4.4	Hypothesen	210
	7.4.5	Toetsing	211
	7.4.6	Beslissingen	212
	7.4.7	Causale interpratie	213
	7.4.8	Samenvatting: elementair rapport van een dubbel multivariate repeated-measures-ANOVA	214
	7.5	Beknopt rapport van een dubbel multivariate repeated-measures-ANOVA	216
	7.6	Aansturen van SPSS *GLM-Repeated Measures*	217
	7.7	Output van SPSS *GLM-Repeated Measures* (selectie)	220
	7.8	Betekenis van de output van *GLM-Repeated Measures*	221
	7.9	Opgaven	223
HOOFDSTUK 8		Non-parametrische toetsen	225
	8.1	Inleiding	225
	8.1.1	Wat zijn non-parametrische toetsen?	226
	8.1.2	Wanneer een non-parametrische toets?	226
	8.1.3	Waarom een non-parametrische toets?	226
	8.2	Elementair rapport van een Mann-Whitney U-toets	229
	8.2.1	Design	229
	8.2.2	Mate van controle	230
	8.2.3	Hypothesen	230
	8.2.4	Geaggregeerde Data	231
	8.2.5	Toetsingsgrootheid en p-waarde	232
	8.2.6	Beslissing	232
	8.2.7	Causale interpretatie	232
	8.2.8	Samenvatting	233
	8.2.9	De aansturing van SPSS	233
	8.2.10	De uitvoer van SPSS	234

	8.3	Elementair rapport van een χ^2-toets	234
	8.3.1	Design	235
	8.3.2	Mate van controle	235
	8.3.3	Hypothesen	236
	8.3.4	Geaggregeerde data	236
	8.3.5	Toetsingsgrootheid, df en p-waarde	238
	8.3.6	Beslissing	239
	8.3.7	Causale interpretatie	239
	8.3.8	Samenvatting	239
	8.3.9	Aansturing van SPSS	240
	8.3.10	De uitvoer van SPSS	241
	8.4	Opgaven	242

HOOFDSTUK 9 Leerdoelen en zelftoetsen 245
	9.1	Leerdoelen	245
	9.2	Zelftoets 1	246
	9.3	Uitwerkingen van zelftoets 1	253
	9.4	Zelftoets 2	259
	9.5	Uitwerkingen van zelftoets 2	268

Appendix Overzicht van elementaire en beknopte rapporten 271
	A.1	Elementair rapport MRA	271
	A.2	Beknopt rapport MRA	273
	A.3	Elementair rapport van een ANCOVA	273
	A.4	Beknopt rapport van een ANCOVA	275
	A.5	Elementair rapport van een MANOVA	276
	A.6	Beknopt rapport van een MANOVA	278
	A.7	Elementair rapport van een repeated-measures-manova	279
	A.8	Beknopt rapport van een repeated-measures-MANOVA	281
	A.9	Elementair rapport van een dubbel multivariate repeated-measures-ANOVA	282
	A.10	Beknopt rapport van een dubbel multivariate repeated-measures-ANOVA	284
	A.11	Elementair rapport van een Mann-Whitneytoets	285
	A.12	Elementair rapport van een chi-kwadraattoets	286

Referenties 287

Register 289

1 Design en analyse

Achtergrond 1
Een bekend probleem van scriptiestudenten is dat zij 'verdrinken' in hun data. Een beetje onderzoek bevat al snel tientallen variabelen en onderzoeken met honderden variabelen zijn bepaald geen uitzondering. In dit deel zullen steeds meer en steeds complexere data worden behandeld. De complexiteit van de analyses houdt daar gelijke tred mee. Om overzicht te behouden is het van het hoogste belang dat je bij elk onderzoek snel het design kan doorzien. Het design is je kompas bij het kiezen van een analyse.

Doel 1
Na bestudering van dit hoofdstuk en het maken van de opgaven ben je in staat om, gegeven de beschrijving van de data en vraagstelling van een onderzoek, het **design** te specificeren en de juiste **analyse** te kiezen. Aan het einde van de cursus moet je dit proces hebben geautomatiseerd (= snel en zonder opzoeken).

Zie paragraaf 1.7 voor achtergrond 2 en doel 2.

Doorlopend voorbeeld
Stel dat zestien personen een nieuwe taal moeten leren. Zij worden toegewezen aan drie verschillende groepen, die verschillende onderwijsmethoden krijgen: controle (geen onderwijs), methode A en methode B. Ieder subject wordt in vijf verschillende sessies getest, met tussenperioden van een maand. Zij worden elke sessie getest op drie taken: lezen, schrijven en luisteren. Op elke sessie worden andere tests gebruikt om hun prestaties te meten. De onderzoeker heeft er echter voor gezorgd dat de vijf testjes voor lezen (R1 tot en met R5) alle even moeilijk zijn, dat de vijf testjes voor schrijven (W1 tot en met W5) even moeilijk zijn en dat de vijf testjes voor luisteren (L1 tot en met L5) even moeilijk zijn. Voor elke persoon worden geslacht en leeftijd vastgesteld aan het begin van het experiment. De data staan in tabel 1.1. Deze data zullen worden beschouwd met verschillende vraagstellingen.

Tabel 1.1 Data bij doorlopend voorbeeld hoofdstuk 1

	Taak>			Read					Write					Listen				
		Sessie>		1	2	3	4	5	1	2	3	4	5	1	2	3	4	5
Persoon	Methode	Geslacht	Leeftijd	R1	R2	R3	R4	R5	W1	W2	W3	W4	W5	L1	L2	L3	L4	L5
1	Controle	Man	43	1	2	4	2	1	3	2	5	3	2	2	3	2	4	4
2	Controle	Man	24	4	4	5	3	4	2	2	3	5	3	4	5	6	4	1
3	Controle	Man	61	5	6	5	7	7	4	5	7	5	4	7	6	9	7	6
4	Controle	Vrouw	54	5	4	7	5	4	2	2	3	5	3	4	4	5	3	4
5	Controle	Vrouw	39	3	4	6	4	3	6	7	8	6	3	4	3	6	4	3
6	A	Man	21	7	8	7	9	9	9	9	10	8	9	9	10	11	9	6
7	A	Man	27	5	5	6	4	5	7	7	8	10	8	8	9	11	9	8
8	A	Vrouw	63	2	3	5	3	2	2	4	8	6	5	6	6	7	5	6
9	A	Vrouw	26	3	3	4	6	4	4	5	6	4	1	5	4	7	5	4
10	B	Man	42	4	4	5	3	4	6	7	6	8	8	8	8	9	7	8
11	B	Man	42	3	3	4	2	3	5	4	7	5	4	5	6	8	6	5
12	B	Man	34	6	7	8	6	3	9	10	11	9	6	8	7	10	8	7
13	B	Vrouw	35	5	5	6	8	6	4	6	6	8	6	8	8	9	7	8
14	B	Vrouw	46	2	2	3	1	2	5	6	7	5	2	7	6	8	6	3
15	B	Vrouw	54	2	2	3	4	4	6	6	7	9	7	7	7	8	6	7
16	B	Vrouw	21	4	5	7	5	4	7	7	8	6	7	7	8	10	8	7
Gemiddelde per Sessie × Taak>				3.8	4.2	5.3	4.5	4.1	5.1	5.6	6.9	6.4	4.9	6.2	6.3	7.9	6.1	5.4
Gemiddelde per Taak>				4.4					5.8					6.4				

1.1 Specificatie van designs

Bij het specificeren van het design van een onderzoek beschrijf je:
- de **afhankelijke variabelen** en hun meetniveaus (= meestal kwantitatief);
- de **within-subjectfactoren** en hun niveaus;
- de **between-subjectfactoren** en hun niveaus;
- de **covariaten** en hun meetniveaus (= kwantitatief);
- als er within-subjectfactoren zijn de **indeling van de metingen**.

Covariaten zijn kwantitatieve, onafhankelijke variabelen waarvan wordt onderzocht of zij correleren met een afhankelijke variabele. De *indeling van de metingen* is een tabel waarin voor elke afhankelijke variabele en elke cel van de within-subjectfactoren staat wat de naam is van de betreffende meting (= kolom) in de datamatrix. De overige begrippen zijn al behandeld.

In het design hoeven alleen variabelen te worden opgenomen die **relevant** zijn voor de vraagstelling. Deze variabelen moeten **consistent en uitputtend** worden geclassificeerd door het design.

Het design geeft aan wat de rol is van elke variabele in de analyse. Dat wordt bepaald door de **aard van de data** en door de **vraagstelling**.

Bij de afhankelijke variabele hoef je (anders dan in deel 3) niet op te schrijven hoeveel metingen er per persoon zijn. Die informatie staat als het goed is al in de indeling van de metingen. Het kan overigens geen kwaad het er toch bij te schrijven!

Toelichting
In het design beschrijf je van elke SPSS-variabele de functie in de analyse. Je moet dus om te beginnen weten welke SPSS-variabelen er zijn! Het is bijna gênant om te zien hoeveel mensen deze stap over blijven slaan. Maar we zijn met statistiek bezig, dus het *gaat* om de data!

    KIJK IN DE DATAMATRIX WAT DE VARIABELEN ZIJN.

Data kunnen vaak op meerdere manieren in een design worden gezet. Het hangt dan van de onderzoeksvraag af wat je moet doen. Bijvoorbeeld: eenzelfde variabele kan soms evengoed tot afhankelijke als tot onafhankelijke variabele worden gebombardeerd.

    LEES GOED WAT DE ONDERZOEKSVRAAG IS.

Voorbeeld
In het doorlopend voorbeeld is een zinnige onderzoeksvraag: worden lezen, schrijven en luisteren beïnvloed door de onderwijsmethode, geslacht, leeftijd, sessie, of interacties daartussen? Het design is in dat geval:

afhankelijke variabele 1   = Read (kwantitatief)
afhankelijke variabele 2   = Write (kwantitatief)
afhankelijke variabele 3   = Listen (kwantitatief)
within-subjectfactor 1   = Sessie (1, 2, 3, 4, 5)
between-subjectfactor 1   = Methode (controle, A, B)
between-subjectfactor 2   = Geslacht (man, vrouw)
covariaat 1   = Leeftijd (kwantitatief)

indeling van de metingen   = (zie tabel 1.2)

Tabel 1.2

Afhankelijke variabele	Sessie	Meting
Read	1	R1
	2	R2
	3	R3
	4	R4
	5	R5
Write	1	W1
	2	W2
	3	W3
	4	W4
	5	W5
Listen	1	L1
	2	L2
	3	L3
	4	L4
	5	L5

Dit is trouwens één van de meest ingewikkelde voorbeelden die we tegen zullen komen.

1.2   Definities

Hoewel de meeste begrippen al behandeld zijn, geven we hieronder voor de zekerheid een lijst definities.

Datamatrix
Een rechthoekige tabel met gegevens. In SPSS wordt hij getoond in de Data Editor.

Voorbeeld: Alles wat binnen de tabel in het wit staat.

Subject/case
Een rij (horizontaal) in de datamatrix. Meestal een persoon of dier.

Voorbeeld: Persoon 1-16.

Variabele
Een kolom (verticaal) in de datamatrix. Gewoonlijk bestaat een variabele uit scores die zijn verkregen met een of ander meetinstrument in een bepaalde conditie.

Voorbeeld: Methode, Geslacht, Leeftijd, R1-R5, W1-W5, L1-L5.

Groep
Een verzameling subjecten met een gemeenschappelijk kenmerk.

Voorbeeld: De groep subjecten met Methode = A is {Persoon 6, Persoon 7, Persoon 8, Persoon 9}.

Nominale/categoriale/kwalitatieve variabele
Een variabele waarvan het bereik (de mogelijke uitkomsten) bestaat uit slechts een beperkt aantal verbale labels: de categorieën. De categorieën moeten wederzijds uitsluitend zijn. De variabele kan zijn gecodeerd met scores die geen numerieke betekenis hebben, maar slechts categorieën symboliseren. De scores zijn meestal gehele getallen tussen 0 en 10 en indiceren een groepslidmaatschap zoals sekse, nationaliteit, ras, experimentele groep. Kenmerkend voor zo'n gecodeerde kwalitatieve variabele is dat je net zo goed een andere codering kunt gebruiken, zonder verlies van informatie. Een vuistregel om kwalitatieve variabelen te herkennen: bij zulke variabelen is het onzinnig om het gemiddelde te berekenen.

Voorbeeld: Methode, Geslacht. Merk op dat we Methode net zo goed hadden kunnen coderen met de getallen 1, 2, 3 in plaats van Controle, A, B.

Interval-/continue/kwantitatieve variabele
Een variabele met scores die numerieke betekenis hebben. Vaak hebben de scores een decimale punt of hebben ze een groot bereik (bijvoorbeeld 0- 40). Een kwantitatieve variabele meet een hoeveelheid – dat wil zeggen: een eigenschap die het subject 'meer' of 'minder' kan hebben en waarin het subject 'groot' of 'klein' is (bijvoorbeeld lengte, leeftijd, angst, responstijd). Vuistregel: bij een kwantitatieve variabele is het zinnig om het gemiddelde te berekenen.

Voorbeeld: Leeftijd, R1-R5, W1-W5, L1-L5.

Onafhankelijke/verklarende variabele
Een variabele waarvan wordt onderzocht of hij invloed heeft op een andere varia-

bele. Meestal is dat een kenmerk van een situatie (bijvoorbeeld experimentele conditie) of een kenmerk van de persoon bij aanvang van het onderzoek.

Voorbeeld: Methode, Geslacht, Leeftijd.

Factor/between-subjectfactor
Een **kwalitatieve, onafhankelijke variabele**. Een factor deelt de subjecten in in groepen en die groepen moeten met elkaar worden vergeleken.

Voorbeeld: Methode, Geslacht. De niveaus van de between-subjectfactor Methode zijn Controle, A, B. Elk niveau definieert een groep subjecten.

Covariaat/predictor
Een **kwantitatieve, onafhankelijke variabele**. In de gangbare analyses wordt aangenomen dat de afhankelijke variabele lineair samenhangt met de covariaat. Als er sterke redenen zijn om dat te betwijfelen, kan de betreffende variabele beter worden behandeld als between-subjectfactor dan als covariaat. Daartoe kan het nodig zijn het bereik van de variabele terug te brengen tot een klein aantal niveaus, bijvoorbeeld 'hoog', 'midden', 'laag'.
Of men de term covariaat of predictor gebruikt, hangt af van de analyse die men doet. Dat is niet logisch. Bij een ANCOVA gebruikt men de term 'covariaat'. Bij een multiple-regressieanalyse gebruikt men de term 'predictor'.

Voorbeeld: Leeftijd.

Within-subjectfactor
Een **kwalitatieve, onafhankelijke 'variabele' die verschillende waarden aanneemt bij hetzelfde subject**. Dit treedt op als een variabele onder verschillende condities is gemeten bij dezelfde subjecten. De within-subjectfactor geeft aan in welke conditie er is gemeten. Je spreekt pas van een within-subjectfactor als het de bedoeling is metingen uit de verschillende condities met elkaar te **vergelijken** door te toetsen of zij hetzelfde gemiddelde hebben.
In principe kunnen data die met een within-subjectfactor zijn verkregen op twee manieren worden weergegeven: 'onder elkaar' en 'naast elkaar'. Neem als voorbeeld de Readscore van Personen 1 en 2 tijdens Sessie 1 en 2 uit tabel 1.1. Onder elkaar ziet het er uit als in tabel 1.3.

Tabel 1.3

Persoon	Sessie	Score
1	1	1
1	2	2
2	1	4
2	2	4

Naast elkaar ziet het er uit als in tabel 1.4.

Tabel 1.4

Persoon	R1	R2
1	1	2
2	4	4

In SPSS moet je de data van een within-subjectfactor in principe **naast elkaar** zetten. Dat leidt tot de complicatie dat de **within-subjectfactor en de afhankelijke variabele niet als variabele in de datamatrix** staan. In het zojuist gegeven voorbeeldje zijn alleen Persoon, R1 en R2 variabelen in de datamatrix. Sessie en Read ontbreken. Zij kunnen pas bij de analyse worden gedefinieerd.

Wie wel als variabelen in de datamatrix staan, zijn de **metingen**. Dat is een variabele die de scores bevat op een afhankelijke variabele bij een specifieke cel van de within-subjectfactor(en). In het voorbeeldje zijn R1 en R2 de metingen. In SPSS heten dit 'within-subject variables' – niet te verwarren met de within-subjectfactor. Zoals een between-subjectfactor een indeling van subjecten is, zo is een within-subjectfactor **een indeling van de metingen**. Je moet een within-subjectfactor dan ook *definiëren* door aan te geven hoe hij de metingen indeelt. Dat wil zeggen: door aan te geven welke variabele uit de datamatrix hoort bij welk niveau van de within-subjectfactor. Een within-subjectfactor kan dan ook worden weergegeven als een *rij* scores of labels boven de datamatrix. Dit is gedaan bij de data van het doorlopend voorbeeld (tabel 1.1). *Conceptueel* is een within-subjectfactor een 'variabele'. *Officieel* is een within-subjectfactor echter zelf geen variabele; een variabele is immers een kolom, geen rij.

Voorbeeld: Sessie. De niveaus van deze within-subjectfactor zijn 1, 2, 3, 4, 5. Deze condities moeten met elkaar worden vergeleken. Wat betreft de within-subjectfactor Sessie worden de variabelen ingedeeld als in tabel 1.5.

Tabel 1.5

Sessie	Variabelen
1	R1, W1, L1
2	R2, W2, L2
3	R3, W3, L3
4	R4, W4, L4
5	R5, W5, L5

Afhankelijke of verklaarde variabele/criterium/measure
Een variabele waarvan wordt onderzocht of hij wordt beïnvloed door een andere variabele. Vaak is de afhankelijke variabele een meting van gedrag, beleving of

prestatie aan het eind van het onderzoek. Afhankelijk van de overige elementen in het design heeft een afhankelijke variabele de volgende kenmerken.

- *Bij een between-subjectfactor.* De afhankelijke variabele is een variabele waarvan meerdere gemiddelden (of medianen, of frequentieverdelingen) worden berekend, namelijk in een gemiddelde in elke groep van de between-subjectfactor. Die gemiddelden worden dan met elkaar vergeleken. De nulhypothese is dat die gemiddelden gelijk zijn.
- *Bij een covariaat.* De correlatie tussen de covariaat en de afhankelijke variabele wordt berekend. De nulhypothese is dat die correlatie 0 is.
- *Bij een within-subjectfactor.* Een afhankelijke variabele is een verzameling variabelen waarvan de gemiddelden met elkaar worden vergeleken. De nulhypothese is daarbij dat al die gemiddelden gelijk zijn. In afwijking van de afspraak dat een 'variabele' een kolom in de datamatrix is, wordt hier toegelaten dat een afhankelijke variabele bestaat uit meerdere kolommen en dus eigenlijk een ***verzameling* variabelen** is. De betreffende kolommen noemen we **metingen** van de afhankelijke variabele.

Om variabelen te zien als metingen van één afhankelijke variabele is het nodig dat zij 'commensurabel' zijn, dat wil zeggen dat zij met een soortgelijk meetinstrument zijn verkregen. Om deze reden wordt een afhankelijke variabele die uit meerdere metingen bestaat in SPSS aangeduid als een 'measure'. Dit woord dien je echter te vertalen als 'maat', niet als 'meting'. Dus een maat is een afhankelijke variabele die bestaat uit meerdere metingen. Elk van die metingen bestaat uit een kolom scores. In de literatuur worden de begrippen 'dependent variable', 'measure' en 'measurement' niet consistent gebruikt.

Voorbeeld: Read, Write, Listen. Elke van deze afhankelijke variabelen bestaat uit meerdere, commensurabele metingen. Read bestaat bijvoorbeeld uit R1, R2, R3, R4 en R5. Wat betreft deze afhankelijke variabelen worden de metingen ingedeeld als in tabel 1.6.

Tabel 1.6

Afhankelijke variabele	Meting
Read	R1, R2, R3, R4, R5
Write	W1, W2, W3, W4, W5
Listen	L1, L2, L3, L4, L5

Indeling van de metingen
Een tabel waarin voor elke afhankelijke variabele bij elke cel van de within-subjectfactoren staat wat de naam is van de betreffende meting (= kolom) in de datamatrix.

Bij designs met een within-subjectfactor is de indeling van de metingen in SPSS nodig om de afhankelijke variabelen en de within-subjectfactoren eenduidig te definiëren. Als de variabelen in de datamatrix bijvoorbeeld de namen Read1 en Read2 hebben, dan snapt SPSS niet dat dit respectievelijk de eerste en de tweede meting van Read zijn. 'Read, wie is dat, ik ken alleen Read1 en Read2'. Dat lijkt stom, maar toch is het goed. Het hangt namelijk maar helemaal af van je vraagstelling of je de gemiddelden van Read1 wilt vergelijken met die van Read2. Als je ze niet wilt vergelijken, vormen ze *twee* afhankelijke variabelen *zonder* within-subjectfactor. Als je ze wel wilt vergelijken vormen ze *één* afhankelijke variabele *met* een within-subjectfactor. Het is prettig dat SPSS niet ongevraagd jouw vraagstelling bedenkt.

Voorbeeld: zie tabel 1.7.

Tabel 1.7

Afhankelijke variabele	Sessie	Meting
Read	1	R1
	2	R2
	3	R3
	4	R4
	5	R5
Write	1	W1
	2	W2
	3	W3
	4	W4
	5	W5
Listen	1	L1
	2	L2
	3	L3
	4	L4
	5	L5

Hiermee worden de twee eerder gegeven indelingen gecombineerd.

1.3 Het verschil tussen een afhankelijke variabele en een niveau van een within-subjectfactor

Bij designs met een within-subjectfactor wordt een afhankelijke variabele vaak verward met een niveau van een within-subjectfactor. Wat is het verschil? Het verschil zit hem uitsluitend in de **vraagstelling**. Je moet nagaan welke metingen volgens de vraagstelling met elkaar **vergeleken** moeten worden. Met 'vergelijken' bedoelen we hier dat er wordt getoetst of ze hetzelfde gemiddelde hebben.

Metingen waarvan de gemiddelden met elkaar moeten worden vergeleken, behoren tot **dezelfde afhankelijke variabele** en bij **verschillende niveaus van een within-subjectfactor**.

Voorbeeld
Beschouw de variabelen R1 tot en met R5. Dat zijn vijf variabelen. Je kan ze op twee manieren in het design gebruiken:
- als vijf verschillende afhankelijke variabelen;
- als één afhankelijke variabele met een within-subjectfactor van vijf niveaus.

Als je voor het eerste kiest, dan zul je in de bijbehorende analyse antwoord krijgen op de vraag of Methode invloed heeft op R1, of Methode invloed heeft op R2, enzovoort. Als je voor het tweede kiest, dan zul je in de bijbehorende analyse antwoord krijgen op de vraag of de gemiddelden van R1 tot en met R5 verschillend zijn en of Methode invloed heeft op de somscore R1 + R2 + R3 + R4 + R5. Het kan niet allebei tegelijk. Om het design te specificeren moet je dus besluiten op welke van deze vragen je het liefste antwoord krijgt.

Als we de data van tabel 1.1 analyseren volgens het in paragraaf 1.1 gespecificeerde design met drie afhankelijke variabelen (Read, Write, Listen) en één within-subjectfactor (Sessie) dan geldt:

Er wordt getoetst of '3.8 = 4.2 = 5.3 = 4.5 = 4.1 maar dan in de populatie'. Deze gemiddelden gaan over dezelfde afhankelijke variabele, Read. Zij komen uit verschillende niveaus van de within-subjectfactor, Sessie.

Er wordt *niet* getoetst of '4.4 = 5.8 = 6.4 maar dan in de populatie'. Deze gemiddelden gaan over verschillende afhankelijke variabelen. Er wordt ook niet getoetst of '3.8 = 5.1 = 6.2 maar dan in de populatie'. Ook deze gemiddelden hebben betrekking op verschillende afhankelijke variabelen.

Als we de gemiddelden op Read, Write en Listen toch met elkaar willen vergelijken *dan moeten we het design anders specificeren*, namelijk:

afhankelijke variabele	= Taalvaardigheid (kwantitatief)
within-subjectfactor 1	= Taak (Read, Write, Listen)
within-subjectfactor 2	= Sessie (1, 2, 3, 4, 5)
between-subjectfactor 1	= Methode (controle, A, B)
between-subjectfactor 2	= Geslacht (man, vrouw)
covariaat 1	= Leeftijd (kwantitatief)
indeling van de metingen	= (zie tabel 1.8)

Tabel 1.8

Taak	Sessie	Meting
Read	1	R1
	2	R2
	3	R3
	4	R4
	5	R5
Write	1	W1
	2	W2
	3	W3
	4	W4
	5	W5
Listen	1	L1
	2	L2
	3	L3
	4	L4
	5	L5

Read, Write en Listen zijn nu niveaus van een within-subjectfactor in plaats van afhankelijke variabelen. Dit leidt tot:

> Er wordt getoetst of '4.4 = 5.8 = 6.4 maar dan in de populatie'. Dit zijn nu immers metingen van dezelfde afhankelijke variabele bij verschillende niveaus van een within-subjectfactor. Ook wordt getoetst of '3.8 = 5.1 = 6.2 maar dan in de populatie'.

Als je even doordenkt, moet je concluderen dat we bij dezelfde data minstens *vier* verschillende designs hebben. In het eerste design worden R1 tot en met L5 beschouwd als vijftien verschillende afhankelijke variabelen zonder within-subjectfactor. In het tweede design (dat ik in paragraaf 1.1 specificeerde) worden Read, Write en Listen beschouwd als drie verschillende afhankelijke variabelen met een within-subjectfactor Sessie van vijf niveaus (en 3 x 5 = 15). In het derde design worden Read, Write en Listen beschouwd als drie niveaus van de within-subjectfactor Taak, die gekruist is met de within-subjectfactor Sessie van vijf niveaus. En dan is er nog de vierde mogelijkheid, om de sessies te zien als vijf afhankelijke variabelen met de within-subjectfactor Taak. Voor welk je design je moet kiezen, ligt niet besloten in de data, maar in de vraagstelling. Als je wilt weten of Read, Write en Listen hetzelfde gemiddelde hebben, en ook of de vijf sessies hetzelfde gemiddelde hebben, moet je kiezen voor het derde design.

In dit voorbeeld ligt het tweede design wat meer voor de hand dan het derde of vierde. Read, Write en Listen zijn gemeten met verschillende meetinstrumenten (ze zijn niet commensurabel). Er is geen moeite gedaan de testjes voor Read even moeilijk te maken als die voor Write en Listen, of om ze anderszins vergelijkbaar te maken. Het is daarom weinig zinnig om te toetsen of ze hetzelfde gemiddelde hebben, want waarschijnlijk hebben ze dat niet, maar wat zegt dat? Ook uit de vraagstelling blijkt niet dat ze vergeleken moeten worden. Eerder is het zo dat ze naast elkaar bestudeerd moeten worden als verschillende afhankelijke variabelen.

1.4 Kiezen van de analyse

Op grond van de specificatie van het design kun je kiezen welke analyse moet worden gedaan. Op den duur moet je dat automatisch kunnen. In het begin kun je gebruikmaken van figuur 1.1, figuur 1.2 en figuur 1.3. Die lijken misschien wat ingewikkeld, maar de plattegrond van het centrum van jouw woonplaats is moeilijker. Net als het centrum van steden is de naamgeving van de diverse analyses historisch gegroeid.

Je hoeft voorlopig alleen figuur 1.1 te kennen. Figuren 1.2 en 1.3 zijn gegeven voor de volledigheid, misschien heb je er later nog wat aan. Alleen de *bovenste twee parten* van figuur 1.1 zijn belangrijk (25% en 50% grijs). De onderste twee parten (10% en 0% grijs) staan er voor de volledigheid, om de relaties met eerder behandelde stof aan te geven.

In de figuur worden analyses benoemd met gebruikelijke afkortingen, die jij ook mag gebruiken: ANOVA = analysis of variance; ANCOVA = analysis of covariance; MANOVA = multivariate ANOVA; GLM = general linear model. Wat dat allemaal betekent, daar hebben we het nog wel eens over. Leer de volgende associaties.

eerste helft design ⇒ *eerste helft analysenaam*
    meerdere afhankelijke variabelen   ⇒ multivariaat
    within-subjectfactoren   ⇒ multivariaat + repeated measures
    beide   ⇒ dubbel multivariaat + repeated measures

tweede helft design ⇒ *tweede helft analysenaam*
    between-subjectfactoren   ⇒ ANOVA
    covariaten   ⇒ multiple-regressieanalyse
    beide   ⇒ ANCOVA

Voorbeeld
In het doorlopende voorbeeld zijn de afhankelijke variabelen kwantitatief, dus we moeten figuur 1.1 hebben. Er zijn meerdere afhankelijke variabelen, dus we moeten de bovenste helft hebben. Er is een within-subjectfactor, dus we moeten de rechterhelft hebben. In dit gebied staat nog maar één analyse, dus die moeten we hebben: 'doubly multivariate repeated measures ANOVA'. Via de bovenstaande associatieregels kom je op de naam 'dubbel multivariaat repeated-measures-ANCOVA'. Dat is ook goed, nog beter zelfs.

Design en analyse

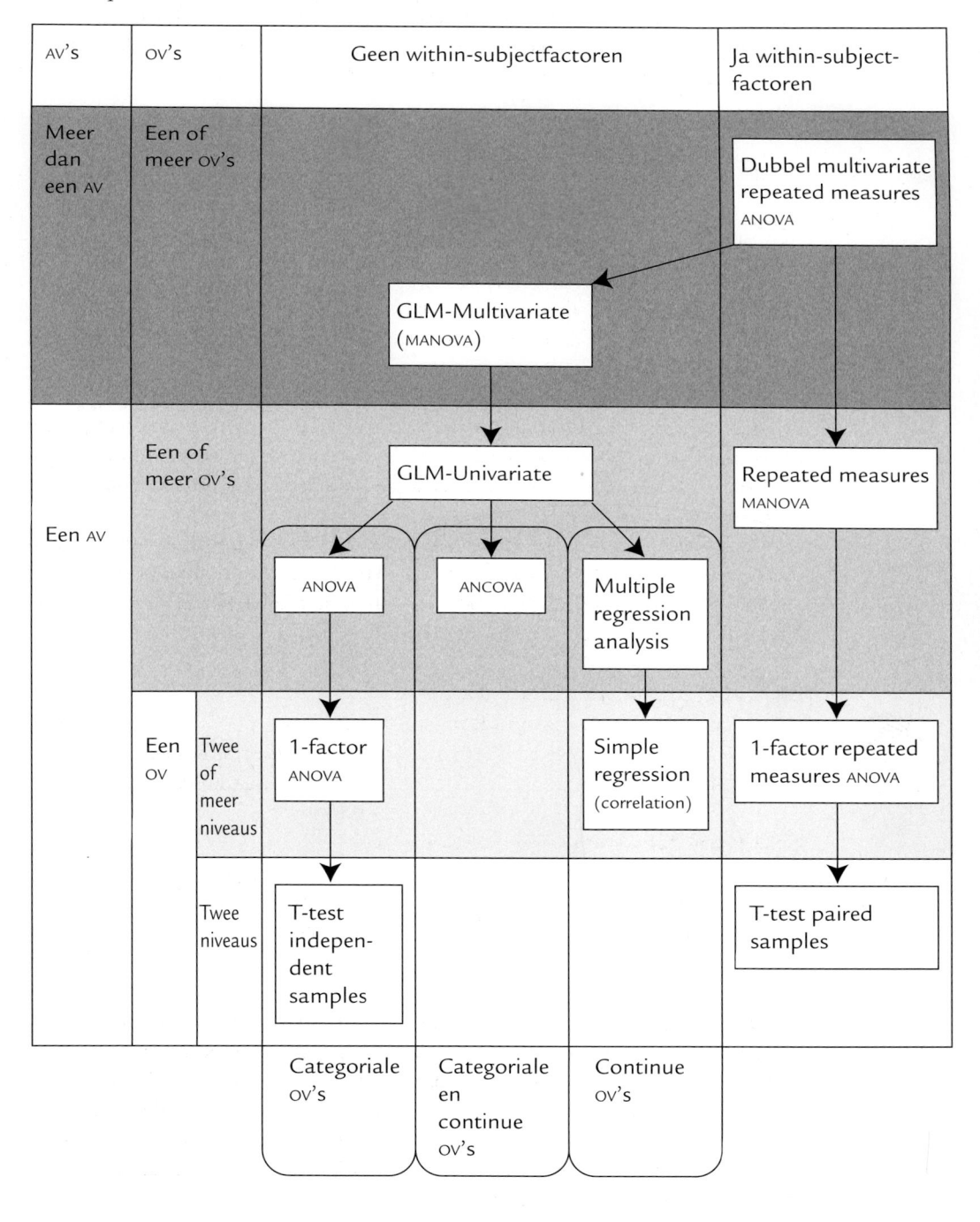

*Figuur 1.1 Analyses voor **continue** afhankelijke variabelen (DV = dependent variable; IV = independent variable)*

AV's	OV's	Geen within-subjectfactoren	Ja within-subject-factoren
Meer dan een AV	Een of meer OV's	GLM-Multivariate (MANOVA)	Dubbel multivariate repeated measures ANOVA
Een AV	Een of meer OV's	GLM-Univariate → ANOVA / ANCOVA / Multiple regression analysis	Repeated measures MANOVA
	Een OV — Twee of meer niveaus	1-factor ANOVA / Simple regression (correlation)	1-factor repeated measures ANOVA
	Twee niveaus	T-test independent samples	T-test paired samples
		Categoriale OV's / Categoriale en continue OV's / Continue OV's	

*Figuur 1.2 Analyses voor **ordinale** afhankelijke variabelen*

AV's	OV's			Geen within-subjectfactoren			Ja within-subject-factoren
Meer dan een AV	Een of meer OV's						
Een AV	Een of meer OV's						
				Not in SPSS			
	Een OV	Twee of meer niveaus		Kruskal-Wallis		Spearman rank correlation	Friedman repeated measures
		Twee niveaus		Mann-Whitney U			Wilcoxon matched pairs or Signs test
				Categoriale OV's	Categoriale en continue OV's	Continue OV's	

Design en analyse

*...nalyses voor **categoriale** afhankelijke variabelen*

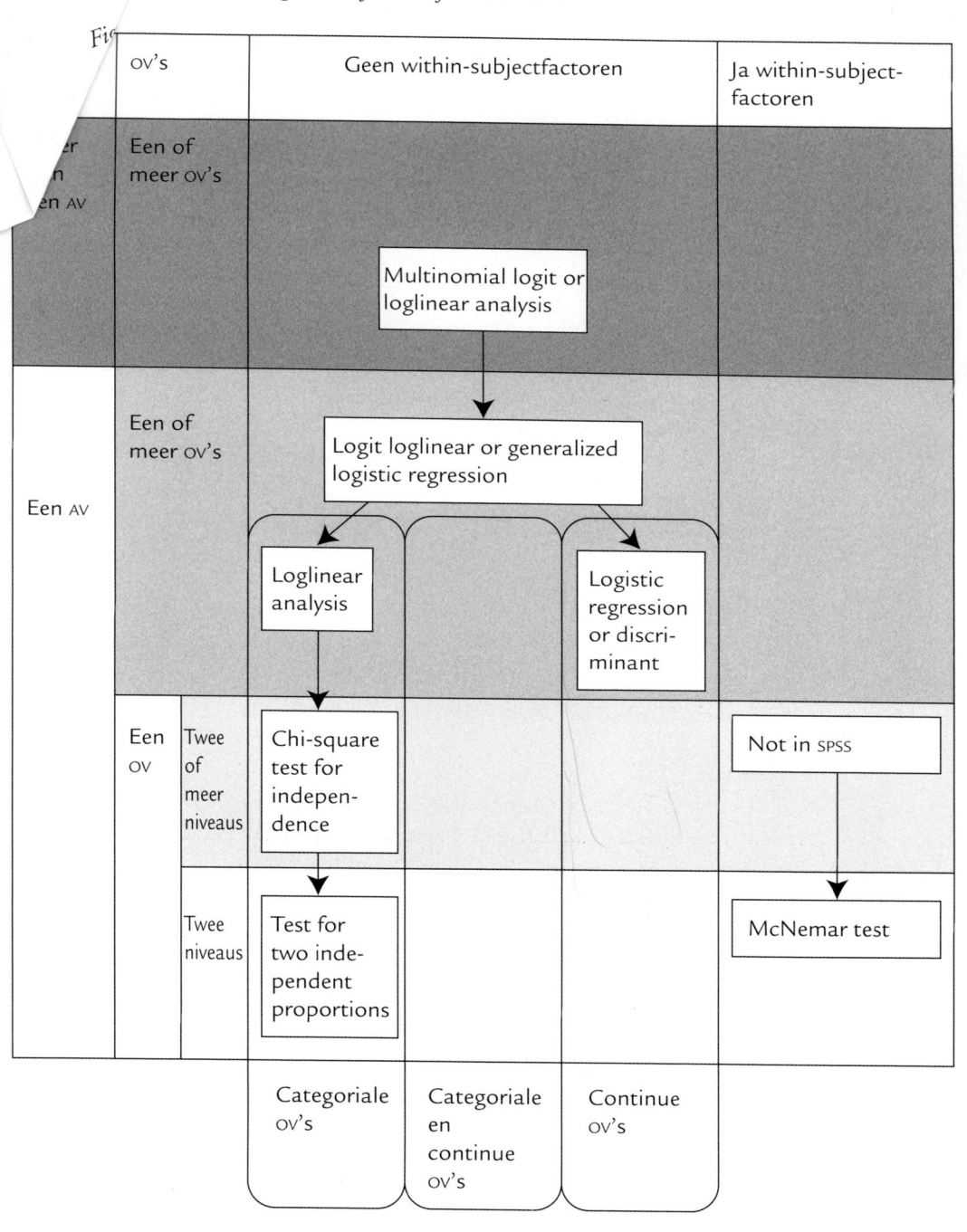

	OV's	Geen within-subjectfactoren			Ja within-subject-factoren
Meer... AV	Een of meer OV's	Multinomial logit or loglinear analysis			
Een AV	Een of meer OV's	Logit loglinear or generalized logistic regression			
		Loglinear analysis		Logistic regression or discriminant	
Een OV	Twee of meer niveaus	Chi-square test for independence			Not in SPSS
	Twee niveaus	Test for two independent proportions			McNemar test
		Categoriale OV's	Categoriale en continue OV's	Continue OV's	

1.5 Andere voorbeelden

Voorbeeld 1
Zie het doorlopend voorbeeld van deel 3 van deze serie, hoofdstuk 1. Van e
groep kinderen werd de sociale isolatie en de treiterstatus bepaald. Sociale isolatie
werd gemeten met een schaal. Qua treiterstatus werden de kinderen ingedeeld in
'non-involved', 'bully' of 'victim'. Deze drie groepen werden met elkaar vergeleken
op gemiddelde sociale isolatie. De data zien er uit als in tabel 1.9.

Tabel 1.9

Kind	Treiterstatus	Sociale isolatie
1	Non-involved	1.75
2	Bully	0.75
3	Non-involved	0.25
4	Victim	1.00
5	Victim	2.00
...	...	...

Het design is daarom:

  afhankelijke variabele   = Sociale isolatie (kwantitatief)
  between-subjectfactor   = Treiterstatus (bully, victim, non-involved)

De aangewezen analyse is ANOVA (onderdeel van SPSS GLM-Univariate).

Voorbeeld 2
Zie voorbeeld 1. Stel dat daarnaast van elk kind het gymnastiekcijfer werd bepaald.
Men vraagt zich af of dit eveneens door treiterstatus wordt beïnvloed. De data zien
er uit als in tabel 1.10.

Tabel 1.10

Kind	Treiterstatus	Sociale isolatie	Gymnastiek
1	Non-involved	1.75	7
2	Bully	0.75	8
3	Non-involved	0.25	7
4	Victim	1.00	6
5	Victim	2.00	5
...	...	...	...

Het design is dan:

afhankelijke variabele 1	= Sociale isolatie (kwantitatief)
afhankelijke variabele 2	= Gymnastiekcijfer (kwantitatief)
between-subjectfactor	= Treiterstatus (bully, victim, non-involved)

Er is hier sprake van twee verschillende afhankelijke variabelen omdat sociale isolatie en gymnastiekcijfer naast elkaar worden bestudeerd. Zij worden niet met elkaar vergeleken. Dat wil zeggen: er wordt niet onderzocht of het gemiddelde van sociale isolatie gelijk is aan het gemiddelde gymnastiekcijfer. Weliswaar is het technisch mogelijk om dat toch te doen, maar conceptueel zou dat onzin zijn: sociale isolatie en gymnastiekcijfer zijn niet commensurabel. Daarom zijn het twee verschillende afhankelijke variabelen.

De aangewezen analyse is MANOVA (onderdeel van SPSS GLM-Multivariate).

Voorbeeld 3
Zie voorbeeld 2. Bij deze data kan men evengoed een andere vraag stellen: hebben de gymnastische prestaties van een kind invloed op de sociale isolatie? Daarnaast blijven we geïnteresseerd in het effect van treiterstatus op sociale isolatie. Het design is dan:

afhankelijke variabele	= Sociale isolatie (kwantitatief)
between-subjectfactor	= Treiterstatus (bully, victim, non-involved)
covariaat	= Gymnastiekcijfer (kwantitatief)

De data zijn hetzelfde, maar de vraagstelling is anders. Daarom is het design anders. Gymnastiekcijfer wordt nu opgevat als onafhankelijke variabele in plaats van afhankelijke variabele. Het gevolg is dat de drie groepen van treiterstatus niet meer zullen worden vergeleken op gymnastiekcijfer. In plaats daarvan wordt bepaald wat de correlatie is tussen gymnastiekcijfer en sociale isolatie.

De aangewezen analyse is ANCOVA (onderdeel van SPSS GLM-Univariate).

Voorbeeld 4
Stel dat men treiterstatus meet op een schaal van 1 tot 20, waarbij alle tussenliggende gehele getallen mogelijk zijn. De bullies scoren hoog, de victims laag, de non-involved midden. Stel dat men daarnaast van elk kind een maat voor egosterkte verkrijgt en dat op deze variabele de scores 0.00 (= laag), 0.05, 0.10, 0.15, …, 0.95, 1.00 (= hoog) mogelijk zijn. Men vraagt zich af of treiterstatus en egosterkte invloed hebben op sociale isolatie. De data zien er uit als in tabel 1.11.

Tabel 1.11

Kind	Treiterstatus	Sociale isolatie	Egosterkte
1	10	1.75	0.35
2	18	0.75	0.90
3	12	0.25	0.65
4	5	1.00	0.55
5	6	2.00	0.75
...	...	...	...

Het design is dan:

    afhankelijke variabele   = Sociale isolatie (kwantitatief)
    covariaat 1   = Treiterstatus (kwantitatief)
    covariaat 2   = Egosterkte (kwantitatief)

Treiterstatus is in dit geval kwantitatief in plaats van kwalitatief en daarom een covariaat in plaats van een between-subjectfactor.

De aangewezen analyse is multiple-regressieanalyse (in SPSS mogelijk met *GLM-Univariate*, maar je krijgt gedetailleerdere output met *Regression*).

Voorbeeld 5
Zie voorbeeld 1. Stel dat men ook een meting van sociale isolatie krijgt na twee jaar en na vier jaar. Noem de drie metingen van sociale isolatie respectievelijk SI1, SI2 en SI3. De vraag is nog steeds of treiterstatus invloed heeft op sociale isolatie, maar daarnaast is de vraag ook of het gemiddelde van sociale isolatie verandert in de loop van de tijd. De data zien er uit als in tabel 1.12.

Tabel 1.12

Kind	Treiterstatus	SI1	SI2	SI3
1	Non-involved	1.75	1.50	1.75
2	Bully	0.75	1.00	1.25
3	Non-involved	0.25	0.50	0.50
4	Victim	1.00	0.75	1.25
5	Victim	2.00	1.50	1.25
...	...	...	...	...

Het design is dan:

afhankelijke variabele = Sociale isolatie (kwantitatief)
within-subjectfactor = Tijd (direct, na 2 jaar, na 4 jaar)
between-subjectfactor = Treiterstatus (bully, victim, non-involved).

indeling van metingen = (zie tabel 1.13)

Tabel 1.13

Afhankelijke variabele	Tijd	Meting
Sociale isolatie	Direct	SI1
	Na 2 jaar	SI2
	Na 4 jaar	SI3

De drie variabelen SI1, SI2 en SI3 zijn commensurabel: er kan zinvol worden getoetst of hun gemiddelde gelijk is. Bovendien is het, zoals blijkt uit de vraagstelling, de bedoeling dat inderdaad te doen. *Daarom vormen SI1, SI2 en SI3 samen één afhankelijke variabele met een within-subjectfactor van drie niveaus.* Deze afhankelijke variabele noemen we Sociale isolatie en de within-subjectfactor noemen we Tijd. Die namen staan niet in de datamatrix. We hebben ze zelf verzonnen. Om duidelijk te maken wat we er precies mee bedoelen, geven we de indeling van de metingen.

De aangewezen analyse: repeated-measures-MANOVA (onderdeel van SPSS GLM-Repeated Measures).

Voorbeeld 6
Zie voorbeeld 5. Stel dat de drie metingen van sociale isolatie zijn gedaan met totaal verschillende schalen, die ook een andere meeteenheid en range hebben. Het is dan niet meer zinvol om te onderzoeken of de gemiddelden van SI1, SI2 en SI3 gelijk zijn. Het antwoord op die vraag zou namelijk meer zeggen over je meetprocedures dan over het concept sociale isolatie. De data zien er uit als in tabel 1.14.

Tabel 1.14

Kind	Treiterstatus	SI1	SI2	SI3
1	Non-involved	1.75	150	17.5
2	Bully	0.75	100	12.5
3	Non-involved	0.25	050	05.0
4	Victim	1.00	075	12.5
5	Victim	2.00	150	12.5
...	...	...	...	

Het design is dan:

afhankelijke variabele 1	= SI1 (kwantitatief)
afhankelijke variabele 2	= SI2 (kwantitatief)
afhankelijke variabele 3	= SI3 (kwantitatief)
between-subjectfactor	= Treiterstatus (bully, victim, non-involved)

Merk op dat de datamatrix er vrijwel hetzelfde uitziet als in het vorige voorbeeld. In dit geval zijn de variabelen SI1, SI2 en SI3 echter drie verschillende afhankelijke variabelen zonder within-subjectfactor.

De aangewezen analyse is MANOVA (onderdeel van SPSS GLM-Multivariate).

1.6 Bronnen van variatie

Tot nu toe is er in in deze serie geprobeerd om enigszins consequent te zijn in het gebruik van termen. Maar in deze wrede wereld lopen veel mensen rond die statistiek gebruiken en die geen boodschap hebben aan jullie of mij. En die andere termen gebruiken voor hetzelfde, of dezelfde termen voor iets anders. Dat gebeurt ook in SPSS, dus daar zul je mee moeten leven.

In deel 3 ben je bij ANOVA al verscheidene 'bronnen van variatie' tegengekomen: Between, Within, Total. Dit onderscheid bestaat ook bij geavanceerdere analyses. Er worden echter veel verschillende namen voor gebruikt, afhankelijk van de voorkeur van de auteur en de analyse in kwestie. We zetten ze even op een rijtje. Termen die onder elkaar staan hebben min of meer dezelfde betekenis. Hoe lager, hoe algemener de betekenis van de term.

Tabel 1.15

Between	Within	Total
Regression	Residu	Total
Hypothesis	Error	Total
Model	Error	Total
Explained	Unexplained	Observed

Verder heeft SPSS tegenwoordig de onaangename tendens om de term Total te gebruiken op een manier die afwijkt van vrijwel alle statistiekboeken. Als er in SPSS 'Corrected Total' staat, bedoelen ze daarmee de normale Total, en de SPSS 'Total' is onzin die je moet negeren voor onze toepassingen.

1.7 Beknopt rapporteren en toelichten van conclusies

Achtergrond 2
Tot nu toe waren de boeken in deze serie opgebouwd rond elementaire rapporten. Die zijn deels een didactisch hulpmiddel om de stof te structureren. Zo zullen ze ook in dit deel nog worden gebruikt. In dit deel gaan we een stap verder: Je moet het rapport kunnen samenvatten voor de resultatensectie van een artikel. Dat zullen we een 'beknopt rapport' noemen. In de voorafgaande delen deden we soms al moeilijk over de precieze formulering, maar vanaf nu komen we pas echt los.

In sommige artikelen wordt bij de beslissingen ook genoemd hoe groot de gemiddelden zijn waar de toets over gaat. Dat zullen we 'toelichten' noemen. Het geeft ons een fraaie gelegenheid om te controleren of je weet waar je het over hebt.

Doel 2
Na bestudering van deze paragraaf weet je wat er in de rest van de cursus wordt bedoeld met een 'beknopt rapport' en het 'toelichten' van conclusies.

1.7.1 Beknopt rapporteren

Bij deze spreken we af: een **beknopt rapport** is een **lopend verhaal** met de **essentiële conclusies** van de analyse, dat **zelfstandig leesbaar** is. Het omvat:
- de specificatie van het **design** dat is gebruikt;
- de naam van de het soort **analyse** dat is gedaan;
- de belangrijkste elementen van de **toetsing** (dat zijn F, dfs, p-**waarde** en R^2 of eta^2 – bijvoorbeeld '$F(1,11) = 6.56$, $p = .03$, $R^2 = .374$');
- de **beslissingen** in woorden; hierbij moeten de termen 'significant' en 'non-significant' worden gebruikt in plaats van 'in de populatie'.

Toelichting
In een beknopt rapport noem je in het algemeen *niet*: de mate van controle (gaat over de methode), de nulhypothesen (de lezer wordt geacht statistiek te hebben gehad en dat zelf te kunnen bedenken), formules (idem), de causale interpretatie (hoort in de discussie), dat je SPSS hebt gebruikt (irrelevant, het mag ook SAS zijn). Bij ongebruikelijke analyses mag hiervan worden afgeweken.

In artikelen worden de waarden van R^2 of eta^2 vaak niet genoemd. Bij het schrijven van je scriptie kan het daarom goed gebeuren dat je begeleider zegt dat dit 'in de praktijk niet gebruikelijk' is. Maar mensen die het kunnen weten, zeggen al jaren met goede redenen dat je het zeker moet doen (Cohen, 1988; Tabachnick & Fidell, 2001a, 2001b; Aron & Aron, 1994). Daarom moet je in deze cursus aanleren om het wel te doen. En je zou de wetenschap een dienst bewijzen als je te zijner tijd je scriptiebegeleider ervan kan overtuigen dat die 'gebruiken' dan verkeerd zijn.

In het hele boek zal ik hanteren dat ik de grenzen van 'matig' en 'groot' leg bij een R^2 van respectievelijk .10 en .20. Cohen (1988) hanteert iets andere grenzen, die verschillend zijn voor MRA en ANOVA, wat ik hier wil vermijden.

Tot nu toe heb je geleerd bij de beslissingen in een elementair rapport gebruik te maken van de frase 'in de populatie'. Daarmee gaf je een letterlijke verwoording van de hypothese die werd geaccepteerd. In artikelen is dat echter ongebruikelijk. Daar gebruikt men bij het verwoorden de termen 'significant' en 'non-significant' in plaats van 'in de populatie'. Dat laatste *moet* je in een beknopt rapport ook doen, want een beknopt rapport is bestemd voor een artikel. Bij een elementair rapport mag je beide formuleringen gebruiken, hoewel de voorkeur hier vanaf nu uitgaat naar de termen 'significant' en 'non-significant'. Maak niet de fout dat je schrijft 'de gemiddelden verschillen significant in de populatie'. Dat is onzin, want 'significant' betekent 'hoogstwaarschijnlijk generaliseerbaar naar de populatie'. Je zou dus voor jezelf de regel kunnen hanteren dat vanaf nu de term 'in de populatie' moet worden vermeden in het verwoorden van de beslissingen. Let wel: dit geldt alleen voor de beslissingen. Wanneer we praten over de betekenis van hypothesen is het nog steeds onvermijdelijk om de frase 'in de populatie' te gebruiken.

(Weetje: van de APA moet voorafgaande aan een decimale punt een cijfer worden geschreven, behalve als het getal tussen -1 en 1 *moet* liggen; dus $F = 0.67$ maar $p = .67$.)

Voorbeeld van een 'beknopt rapport'
Een 1-weg-ANOVA op de data van jongens van 8 tot 11 jaar met treiterstatus (victim, bully, non-involved) als between-subjectfactor en sociale isolatie als afhankelijke variabele, liet zien dat er een significant hoofdeffect was van treiterstatus op sociale isolatie ($F(2,39) = 7.60$, $p < .01$). Dit effect is sterk ($R^2 = .28$).

1.7.2 Toelichten van conclusies

Het toelichten van conclusies houdt in dat je bij de conclusie van een toets bespreekt wat de **richting** van het effect is, en daarbij de **steekproefwaarden** vermeldt van de parameters waar die toets iets over zegt. Dat wordt in het algemeen alleen gedaan als de toets een significant resultaat leverde (Tabachnick & Fidell, 2001a, 2001b; Aron & Aron, 1994). Dat zal ik ook hier als standaard hanteren. Specifieker:
- Bij een significant hoofdeffect van een factor noem je op zijn minst de twee gemiddelden die het meest van elkaar verschillen. Bijvoorbeeld: 'De buikdansers verdienen gemiddeld het meest (m = 200 euro/uur) en de statistiekleraren het minst (m = 5 euro/uur).'
- Bij een significante interactie noem je op zijn minst de twee verschillen die het meest van elkaar verschillen. Bijvoorbeeld: 'De wiskundigen schreven thuis meer bladzijden (m = 5) dan op hun werk (m = 1.5) en bij de Beotiërs was dat andersom (respectievelijk m = 0 en m = 40).'
- Bij een significante covariaat noem je het betreffende *b*- of *bèta*-gewicht en de

betekenis van de richting. Bijvoorbeeld: 'Een toename in de productie ging samen met een afname in de kwaliteit (β = -0.5772).'

Voorbeeld van een 'beknopt rapport met toelichting van conclusies'
(Het gedeelte toelichting is gecursiveerd.)

Een 1-weg-ANOVA op de data van jongens van 8 tot 11 jaar met treiterstatus (victim, bully, non-involved) als between-subjectfactor en sociale isolatie als afhankelijke variabele, liet zien dat er een significant hoofdeffect was van treiterstatus op sociale isolatie ($F(2,39)$ = 7.60, $p < .01$). Dit effect is sterk (R^2 = .28). *De slachtoffers hadden gemiddeld de hoogste sociale isolatie (M = 1.50) en de pestkoppen de laagste (M = 0.50). De niet-betrokken jongens zaten daartussenin (M = 0.73).*

1.8 Controle van assumpties

In alle procedures die onder GLM vallen, wordt normaalverdeeldheid van de residuen verondersteld. Bij analyses met covariaten wordt bovendien lineairiteit verondersteld. Vanzelfsprekend moet worden onderzocht of aan deze assumpties is voldaan, voordat men met de resultaten naar buiten treedt. Hoe men dat controleert zal hier niet worden besproken. In deze fase van de studie is het naar mijn mening eerst van belang dat men begrijpt welke vragen met een analyse kunnen worden beantwoord. Pas dan zal men interesse kunnen opbrengen voor het controleren van de assumpties. Daarom verwijs ik hiervoor naar het boek van Tabachnick & Fidell (2001b).

1.9 Opgaven

Opgave 1.1

Zie het doorlopend voorbeeld van deel 3 van deze serie, hoofdstuk 2. Hier was sprake van een experiment waarbij aard en richting van de prime werden gemanipuleerd. Er werd daarbij gekeken naar de invloed op het aantal correcte antwoorden op een algemene kennistaak. Stel nu, dat hier bij elk subject naast het aantal correcte antwoorden ook werd gemeten hoe lang hij over de taak deed. De hypothese is dat aard en richting van de prime ook invloed op de reactietijd hebben. De datamatrix is in tabel 1.16 geschetst. Specificeer het design en kies de analyse.

Tabel 1.16

Subject	Aard	Richting	Aantal correct	Responstijd
1	Stereotype	Dom	13	227
2	Eigenschap	Dom	10	148
3	Eigenschap	Intelligent	9	50
4	Stereotype	Dom	11	162
5	Stereotype	Intelligent	8	133
...	...	...	...	...

Opgave 1.2

Zie het doorlopend voorbeeld van deel 3 van deze serie, hoofdstuk 3: het meten van vooruitgang in conversiestoornis. Annet en Benise gaven allebei scores voor vooruitgang in conversiestoornis aan 25 patiënten. Stel dat hier de patiënten nog werden verdeeld in twee groepen: mannen en vrouwen. Men wil Annet en Benise met elkaar vergelijken qua scores, en men wil mannen met vrouwen vergelijken. De datamatrix is in tabel 1.17 geschetst. De variabele Conva bevat de scores van Annet, Convb die van Benise. Specificeer het design en kies de analyse.

Tabel 1.17

Patiënt	Geslacht	Conva	Convb
1	1	2	3
2	2	6	6
3	2	6	6
4	1	7	7
5	1	5	5
...	...	...	...

Opgave 1.3

Zie deel 3 van deze serie, zelftoets 2, opgave 1. Hier waren twee muizenstammen: witte muizen en Japanse dansmuizen. De muizen kregen 0, 2.5 of 10 mg/kg Librium toegediend. Dit resulteerde in zes groepen muizen die verschilde qua stam of Libriumdosis. Van elke muis werd gemeten hoe hoog de zaagselberg is die de muis maakt (een teken van angst).
- Kan de dosis Librium worden opgevat als een *kwalitatieve* variabele?
- Kan de dosis Librium worden opgevat als een *kwantitatieve* variabele?

Specificeer voor beide gevallen het design en kies de analyse.

Opgave 1.4

In een onderzoek wordt met behulp van vragenlijsten onderzocht of alcoholconsumptie iets heeft te maken met de persoonlijkheidsfactor 'openheid voor nieuwe ervaringen' en een aantal factoren in de levensgeschiedenis, te weten 'hechting in het primaire gezin' en 'stressful life-events' (verlies van partner, ontslag, vakanties (!), enzovoort). Alcoholconsumptie wordt gemeten als het gemiddelde aantal glazen dat men zegt per week te drinken. Dit wordt per persoon gemeten. De persoonlijkheidsfactor wordt met een psychologische test gemeten. Hechting in het primaire gezin wordt gemeten met een vragenlijst, waaruit een totaalscore wordt berekend voor elk subject. Stressful life-events wordt analoog gemeten. Schets hoe de datamatrix er uitziet (zoals in opgaven 1.1 en 1.2 is gedaan). Specificeer het design en kies de analyse.

Opgave 1.5

In een onderzoek wordt bestudeerd hoe vriendschap zich ontwikkelt bij jonge volwassenen in de periode tussen hun 18e en 24e levensjaar. Bij een groep 18-jarigen worden verschillende aspecten van hun 'beste' vriendschap gemeten: hoeveelheid tijd die samen wordt doorgebracht, ervaren vertrouwelijkheid van het contact en waardering van het contact. Deze metingen worden per subject verkregen. Ga ervan uit dat dit kwantitatieve variabelen zijn. De metingen worden bij dezelfde subjecten herhaald als zij 20, 22 en 24 jaar zijn. Schets hoe de datamatrix er uitziet. Specificeer het design en kies de analyse.

Opgave 1.6

Zie opgave 1.5. De metingen worden bij zowel meisjes als jongens gedaan. Men wil weten of hier een verschil tussen bestaat op de gemeten variabelen. Dat wil men weten voor deze subjecten als ze 18 zijn, als ze 24 zijn, enzovoort. Men wil echter niet onderzoeken of deze variabelen zich in de loop van de tijd ontwikkelen, of men bijvoorbeeld meer of minder tijd doorbrengt met vrienden. Specificeer het design en de analyse.

Opgave 1.7

Aan mannelijke en vrouwelijke scholieren wordt gevraagd of zij later psycholoog zouden willen worden. Jongens en meisjes worden vergeleken met betrekking tot hun antwoorden. Stel, de antwoorden worden gegeven op een tienpuntsschaal (1 = 'Rot op, engerd'; 10 = 'Ja, ik heb alle boeken voor mijn propedeuse al gelezen'). Specificeer het design en de analyse. Stel dat men hun daarnaast ook op soortgelijke wijze vraagt of zij natuurkundige zouden willen worden. Specificeer twee designs en twee mogelijke analyses.

Opgave 1.8

Zie deel 3 van deze serie, zelftoets 2, opgave 1, uitwerkingen. Schrijf een beknopt rapport op basis hiervan. Licht de conclusies toe.

2 Multiple-regressieanalyse (MRA)

2.1 Inleiding

Achtergrond

In deel 1 van deze serie hebben we het begrip 'correlatie' behandeld. Dat is een maat voor samenhang tussen twee kwantitatieve variabelen. Dit zullen we nu uitbreiden. Multiple-regressieanalyse (MRA) is een procedure die is gericht op het onderzoeken van het verband tussen:
- één kwantitatieve afhankelijke variabele en
- **meerdere** kwantitatieve, onafhankelijke variabelen.

De afhankelijke variabele wordt vaak het **criterium** genoemd, de onafhankelijke variabelen worden vaak de **predictoren** genoemd. Voor het laatste zou men evengoed de term 'covariaten' kunnen gebruiken, maar om historische redenen is dat niet gebruikelijk.

Bij toepassingen van MRA gaat het meestal om de vraag in hoeverre de scores op de afhankelijke variabele kunnen worden **verklaard** door de scores op de onafhankelijke variabelen. Deze vraag betreft een causale interpretatie en is dus niet zomaar te beantwoorden zonder ook te kijken naar de manier waarop de data zijn verzameld (experimenteel dan wel passief-observerend). Daarom gebruikt men bij MRA vaak de minder pretentieuze term **voorspellen** in plaats van verklaren. De gedachte daarbij is de volgende.

> Als ik de scores op de afhankelijke variabele kan verklaren, dan moet ik ook in staat zijn ze te voorspellen – op zijn minst achteraf. Als ik zeg dat ik de scores kan voorspellen, beweer ik echter nog niet dat ik ze ook kan verklaren.

Kortom, bij MRA gaat het er meestal om de scores op de afhankelijke variabele te verklaren, maar we gebruiken de bredere term 'voorspellen' om methodologisch niet op de vingers te worden getikt. Daarnaast wordt MRA soms toegepast in situaties waarin het er echt om gaat scores te voorspellen.

De centrale vragen in de analyse zijn:
1. Met **welke formule** kunnen de scores op het criterium zo goed mogelijk worden voorspeld uit de scores op de predictoren?
2. Hoe **sterk** is het betreffende verband? Dat wil zeggen: in welke mate worden de scores op het criterium al gedetermineerd door de scores op de predictoren?

Doel
Na bestudering van dit hoofdstuk en het maken van de opgaven kun je, gegeven de data en de vraagstelling, met behulp van de SPSS-procedure *Regression-Linear* een MRA uitvoeren en:
- een **elementair rapport** maken van de MRA;
- een **beknopt rapport** maken van de MRA;
- de betekenis van de hypothesen of beslissingen **toelichten** met behulp van de geschatte regressiegewichten;
- de analyse beschrijven en uitvoeren met behulp van een **eenvoudiger analyse**, namelijk met gegeven regressiegewichten de voorspelde scores, hun variantie en de ANOVA-tabel berekenen.

Een elementair rapport bevat: **design**, mate van controle, geaggregeerde data (gemiddelden en correlaties), **hypothesen**, **toetsing**, **beslissingen**, causale interpretatie. De nadruk ligt op de vetgedrukte onderdelen. Op het tentamen is waarschijnlijk SPSS-output gegeven en hoef je niet een volledig elementair rapport te maken, maar slechts enkele onderdelen daarvan; met name de vetgedrukte. (Dat is althans wat ik veronderstel bij het schrijven van dit boek.)

Een beknopt rapport is een lopend verhaal en bevat: het design, de gekozen analyse, de belangrijkste elementen van de toetsing en de beslissingen.

Alvorens deze zaken te behandelen, herhaal ik even wat in deel 1 van deze serie al over regressieanalyse is behandeld. Dan geef ik een beknopte beschrijving van een MRA. Vervolgens komt het elementaire rapport uitgebreid aan de orde.

2.1.1 Herhaling Statistiek voor de psychologie, deel 1

Regressieanalyse hebben we in deel 1 van deze serie leren kennen als een methode waarin wordt bestudeerd hoe een afhankelijke variabele Y varieert met een onafhankelijke variabele X. We hebben daar geleerd om een spreidingsdiagram van X en Y te maken. Door de puntenwolk kan dan de zogenaamde **regressielijn** worden getrokken. Dit is een lijn van de vorm:

$$Y' = bX + a$$

De scores Y' heetten de **voorspelde scores**. De **hellingscoëfficiënt** b en de **intercept** a konden op betrekkelijk eenvoudige wijze uit de data worden berekend.

Bij regressie hoorde de **correlatiecoëfficiënt**, r. Ook deze kon betrekkelijk eenvoudig uit de data worden berekend.
- De correlatie geeft aan hoe *sterk* het verband is en welke richting het heeft.
- De correlatie geeft aan hoe goed de afhankelijke variabele *voorspeld* wordt.
- Het kwadraat van de correlatie is de **proportie-verklaarde variantie**.

Deze zaken komen terug bij MRA.

2.2 Samenvatting

Multiple-regressieanalyse (MRA) is een procedure die is gericht op het onderzoeken van het verband tussen:
- één kwantitatieve afhankelijke variabele en
- **meerdere kwantitatieve, onafhankelijke variabelen.**

De afhankelijke variabele wordt vaak het **criterium** genoemd, de onafhankelijke variabelen worden vaak de **predictoren** genoemd.

De predictoren moeten kwantitatief zijn. Het zijn veelal continue variabelen. Als een onafhankelijke variabele slechts een beperkt aantal niveaus heeft, moet je overwegen hem als factor te beschouwen. In dat geval zou een ANOVA of ANCOVA meer op zijn plaats zijn dan een MRA.

In de analyse worden de scores op de afhankelijke variabele Y **voorspeld** met een formule van de vorm:

$$Y_{Voorspeld} = b_0 + b_1 * \text{predictor}_1 + b_2 * \text{predictor}_2 + \ldots + b_k * \text{predictor}_k$$

De coëfficiënten b_0 tot en met b_k heten de *b*-gewichten. Zij worden optimaal uit de data geschat door SPSS. Als je daarna de geschatte *b*-gewichten invult, kun je voor elk subject $Y_{Voorspeld}$ berekenen.

Het effect van de predictoren samen wordt uitgedrukt met R^2. Daarbij is R de **multiple correlatie**, gedefinieerd als de correlatie tussen Y en $Y_{Voorspeld}$. Je kan R^2 ook berekenen als de **proportie-verklaarde variantie**, $Var(Y_{Voorspeld}) / Var(Y)$.

De **algemene nulhypothese** houdt in dat $R^2 = 0$ in de populatie. Daarnaast is er voor elke predictor de **specifieke nulhypothese** dat $b = 0$ in de populatie.

De algemene nulhypothese wordt getoetst met een ANOVA-**tabel** (zie tabel 2.1).

Tabel 2.1 Formules voor de ANOVA-tabel van een multiple-regressieanalyse (1)

Bron	df	SS	MS	F	p	R^2
Regressie	k	$(N-1) * Var(Y_{Voorspeld})$	SS / df	MS/MS_{Residu}	F-tabel	SS / SS_{Totaal}
Residu	N - k - 1	$SS_{Totaal} - SS_{Regressie}$	SS / df			
Totaal	N - 1	$SS_{Totaal} = (N-1) * Var(Y)$				

Bij de beslissingen moet je **eerst** kijken of de toets voor de **algemene nulhypothese** significant is. Uitsluitend dan toets je verder op de specifieke nulhypothesen. Je moet de betekenis van de beslissingen goed **verwoorden**.

2.3 Kort voorbeeld van een MRA

Een MRA dient om het verband te onderzoeken tussen een kwantitatieve afhankelijke variabele en meerdere kwantitatieve, onafhankelijke variabelen. Vaak is er sprake van passief-observerend onderzoek waar bij een groot aantal subjecten meerdere tests zijn afgenomen. Als voorbeeld nemen we het scriptieonderzoek van Cindy Holstege naar de risicofactoren voor bulimia waarbij 569 meisjes van 12 tot 19 jaar verscheidene vragenlijsten invulden. We beperken ons hier tot één van die vragenlijsten: de Eating Disorder Inventory (EDI), welke in het Nederlands was vertaald. Deze vragenlijst bestaat uit een groot aantal schalen (een 'schaal' is hetzelfde als een 'test': een groep van vragen waarmee men een eigenschap probeert te meten). Voor elk meisje werd op grond van de gegeven antwoorden op elke schaal haar score berekend. Dit resulteerde in een groot aantal variabelen, waaronder: Bulimia, Ineffectiveness, Perfectionism, Interpersonal distrust, Interoceptive awareness, Maturity fears, Ascetism, Impulse regulation en Social insecurity. Elk van de 569 meisjes heeft een score op elk van deze variabelen.

Van de bovengenoemde variabelen staat *Bulimia* voor een vorm van eetproblemen. De overige variabelen meten geen eetproblemen maar een aantal factoren in de identiteitsvorming waarvan wordt vermoed dat zij de kans op het krijgen van bulimia vergroten. Op grond van dit vermoeden worden zij in de literatuur **risicofactoren** genoemd. Om dit vermoeden te onderzoeken werd een MRA gebruikt. Daarbij fungeerde Bulimia als de afhankelijke variabele, die in MRA het *criterium* wordt genoemd. De risicofactoren in de identiteitsvorming fungeerden als de onafhankelijke variabelen, die in MRA de *predictoren* worden genoemd. Dus in dit onderzoek is het design:

    criterium = Bulimia (kwantitatief)
    predictoren = Ineffectiveness, Perfectionism, Interpersonal distrust, Interoceptive awareness, Maturity fears, Ascetism, Impulse regulation, Social insecurity (allen kwantitatief)

De vraagstelling bij MRA is nu:
1 **Op welke wijze** hangt Bulimia af van deze predictoren?
2 **Hoe sterk** is die relatie?

In de MRA wordt de eerste vraag beantwoord met de zogenaamde b-gewichten. Deze worden uit de data berekend. Die berekening moet je aan de computer overlaten, hij is meestal veel te moeilijk. De b-gewichten van het onderzoek staan in tabel 2.2. Bij deze resultaten zijn alle variabelen eerst gestandaardiseerd (herschaald naar gemiddelde 0 en variantie 1).

Tabel 2.2 b-*gewichten voor risicofactoren van Bulimia (1)*

Predictor	b-gewicht
Ineffectiveness	.2249
Perfectionism	.0683
Interpersonal distrust	-.0927
Interoceptive awareness	.0823
Maturity fears	-.0292
Ascetism	.1002
Impulse regulation	.2532
Social insecurity	-.0305

Dit betekent dat Bulimia gedeeltelijk uit de predictoren kan worden *voorspeld*, en wel met de formule:

$$
\begin{aligned}
\text{voorspelde Bulimia} = \;& .2249 * \text{Ineffectiveness} \\
+ \;& .0683 * \text{Perfectionism} \\
+ \;& -.0927 * \text{Interpersonal distrust} \\
+ \;& .0823 * \text{Interoceptive awareness} \\
+ \;& -.0292 * \text{Maturity fears} \\
+ \;& .1002 * \text{Ascetism} \\
+ \;& .2532 * \text{Impulse regulation} \\
+ \;& -.0305 * \text{Social insecurity}
\end{aligned}
$$

Deze vergelijking wordt de **regressievergelijking** genoemd. Voor elke persoon kan met deze regressievergelijking een voorspelde score worden berekend. Neem even aan dat we die allemaal uitrekenen. De **correlatie tussen de voorspelde en de geobserveerde scores** op Bulimia noemt men de **multiple correlatie**, R. Deze geeft antwoord op de tweede vraag, hoe **sterk** de relatie is.

Vaak kwadrateert men R. Dat noemt men dan de **proportie voorspelde variantie**. R^2 was in deze analyse .24. Dat betekent dat 24% van de variantie in Bulimia kan worden voorspeld op grond van de gebruikte predictoren (risicofactoren in de identiteitsvorming). Bij die voorspellingen was gebruikgemaakt van de regressievergelijking met bovengenoemde *b*-gewichten.

Verder kan nog worden getoetst of R^2 'echt' groter is dan 0. De nulhypothese is dan dat $R^2 = 0$ in de populatie. Dit noemen we de **algemene nulhypothese**. Hij is equivalent met de hypothese dat **alle *b*-gewichten gelijk zijn aan 0**. De toets van deze hypothese verloopt via een ANOVA-tabel (tabel 2.3). Hierbij wordt SS_{Totaal} berekend als (N - 1) maal de variantie van de geobserveerde scores van Bulimia. $SS_{\text{Regressie}}$ wordt berekend als (N - 1) maal de variantie van de voorspelde scores.

Tabel 2.3 ANOVA summary table voor Bulimia

Bron	df	SS	MS	F	p	R^2
Regressie	8	136.32	17.040	22.11	.000	.24
Residu	560	431.68	0.771			
Totaal	568	568.00				

Uit de tabel blijkt: $F(8,560) = 22.11$, wat zeer significant is ($p = .000$). De conclusie is dat $R^2 > 0$ in de populatie. Dat betekent dat de gebruikte verzameling predictoren (risicofactoren in de identiteitsvorming) relevant is voor het voorspellen van bulimia. We kunnen dus concluderen dat bulimia iets te maken heeft met identiteitsvorming.

Nu het duidelijk is dat sommige *b*-gewichten van 0 afwijken, is het zinvol te kijken bij *welke* predictoren dat zo is. We krijgen dan voor elk *b*-gewicht een *p*-waarde. De berekening hiervan moet je aan de computer over laten. De resultaten staan in tabel 2.4.

Tabel 2.4 b-gewichten voor risicofactoren van Bulimia (2)

Predictor	b-gewicht	p-waarde
Ineffectiveness	.2249	.0000
Perfectionism	.0683	.0603
Interpersonal distrust	-.0927	.0322
Interoceptive awareness	.0823	.0609
Maturity fears	-.0292	.4009
Ascetism	.1002	.0097
Impulse regulation	.2532	.0000
Social insecurity	-.0305	.5439

De *p*-waarden in de tabel hebben betrekking op de **specifieke nulhypothese** dat het betreffende *b*-gewicht in de populatie gelijk is aan 0. Voor twee *b*-gewichten is de *p*-waarde zeer groot, namelijk de het *b*-gewicht van Maturity fears ($p = .4009$) en het *b*-gewicht van Social insecurity ($p = .5439$). Voor deze *b*-gewichten wordt de specifieke nulhypothese dus behouden. Als die conclusie juist is, dan kunnen we voor deze *b*-gewichten in de regressievergelijking net zo goed 0 invullen. Dat zou betekenen dat Maturity fears en Social insecurity gewoon uit de regressievergelijking worden weggelaten; zij zijn niet relevant bij het voorspellen van Bulimia.

Omdat het onderzoek passief-observerend is, kan men niet zeker zijn van de causale interpretatie dat de risicofactoren **invloed** hebben op het ontstaan van bulimia. Misschien is het andersom. (Ook bij ander onderzoek is dat nog niet aangetoond. De term 'risicofactor', die gebruikelijk is in de literatuur over dit onderwerp, is dus verwarrend en prematuur. Toch blijven we hem gebruiken, omdat dat gebruikelijk is bij dit onderwerp.)

2.4 Elementair rapport van een MRA

Doorlopend voorbeeld
De gegevens hebben betrekking op psychisch welbevinden in relatie tot onzekerheid over de arbeidsplaats, persoonlijkheidskenmerken en sociale omstandigheden. Diverse variabelen zijn gemeten via vragenlijsten bij 311 subjecten. Op grond van de antwoorden is voor ieder subject een score berekend voor elk van deze variabelen. Voor het gemak beperken we ons tot de volgende drie variabelen.
1 *Psychisch welbevinden* geeft aan in hoeverre de persoon zich prettig voelt en gelukkig is. Een persoon die de hele dag stralend rondloopt, net verliefd is, elke avond feest viert en 's ochtends opgewekt uit bed springt, zal hier hoog op scoren. Een hypochonder zal hier waarschijnlijk laag op scoren.
2 *Steun* geeft aan in hoeverre de persoon terecht kan bij vrienden, partner, gezin, enzovoort. Iemand die een geweldige relatie heeft en stikt van de vrienden zal hier hoog op scoren.
3 *Onzekerheid* geeft aan in hoeverre iemand zich zorgen maakt over het voortbestaan van zijn of haar arbeidsplaats. Iemand die meent dat zijn baan elk moment kan worden weggesaneerd zal hier hoog op scoren.

Het oorspronkelijke onderzoek (Van Vuren, 1991) is uitgevoerd met een groot aantal subjecten en variabelen. Om papier en tijd te sparen doen we hier alsof het onderzoek is uitgevoerd met slechts zestien subjecten en de bovengenoemde drie variabelen. Voor elk subject hebben we dus drie scores. Deze zijn weergegeven in tabel 2.5. Deze data zijn qua correlaties gelijk aan die van het echte onderzoek.

Tabel 2.5 Data bij het doorlopende voorbeeld van MRA

Subject	Psychisch welbevinden	Onzekerheid	Steun
1	44.78	48.06	49.87
2	46.38	47.12	34.05
3	47.97	64.19	52.17
4	49.57	63.25	36.35
5	37.65	44.29	54.46
6	39.24	43.35	38.65
7	40.84	60.42	56.76
8	42.44	59.48	40.94
9	44.04	58.54	42.09
10	45.63	57.60	60.21
11	47.23	38.64	44.39
12	48.83	37.69	62.50
13	63.95	54.77	46.68
14	65.55	53.82	64.80
15	67.15	34.87	48.98
16	68.75	33.93	67.10

De onderzoeksvraag is: **hoe**, en hoe **sterk**, hangt psychisch welbevinden af van onzekerheid en sociale steun?

2.4.1 Design

Bij het design beschrijf je **het criterium** en **de predictoren**.

Het criterium is de variabele die je als 'afhankelijke variabele' wilt beschouwen. Deze variabele zal worden aangegeven met Y. De predictoren zijn de variabelen die je als 'onafhankelijke variabelen' wilt beschouwen. Als er k predictoren zijn, worden zij aangegeven met respectievelijk X_1, X_2, ..., en X_k. Al deze variabelen dienen **kwantitatief** te zijn.

Toelichting
Het causale model waar we in eerste instantie van uitgaan ziet er uit als in figuur 2.1.

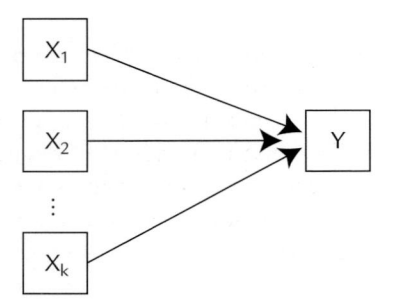

Figuur 2.1

Of dit causale model ook echt klopt, is een ander verhaal. In de MRA wordt er in ieder geval voorlopig van uitgegaan.

Voorbeeld
In het doorlopend voorbeeld is de vraag hoe Psychisch welbevinden afhangt van Onzekerheid en Steun. Dus:

    criterium   = Psychisch welbevinden (kwantitatief)
    predictor 1 = Onzekerheid (kwantitatief)
    predictor 2 = Steun (kwantitatief)

De predictoren mogen ook worden omgedraaid, dat maakt niet uit.

2.4.2 Mate van controle

Hier beschrijf je of de onafhankelijke variabelen experimenteel gemanipuleerd zijn, dan wel passief-geobserveerd zijn, dan wel iets daartussenin. MRA wordt meestal toegepast bij passief-observerend onderzoek, maar het hoeft niet per se.

Voorbeeld
De variabelen Onzekerheid en Steun zijn niet gemanipuleerd. Dat zou trouwens ook erg moeilijk zijn: je zou iemands werkkring en gezinsleven moeten veranderen. Dit onderzoek is dus passief-observerend.

2.4.3 Geaggregeerde data

De geaggregeerde data bestaan uit:
- de **correlaties** tussen alle betrokken variabelen (predictoren en criterium);
- gemiddelden en standaarddeviaties van de variabelen.

De correlaties worden overzichtelijk in een tabel gezet. Zo'n tabel noemt men een **correlatiematrix**. Het is gebruikelijk om alleen de correlaties links onder de diagonaal te rapporteren. Bedenk zelf waarom.

Toelichting
Dat je de correlaties van de predictoren met het criterium moet weten, is nogal wiedes. Je wilt weten of het criterium iets te maken heeft met de predictoren.
  Het speciale van MRA is dat er ook nog wordt gekeken naar **de correlaties van de predictoren onderling**. Dat heeft de volgende reden. Als twee predictoren met elkaar correleren, dan is de ene predictor een storende variabele voor de andere. In de analyse wordt geprobeerd dit storende effect te elimineren. Daarvoor is het nodig hun correlaties te kennen.

Voorbeeld
Met SPSS vinden we de resultaten in tabel 2.6. Als je de berekende correlaties beschouwt, dan zie je dat de eerste twee een patroon vertonen dat te verwachten was, gezien de inhoud van de variabelen.

Tabel 2.6 Correlaties, gemiddelden en standaardafwijkingen (1)

	Psychisch welbevinden	Onzekerheid	Steun
Psychisch welbevinden			
Onzekerheid	-.32		
Steun	.39	-.23	
gemiddelde	50	50	50
standaardafw.	10.33	10.33	10.33

2.4.4 Schatters: de regressiegewichten

In een elementair rapport dienen de zogenaamde **regressiegewichten** te worden vermeld. De algemene methode om ze te berekenen is te gecompliceerd om hier te behandelen. In de praktijk worden ze altijd met een computerprogramma zoals SPSS berekend. Als je op het tentamen geen beschikking mag hebben over een computer, worden zij waarschijnlijk gegeven in de opgave.

Toelichting

In MRA worden de scores op het criterium Y **voorspeld** uit de scores op de predictoren X_1 tot en met X_k met behulp van een formule van de volgende vorm. Deze formule heet **de regressievergelijking**:

$$Y' = b_0 + b_1 X_1 + b_2 X_2 + \ldots + b_k X_k$$

- De scores op de variabelen $X_1, \ldots, X_k$ zijn direct in de data gegeven en kunnen voor elke persoon een andere waarde aannemen.
- b_0 tot en met b_k zijn de zogenaamde **regressiegewichten** en b_0 is het **intercept**. Dit zijn coëfficiënten die uit de data worden geschat. Zij zijn voor alle personen gelijk.
- Y' is de uitkomst van de formule en heet de **voorspelde score** op het criterium. Iemands score op Y' is de score die je voor die persoon op het criterium Y moet verwachten, **gegeven** zijn of haar scores op de predictoren.

Zoals opgemerkt gaat het in MRA om het verklaren van de variatie in het criterium, maar wordt dit 'verklaren' in de vorm gegoten van 'achteraf voorspellen'. De regressiegewichten vertellen je **hoe** je de voorspelde scores moet berekenen.

Met behulp van de regressiegewichten kun je de scores op het criterium voorspellen. Dit zijn praktisch gesproken de best mogelijke voorspellingen die je kan doen. Zij kunnen alleen nog worden verbeterd als je (1) gebruikmaakt van andere predictoren, of (2) gebruikmaakt van ingewikkelder formules, of (3) de populatie-regressiegewichten kent. Op het eerste komen we nog terug. Het tweede is meestal weinig succesvol en daarom niet aan te raden. Het derde is in de praktijk onmogelijk.

Voorbeeld

Na de ruwe data in te hebben gevoerd, geven we SPSS opdracht een MRA uit te voeren. Als afhankelijke variabele geven we Psychisch welbevinden op. Als onafhankelijke variabelen geven we Onzekerheid en Steun op. In de output worden dan onder meer de regressiecoëfficiënten gerapporteerd. Deze zijn:

$$b_{Constant} = 45.4616772$$
$$b_{Onzekerheid} = -0.2432128$$
$$b_{Steun} = 0.33398535$$

Deze regressiegewichten geven antwoord op het eerste deel van de vraagstelling: **hoe** kan psychisch welbevinden worden voorspeld? Daartoe vullen we de gewichten in in de regressievergelijking en vinden:

Als je iemands Psychisch welbevinden wilt voorspellen uit zijn Onzekerheid en Steun, dan kun je dat het beste doen met de formule:

voorspeld
Psychisch welbevinden = 45.46 - 0.2432 * Onzekerheid + 0.3340 * Steun

Stel bijvoorbeeld dat een bepaalde persoon de scores Onzekerheid = 30 en Steun = 50 heeft, dan:

voorspeld
Psychisch welbevinden = 45.46 - 0.2432 * *30* + 0.3340 * *50* = 54.864

Dit is de beste voorspelling die je voor die persoon kunt doen met deze twee predictoren (zolang je jezelf althans beperkt tot eenvoudige, lineaire formules).

Het nulde gewicht (45.46) zegt dat iemand met de meelijwekkende scores Onzekerheid = 0 en Steun = 0 naar verwachting nog altijd het redelijk florissante Psychisch welbevinden van 45.46 zal hebben.

Het eerste gewicht (-0.2432) zegt dat psychisch welbevinden afneemt met *onzekerheid als de sociale steun constant blijft.* Als we iemands score op Onzekerheid met **1 punt** verhogen terwijl zijn score op Steun **gelijk** blijft, dan zal zijn score op Psychisch welbevinden naar verwachting met **-0.2432** punt toenemen (= afnemen).

Het tweede gewicht (0.3340) zegt dat psychisch welbevinden toeneemt met sociale steun als onzekerheid constant blijft. Als we iemands score op Steun met 1 punt te verhogen terwijl zijn score op Onzekerheid gelijk blijft, dan neemt zijn score op Psychisch welbevinden naar verwachting **0.3340** punt toe.

(Bij deze uitleg heb ik wel een vereenvoudigende veronderstelling gemaakt, namelijk dat we een causale interpretatie aan de regressiegewichten mogen geven. Die causale interpretatie is echter speculatief. De data geven er geen uitsluitsel over omdat het onderzoek passief-observerend is.)

2.4.5 De hypothesen

Tot nu toe hebben we ons in de MRA beperkt tot een steekproef subjecten. In theorie zouden we de MRA echter ook kunnen uitvoeren op de hele populatie subjecten. Daarbij zouden we waarschijnlijk iets andere regressiegewichten vinden dan in de steekproef. Deze **populatie-regressiegewichten** worden aangeduid met:

$$\beta_0, \beta_1, \beta_2, ..., \beta_k$$

De hypothesen gaan over deze populatie-regressiegewichten.

De eerste nulhypothese is de **algemene nulhypothese**. Deze gaat over de invloed van alle predictoren samen. Deze nulhypothese houdt in dat het criterium **geheel niet voorspelbaar** is uit de predictoren. De algemene nulhypothese zegt dan ook dat alle regressiegewichten met uitzondering van de intercept gelijk zijn aan 0:

H_0(algemeen): $\beta_1 = \beta_2 = \ldots = \beta_k = 0$
H_a(algemeen): ten minste één van deze regresiegewichten is ongelijk aan 0

Daarnaast is er voor elke predictor nog een **specifieke nulhypothese**, welke inhoudt dat de betreffende predictor **geen bijdrage levert aan de voorspelling** van het criterium. Dat wil zeggen: of een persoon nu hoog of laag scoort op de betreffende predictor heeft geen invloed op Y'. De specifieke nulhypothesen zijn:

$H_0(X_1)$: $\beta_1 = 0$
$H_0(X_2)$: $\beta_2 = 0$
$\vdots$
$H_0(X_k)$: $\beta_k = 0$

De alternatieve hypothesen zijn steeds dat het betreffende gewicht ongelijk is aan 0. Zij hoeven niet te worden vermeld.

Voorbeeld
In het doorlopende voorbeeld is de algemene nulhypothese:

H_0: $\beta_{Onzekerheid} = \beta_{Steun} = 0$
H_a: Deze H_0 is onwaar.

Dit zegt dat onzekerheid en sociale steun geen effect zouden hebben op psychisch welbevinden. De specifieke nulhypothesen zijn:

$H_0(Onzekerheid)$: $\beta_{Onzekerheid} = 0$
$H_0(Steun)$: $\beta_{Steun} = 0$

Volgens de eerste specifieke nulhypothese heeft onzekerheid geen effect op psychisch welbevinden. Volgens de tweede nulhypothese heeft sociale steun geen effect op psychisch welbevinden.

2.4.6 Toetsing: de ANOVA summary table

In de ANOVA-tabel wordt stapsgewijs de **algemene** H_0 getoetst. Eerst dient voor elke persoon de **voorspelde criteriumscore** Y' te worden berekend. Deze scores horen zelf niet thuis in het elementaire rapport. Daarna moet je de **variantie van Y en van Y'** berekenen. Daarna kun je de ANOVA-tabel berekenen met de formules in tabel 2.7. Zij zijn *hetzelfde als bij een 1-factor-ANOVA*. Alleen de voorspelde scores worden nu anders berekend. Hier geldt k = aantal predictoren.

Tabel 2.7 Formules voor de ANOVA-tabel van een multiple-regressieanalyse (2)

Bron	df	SS	MS	F	p	R^2
Regressie	k	$(N-1) * Var(Y_{Voorspeld})$	SS / df	MS/MS_{Residu}	tabel F	SS / SS_{Totaal}
Residu	N - k - 1	$SS_{Totaal} - SS_{Regressie}$	SS / df			
Totaal	N - 1	$SS_{Totaal} = (N-1) * Var(Y)$				

Van deze tabel is R^2 het belangrijkst. R (zonder kwadraat) wordt de **multiple correlatie** genoemd. Dit omdat:

R = de correlatie tussen Y' en Y

Dus R en R^2 geven aan **hoe goed** de voorspellingen zijn. Een hoge multiple correlatie betekent dat voorspelde en werkelijke scores **sterk overeenkomen**.

De **algemene** H_0 kan worden geformuleerd in termen van R^2, namelijk:

H_0(algemeen): $R^2 = 0$ in de populatie
H_a(algemeen): $R^2 > 0$ in de populatie

De *p*-waarde in de ANOVA-tabel zegt dus of de steekproef groot genoeg is om aan te tonen dat R^2 in de populatie groter is dan 0.

Toelichting
De formules zullen worden toegelicht na het voorbeeld. Aangezien zij hetzelfde zijn als bij een 1-factor-ANOVA – en iedereen dat natuurlijk goed onthouden heeft – zal het geen enkel probleem zijn als je op het tentamen zo'n ANOVA-tabel moet berekenen.

Voorbeeld
Een voorbeeld van de berekening van voorspelde scores is al gegeven in de paragraaf over de geschatte regressiegewichten. Dat doen we nu voor alle subjecten (zie tabel 2.8). Vervolgens moeten de varianties worden berekend (zie tabel 2.9). Door te vermenigvuldigen met (N - 1) vinden we SS_{Totaal} en $SS_{Regressie}$. Door die van

elkaar af te trekken, vinden we SS_{Residu}. Daarna wordt de ANOVA-tabel op de gebruikelijke manier doorgerekend (zie tabel 2.10).

Tabel 2.8 Berekening voorspelde scores

Subject	Psychisch welbevinden	Onzekerheid	Steun	voorspeld Psychisch welbevinden
1	44.78	48.06	49.87	50.4287188
2	46.38	47.12	34.05	45.3736905
3	47.97	64.19	52.17	47.2738624
4	49.57	63.25	36.35	42.2188341
5	37.65	44.29	54.46	52.8786239
6	39.24	43.35	38.65	47.8269355
7	40.84	60.42	56.76	49.7237675
8	42.44	59.48	40.94	44.6687392
9	44.04	58.54	42.09	45.2814424
10	45.63	57.60	60.21	51.5618771
11	47.23	38.64	44.39	50.8895438
12	48.83	37.69	62.50	57.1690707
13	63.95	54.77	46.68	47.7313475
14	65.55	53.82	64.80	54.0142143
15	67.15	34.87	48.98	53.3394489
16	68.75	33.93	67.10	59.6198835

Tabel 2.9 Geobserveerde variantie en voorspelde variantie

	Psychisch welbevinden	Onzekerheid	Steun	voorspeld Psychisch welbevinden
Variantie	106.6512			22.1945

Tabel 2.10 ANOVA summary table voor Psychisch welbevinden (1)

Bron	df	SS	MS	F	p	R^2
Regressie Onzekerheid Steun	2	332.91	166.46	1.708	.2195	.2081
Residu	13	1266.85	97.45			
Totaal	15	1599.76				

Hiermee is antwoord gegeven op het tweede deel van de vraagstelling: **hoe goed** kan Psychisch welbevinden worden voorspeld uit Onzekerheid en Steun? Het antwoord is: de variantie van Psychisch welbevinden kan voor $R^2 = .2081 = 20.81\%$ worden voorspeld of verklaard door Onzekerheid en Steun. Dus $R = \sqrt{.2081} = .4562$; dat is de correlatie tussen de voorspelde scores en de werkelijke scores. Maar dat is niet significant groter dan 0, want $p = .2195 > .05$.

Toelichting ANOVA-tabel

De bronnen van variatie bij een MRA zijn: **Regressie, Residu** en **Totaal**. Schrijf bij de bron Regressie voor de duidelijkheid ook de namen van de predictoren. Als er variatie in de predictoren is, voorspelt de regressievergelijking dat er ook variatie in Y zal zijn. Deze voorspelde variatie noemt men de variatie die wordt **verklaard** of voorspeld door 'Regressie'. De overige, niet-verklaarde variatie noemt men de 'Residu'-variatie.

De degrees of freedom zeggen hoe groot de datamatrix is. De eerste twee dfs tellen op tot df_{Totaal}.

De SS-en geven aan hoeveel variatie er aan een bron kan worden toegeschreven. Dit betreft altijd variatie van de afhankelijke variabele. Voor de verschillende SS-en worden echter verschillende soorten scores als invoer gebruikt. De SS-en zijn *gedefinieerd* als:

$$SS_{\text{Totaal}} = \text{Var}(Y) * (N - 1)$$
$$SS_{\text{Regressie}} = \text{Var}(Y') * (N - 1)$$
$$SS_{\text{Residu}} = \text{Var}(E) * (N - 1) \quad \text{waarbij } E = Y - Y'$$

De relatie hiertussen is de **decompositieformule**:

$$SS_{\text{Totaal}} = SS_{\text{Regressie}} + SS_{\text{Residu}}$$

Deze formule is handig om de derde SS te berekenen als je er al twee hebt.

Onder de algemene H_0 is de **F-waarde naar verwachting ongeveer 1**. Als de algemene H_0 onwaar is, zal de F-waarde naar verwachting groter zijn dan 1. Je kan stellen dat F een maat is voor de hoeveelheid 'bewijs' tegen H_0 in de data.

De p-waarde is een maat voor de houdbaarheid van H_0. De p-waarde wordt bepaald op grond van de F-waarde en de dfs. Een kleine p-waarde duidt erop dat H_0 onwaar is en dat de **steekproef groot genoeg** is om dat hard te maken. Een grote p-waarde wil zeggen dat H_0 waar is, of dat de steekproef te klein is.

De p-waarde wordt opgezocht in een F-tabel of berekend door de computer. Gebruik bij het opzoeken $df_{\text{Regressie}}$ in de teller en df_{Residu} in de noemer.

R^2 wordt de **proportie-verklaarde variantie** of proportie voorspelde variantie genoemd. Als $R^2 = 1$ dan wil dit zeggen dat het criterium voor 100% met de predictoren kan worden voorspeld. Als $R^2 = .60$ dan zegt men dat '60%' van de variantie wordt 'verklaard' door de predictoren.

Toelichting R^2

Naarmate de voorspelde scores beter overeenstemmen met de geobserveerde scores, zal R^2 groter zijn. Dit is goed te zien in de volgende vier voorbeelden (zie tabellen 2.11 tot en met 2.14). De geobserveerde criteriumscores zijn in allevier voorbeelden hetzelfde, maar ze worden steeds beter voorspeld. Je ziet:
- De voorspelde scores komen steeds dichter bij de geobserveerde scores te liggen. *Daardoor gaan de voorspelde scores steeds meer van elkaar verschillen.* Hun variantie neemt toe van 0 tot 200.
- Tegelijkertijd komen de residuen steeds dichter bij 0 te liggen. Daardoor komen ze ook dichter bij elkaar te liggen. Hun variantie neemt af van 200 tot 0.

Dit zijn twee zijden van dezelfde medaille: R^2 neemt toe van 0 tot 1.

Tabel 2.11

Persoon	X_1	X_2	Y	Y'	E	
Claudia	1	6	85	65	20	
Monique	1	7	55	65	-10	
Karel	0	6	65	65	0	
Ben	1	5	55	65	-10	
Variantie			200	0	200	$R^2 = .00$

Tabel 2.12

Persoon	X_1	X_2	Y	Y'	E	
Claudia	1	6	85	75	10	
Monique	0	7	55	65	-10	
Karel	0	6	65	55	10	
Ben	1	5	55	65	-10	
Variantie			200	67	133	$R^2 = .33$

Tabel 2.13

Persoon	X_1	X_2	Y	Y'	E	
Claudia	0	7	85	80	5	
Monique	0	8	55	60	-5	
Karel	1	7	65	70	-5	
Ben	1	8	55	50	5	
Variantie			200	167	33	$R^2 = .83$

Multiple-regressieanalyse (MRA)

Tabel 2.14

Persoon	X_1	X_2	Y	Y'	E	
Claudia	1	8	85	85	0	
Monique	0	7	55	55	0	
Karel	1	7	65	65	0	
Ben	0	7	55	55	0	
Variantie			200	200	0	$R^2 = 1.00$

Bij al deze voorbeelden kun je controleren dat:

$$R^2 = \frac{Var(Y')}{Var(Y)}$$

Dat volgt uit de formules in de ANOVA-tabel. Daarom noemt men R^2 de proportie voorspelde variantie. Hij geeft aan hoe groot de voorspelde variantie Var(Y') is in verhouding tot de geobserveerde variantie Var(Y). Dit wordt vaak weergegeven in een **Venndiagram**, zoals in figuur 2.2. De grijze rechthoek staat voor de totale variantie van Y. De witte ellips geeft aan hoeveel hiervan door de predictoren wordt verklaard. R^2 geeft aan hoe groot de witte ellips is in verhouding tot de totale oppervlak.

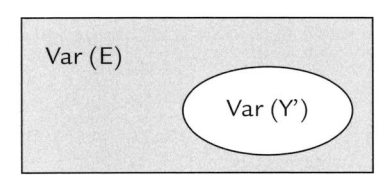

Figuur 2.2

Het verklaren van dit soort individuele verschillen is het oogmerk van MRA en ANOVA. De gedachte is dat die verschillen in de afhankelijke variabele ontstaan door de variatie van de predictoren. Natuurlijk is die verklaring nooit 100%. Met R^2 drukt men uit hoe groot de 'verklarende waarde' van de predictoren **samen** is.

De verschillende concepten van MRA kunnen worden uitgedrukt zoals in figuur 2.3.

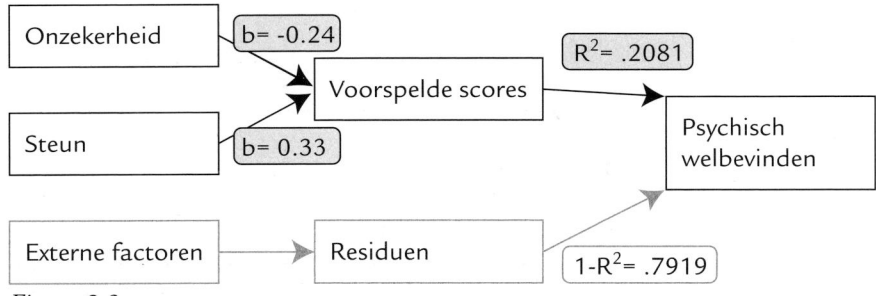

Figuur 2.3

2.4.7 Toetsing: de p-waarden van de b-gewichten

Voor elke predictor wordt ook nog een aparte *p*-waarde berekend. Deze moet worden vermeld. Zo'n *p*-waarde geeft aan hoe houdbaar de specifieke nulhypothese is dat het *b*-gewicht van de predictor in de populatie gelijk is aan 0.

Deze *p*-waarden hoef je niet zelf te kunnen berekenen.

Toelichting

In de output zie je vaak nog twee andere getallen voor elke predictor: de standard error (*SE*) en de *t*-waarde. Dit zijn slechts tussenstappen in de berekening van *p*. Zij hoeven in een elementair rapport niet te worden vermeld. Voor de nieuwsgierigen bespreken we kort hun betekenis.

De standard error (*SE*) van het *b*-gewicht geeft aan hoe groot naar schatting de verwachte fout is in het *b*-gewicht. Het *b*-gewicht is immers slechts op een steekproef gebaseerd en zal niet precies gelijk zijn aan de populatiewaarde. De fout in het *b*-gewicht is met ongeveer 95% kans kleiner dan 2 * *SE*. Als het *b*-gewicht 100 is en de *SE* is 5, dan betekent dat dat de populatiewaarde ook nog heel goed 95 of 105 kan zijn, maar dat het waarschijnlijk niet kleiner dan 90 of groter dan 110 is.

De *t*-waarde wordt berekend 'als een zieke koe':

$$t = b / SE$$

De *t*-waarde is een maat voor de hoeveelheid bewijs tegen de specieke H_0. Hoe groter *t*, hoe meer bewijs er is dat het *b*-gewicht afwijkt van 0.

Om de *p*-waarde te bepalen wordt de *t*-waarde vergeleken met de *t*-verdeling bij N - k - 1 vrijheidsgraden (*k* = aantal predictoren). **Hoe groter *t*, hoe kleiner *p*.** Dat is logisch, want *t* = bewijs tegen H_0 en *p* = houdbaarheid van H_0.

Voorbeeld

Tabel 2.15

	B	Standard error	t	p
Intercept	45.4616772	20.0404328	2.26849778	.04098222
Onzekerheid	-0.2432128	0.253591	-0.9590751	.35501948
Steun	0.33398535	0.25359427	1.31700673	.21058004

2.4.8 Beslissingen

In de beslissingen worden de conclusies over de hypothesen beschreven.
1 Als voor de algemene H_0 geldt dat $p < .05$ dan wordt die H_0 verworpen. Anders wordt die H_0 behouden. **Een specifieke H_0 mag pas worden verworpen als de algemene H_0 al is verworpen** en bovendien de *p*-waarde van de specifieke H_0

kleiner is dan .05. Als bijvoorbeeld voor de algemene nulhypothese geldt dat $p = .20$ en voor een specifieke predictor geldt $p = .001$, dan moet je dat laatste negeren.
2 **Verwoord** de beslissingen in termen van het onderzoek. Zij moeten zelfstandig te begrijpen zijn, ook zonder het hele rapport te lezen.
3 Beoordeel de **sterkte van het algemene effect** in de steekproef, als het significant is. Daarvoor moet je de waarde van R^2 noemen en daar bij zeggen of verband 'sterk' ($R^2 > .20$), 'zwak' ($R^2 < .10$), of 'matig' (daartussenin) is.
4 Als het effect matig of sterk is, maar toch non-significant, duidt dat erop dat de **steekproef te klein** was om een betrouwbare conclusie te trekken. Dat moet je dan opmerken.

Toelichting
1 Verwerpen of behouden
De regel voor de specifieke nulhypothesen is nodig om te zorgen dat de kans op een type I-fout (ten onrechte verwerpen van H_0) onder de 5% blijft. Anders zou je namelijk voor elke specifieke H_0 een nieuwe kans op een type I-fout hebben, waardoor de totale kans dat er in jouw analyse een type I-fout zit, groter zou zijn dan 5%.

Met deze regel is het mogelijk dat je in sommige situaties enerzijds de algemene H_0 verwerpt terwijl je anderzijds elke specifieke H_0 behoudt. Wat betekent dat je enerzijds concludeert dat niet $\beta_1 = \beta_2 = \ldots = \beta_k = 0$ en anderzijds dat wel $\beta_1 = 0$, $\beta_2 = 0, \ldots,$ en $\beta_k = 0$. Wat komisch is. Dit moet je als volgt interpreteren: er is voldoende bewijs om te concluderen dat sommige β's afwijken van 0, maar er zijn onvoldoende gegevens om aan te wijzen welke β's dat zijn. Net zoals je kan concluderen dat iemand dr. Black heeft vermoord zonder dat je kan bewijzen wie het heeft gedaan.

Omgekeerd kan het gebeuren dat de p-waarde voor de algemene H_0 niet-significant is, terwijl de p-waarde voor een specifieke H_0 zeer significant is. Bijvoorbeeld H_0(algemeen): $\beta_1 = \beta_2 = \beta_3 = \beta_4 = 0$ heeft $p > .10$ maar H_0(specifiek): $\beta_2 = 0$ heeft $p < .001$. Dan is het verleidelijk om die laatste p-waarde serieus te nemen. Maar volgens onze regel moet je hem negeren.

Er bestaan betere procedures dan de hier genoemde regel. Onze regel is echter het eenvoudigst en het meest gebruikt in de psychologie. Als je een andere regel wilt gebruiken, zul je er hogere literatuur op na moeten slaan. In ieder geval is het fout om zomaar alle p-waarden serieus te nemen zonder te letten op de consistentie van de beslissingen en cumulatie van type I-fouten.

2 Verwoorden van de beslissingen
Om de beslissing zelfstandig leesbaar te laten zijn, is het nodig om te noemen:
- de namen van het criterium en de predictoren;
- de naam van de betrokken coëfficiënt;
- of de coëfficiënt significant is.

Wat betreft de algemene hypothese kan dit het eenvoudigst door iets te schrijven als:

> 'De multiple correlatie van Geweld op Sociale angst en Indirecte agressie is significant groter dan nul.'

Of:

> 'Sociale angst en Indirecte agressie verklaren een significant deel van de variantie van Geweld.'

Wat betreft de specifieke nulhypothesen kan dit het eenvoudigst door iets te schrijven als:

> 'Het regressiegewicht van Sociale angst wijkt significant af van 0.'

Of:

> 'Sociale angst levert een significante bijdrage aan de voorspelling van Geweld.'

3 Beoordelen van de sterkte

Als een effect significant is, wil dat nog niet zeggen dat het sterk is. Een kleine p-waarde betekent dat F groot is. Uit de formules in de ANOVA-tabel volgt dat:

$$F = \frac{R^2}{(1-R^2)} * \frac{(N-k-1)}{k} \qquad (k = \text{aantal predictoren})$$

F neemt toe met R^2 en N. Een grote F kan dus komen door een grote R^2, maar ook door een grote N. Dat is goed, want F moet meten hoeveel bewijs er is tegen de nulhypothese. Maar **al met al zegt een significant resultaat dus slechts dat de steekproef groot genoeg was in verhouding tot R^2**. Dan kan R^2 zelf nog heel klein zijn. Daarom moet je naast p ook naar R^2 kijken.

Ik zal hier weer hanteren dat ik de grenzen van 'matig' en 'groot' leg bij een R^2 van respectievelijk .10 en .20. Cohen (1988) hanteert iets andere grenzen, die verschillend zijn voor MRA en ANOVA, wat ik hier wil vermijden.

4 Aantal proefpersonen

Omgekeerd, als een effect non-significant is, wil dat nog niet zeggen dat de nulhypothese waar is. Het betekent slechts dat er weinig bewijs is tegen de nulhypothese, gemeten met F. Dat kan komen doordat de nulhypothese bijna waar is (R^2 bijna 0), maar ook doordat N te klein is. Kijk dus naar R^2. Als R^2 groot is, maar p is non-significant, dan was kennelijk N te klein.

De klassieke statistiek zegt dat je in dat geval *toch* de nulhypothese moet behouden. Die krijgt het voordeel van de twijfel. Zelfs als N = 0, bij wijze van spreken. Eigenlijk is dat onzin. Je weet het gewoon niet. Deze laatste opmerking betekent *absoluut niet* dat je die regel over het behouden nu aan je laars mag lappen. Je zal en moet hem ijskoud uitvoeren!

Wel dien je de zaak nauwkeurig te formuleren. Je mag bijvoorbeeld zeggen dat de nulhypothese wordt *behouden* maar niet dat hij *waar* is. Want dat is iets heel anders. De lezer wordt geacht het verschil te kennen. Verder is het verstandig om in zo'n geval erbij te schrijven dat de steekproef misschien te klein was.

In artikelen zie je bij $p > .05$ vrijwel altijd dat men doet alsof de nulhypothese waar is. Slechts zelden oppert men de mogelijkheid dat de steekproef te klein was. Vanwaar deze eenvoud? Wel, ten eerste is men meestal alleen geïnteresseerd in matige of sterke effecten. Ten tweede zorgen de meeste onderzoekers er van tevoren voor dat hun steekproef daar groot genoeg voor is. En als ze dat niet doen, wordt het artikel geweigerd door de redactie van het tijdschrift. En terecht. Hoe groot moet de steekproef zijn? Green (1991) geeft eenvoudige regels voor effecten van matige sterkte. Voor conclusies over de multiple correlatie moet $N \geq 50 + 8 * k$ zijn, waar k het aantal predictoren is. Voor conclusies over specifieke *b*-gewichten moet $N \geq 104 + k$ zijn. Deze regels gelden alleen bij non-significante resultaten. Zodra een effect significant is ($p < .05$), heb je zeker genoeg subjecten, al zijn het er maar drie. Wij zullen de eenvoudige regel hanteren dat we ons pas (achteraf) zorgen maken over het aantal subjecten **als p en R^2 elkaar tegenspreken**.

Voorbeeld
Omdat in de ANOVA-tabel is gevonden dat $p = .2195$, behouden we de algemene nulhypothese. Deze algemene nulhypothese zei dat $R^2 = 0$ in de populatie. Je schrijft daarom op:

> 'De multiple correlatie voor het voorspellen van Psychisch welbevinden uit Onzekerheid en Steun is niet significant groter dan 0. In de steekproef werd echter gevonden dat $R^2 = .2081$, wat een sterk verband suggereert. Kennelijk is het aantal subjecten te klein om een betrouwbare conclusie te trekken (N = 16).'

Omdat de algemene nulhypothese wordt behouden, moeten ook de specifieke nulhypothesen worden behouden. De regressiegewichten van Onzekerheid en Steun zijn niet significant afwijkend van 0. Omdat dit volgt uit de eerdere beslissing, hoeft het niet apart te worden besproken. Ook hier kan het kleine aantal subjecten een rol spelen.

Schrijf nooit: 'Het effect is niet-significant en sterk'. Dat klinkt stom. Schrijf in plaats daarvan: 'Het effect is niet-significant, maar gezien de grote waarde van R^2 is de steekproef misschien te klein'.

2.4.9 Causale interpretatie

Geef voor **ten minste één predictor** een causale interpretatie, bij wijze van voorbeeld. (Het is meestal onredelijk veel werk om dat voor elke predictor te doen.) Als de predictor experimenteel gemanipuleerd was, is de enig mogelijke causale interpretatie de primaire verklaring dat de predictor invloed heeft op het criterium (of juist niet, afhankelijk van de beslissing). Als de predictor passief-geobserveerd was, zijn er in principe alternatieve verklaringen. Beschrijf er één. Omdat de regressiegewichten van een predictor weergeven wat het effect van die predictor is met constant houden van de andere predictoren, **kunnen de andere predictoren geen storende variabelen zijn**. Dat is een belangrijk voordeel van MRA: je kan er sommige alternatieve verklaringen mee uitsluiten, waardoor de primaire verklaring plausibeler wordt.

Voorbeeld
Het onderzoek was passief-observerend, dus als de multiple correlatie 0 is in de populatie (waar we niet zeker van zijn gezien de kleine N), zijn daar meerdere verklaringen voor mogelijk. De primaire verklaring met betrekking tot Onzekerheid is dat dit geen invloed heeft op Psychisch welbevinden. Een alternatieve verklaring is dat die invloed wel bestaat, maar dat het wordt gecompenseerd door een storende variabele. Zo'n storende variabele zou 'emotionele stabiliteit' (het omgekeerde van neuroticisme) kunnen zijn. Het is denkbaar dat emotioneel stabiele personen vaker solliciteren op arbeidsplaatsen met een hoge onzekerheid omdat zij weten daar niet wakker van te zullen liggen. Aangenomen dat emotioneel stabiele personen in aanvang een hoger psychisch welbevinden hebben, kan dit per saldo het negatieve effect van onzekerheid gecompenseerd hebben in de data.

Als alle *p*-waarden significant waren geweest, zou de causale interpretatie als volgt kunnen zijn geweest. Het onderzoek was passief-observerend, dus er zijn meerdere verklaringen mogelijk voor het gevonden verband. De primaire verklaring met betrekking tot Steun is dat dit invloed heeft op Psychisch welbevinden. Een alternatieve verklaring is dat de relatie omgekeerd is: Psychisch welbevinden heeft invloed op Steun. Iemand die langdurig niet lekker in zijn vel zit, houdt weinig vrienden over en verliest zodoende sociale steun.

2.4.10 Samenvatting: elementair rapport MRA

Design: criterium = Psychisch welbevinden (kwantitatief)
predictor 1 = Onzekerheid (kwantitatief)
predictor 2 = Steun (kwantitatief)

Mate van controle: Passief-observerend.

Geaggregeerde data:

Tabel 2.16 Correlaties, gemiddelden en standaardafwijkingen (2)

	Psychisch welbevinden	Onzekerheid	Steun
Psychisch welbevinden			
Onzekerheid	-.32		
Steun	.39	-.23	
gemiddelde	50	50	50
standaardafw.	10.33	10.33	10.33

Schatters – regressiegewichten:
$b_{Constant}$ = 45.4616772
$b_{Onzekerheid}$ = -0.2432128
b_{Steun} = 0.33398535

Hypothesen:

Algemene hypothesen: H_0: $\beta_{Onzekerheid} = \beta_{Steun} = 0$
H_a: Deze H_0 is onwaar.

Specifieke nulhypothesen: $H_0(Onzekerheid)$: $\beta_{Onzekerheid} = 0$
$H_0(Steun)$: $\beta_{Steun} = 0$

Toetsing – ANOVA summary table:

Tabel 2.17 ANOVA summary table voor Psychisch welbevinden (2)

Bron	df	SS	MS	F	p	R^2
Regressie	2	332.91	166.46	1.708	.2195	.2081
Onzekerheid						
Steun						
Residu	13	1266.85	97.45			
Totaal	15	1599.76				

Toetsing – p-*waarden van de* b-*gewichten*:

Tabel 2.18

	b	p
Intercept	45.4616772	.04098222
Onzekerheid	-0.2432128	.35501948
Steun	0.33398535	.21058004

Beslissingen: De multiple correlatie voor het voorspellen van Psychisch welbevinden uit Onzekerheid en Steun is niet significant groter dan 0. In de steekproef werd echter gevonden dat R^2 = .2081, wat een sterk verband suggereert. Kennelijk is het aantal subjecten te klein om een betrouwbare conclusie te trekken (N = 16).
(Omdat de algemene nulhypothese wordt behouden, moeten ook de specifieke nulhypothesen worden behouden. Omdat dit volgt uit de eerdere beslissing, hoeft het niet apart te worden besproken.)

Causale interpretatie: Het onderzoek was passief-observerend, dus als de multiple correlatie 0 is in de populatie (waar we niet zeker van zijn gezien de kleine N), zijn daar meerdere verklaringen voor mogelijk. De primaire verklaring met betrekking tot Onzekerheid is dat dit geen invloed heeft op Psychisch welbevinden. Een alternatieve verklaring is dat die invloed wel bestaat, maar dat het wordt gecompenseerd door een storende variabele. Zo'n storende variabele zou 'emotionele stabiliteit' (het omgekeerde van neuroticisme) kunnen zijn. Het is denkbaar dat emotioneel stabiele personen vaker solliciteren op arbeidsplaatsen met een hoge onzekerheid omdat zij weten daar niet wakker van te zullen liggen. Aangenomen dat emotioneel stabiele personen in aanvang een hoger psychisch welbevinden hebben, kan dit per saldo het negatieve effect van onzekerheid gecompenseerd hebben in de data.

2.5 Beknopt rapport van een MRA

Een beknopt rapport van een MRA is een lopend verhaal waarin worden genoemd:
- het design (criterium en de predictoren);
- de naam van de analyse (multiple-regressieanalyse);
- de belangrijkste elementen van de toetsing (R^2, F of t, dfs en p-waarden);
- de beslissingen;
- eventueel, of als gevraagd, toelichting van de richting van de significante effecten door het noemen van de b-gewichten en hun teken.

Het is niet gebruikelijk de term multiple-regressieanalyse af te korten. Wel kan het woord 'multiple' worden weggelaten, of worden vervangen door 'lineaire'. Naast de formele termen 'multiple correlatie' en 'b-gewicht' mogen ook de termen 'voorspelling' en 'verklaarde variantie' worden gebruikt.

Voorbeeld
(Het gedeelte toelichting is gecursiveerd.)

> Er werd een regressieanalyse gedaan waarbij Psychisch welbevinden werd voorspeld uit Onzekerheid over de arbeidsplaats en Steun. Het bleek dat de proportie-verklaarde variantie (R^2 = .21) niet significant groter dan nul was ($F(2,13)$ = 1.708, p = .22). *Dat het verband in de steekproef niettemin behoorlijk sterk was, suggereert dat dit non-significante resultaat een gevolg kan zijn van een te kleine steekproef (N = 16).*

Merk op dat in dit beknopte rapport niets wordt gezegd over de significantie van de regressiegewichten. Dat is omdat R^2 niet-significant is. Vervolgens hoeft er ook geen toelichting te worden gegeven op die beslissingen. Dat zou anders zijn als R^2 wel significant was geweest. Als voorbeeld neem ik het onderzoek zoals dat in werkelijkheid is uitgevoerd door Van Vuren (1991). Daar was N = 311 met ongeveer dezelfde correlaties als in dit voorbeeld. Daaruit is te berekenen dat $F(2,308)$ = 40.469 met p = .000, en ook de t-waarden zijn te berekenen. Dan zou dit het beknopte rapport als volgt zijn geweest. (De t-waarden zijn niet verplicht.)

> Er werd een regressieanalyse gedaan waarbij Psychisch welbevinden werd voorspeld uit Onzekerheid over de arbeidsplaats en Steun. Het bleek dat de proportie-verklaarde variantie (R^2 = .21) significant groter dan nul was ($F(2,308)$ = 40.469, p = .000). De regressiegewichten van Onzekerheid en Steun waren beide significant (respectievelijk $t(308)$ = -4.668, p = .000 en $t(308)$ = 6.410, p = .000). *Uit de regressiegewichten blijkt dat een toename in Onzekerheid bij gelijkblijvende Steun samengaat met een afname in Psychisch welbevinden (b = -0.24). Een toename in Steun bij gelijkblijvende Onzekerheid gaat samen met een toename in Psychisch welbevinden (b = 0.33).*

2.6 Aansturen van SPSS Regression

Open het bestand met de data die je wilt analyseren. De data worden getoond in de *Data Editor* van SPSS.

Zeggen dat je een regressieanalyse wilt doen:
1 Kies in de menubalk **A**nalyze > **R**egression > **L**inear. De *dialogbox* van Linear Regression verschijnt.

Opgeven wat de criterium variabele is:
2 Selecteer links de naam van de criteriumvariabele.
3 Klik naast **D**ependent: op ▶. De naam wordt dan rechts gezet.

Opgeven wat de predictoren zijn:
4 Selecteer links de naam van de eerste predictor.
5 Klik naast **I**ndependent(s): op ▶. De naam wordt dan rechts gezet.
6 Selecteer links de naam van de tweede predictor.
7 Klik naast **I**ndependent(s): op ▶. De naam wordt dan rechts gezet.

Herhaal dit voor de resterende predictoren, als die er zijn.

Opgeven dat je ook de correlaties tussen de betrokken variabelen wilt:
8 Klik op **S**tatistics.
9 Klik op **E**stimates, **M**odel fit en **D**escriptives als er nog geen vink ✓ staat.
10 Klik op Continue.

Het rekenen laten beginnen:
11 Klik op OK. De output wordt getoond in de *Output Viewer* van SPSS.

De output bekijken:
12 De output bestaat uit meerdere pagina's, die niet allemaal tegelijk op het beeldscherm kunnen worden getoond. Door op de rechterbalk te klikken kun je andere pagina's van de output bekijken ('bladeren', 'scrollen'). Links staat een inhoudsopgave van de output. Daar kun je ook klikken.
13 Onderaan zitten knoppen voor de SPSS Data Editor en de Output Viewer. Door daarop te klikken geef je aan of je de data, dan wel de output wilt zien.

Voorbeeld
Op de volgende pagina's zijn (delen van) het beeldscherm te zien tijdens diverse fasen van het aansturen van SPSS. Daarbij is aangegeven wat men verstaat onder de **Data Editor, menubalk, *dialogbox*** en **Output Viewer**. Met genummerde pijlen is aangegeven waar je in de bovenstaande stappen 1 tot en met 13 moet klikken met de muis. De data zijn die van het doorlopend voorbeeld. Zij staan in een SPSS databestand met de naam *psywel.sav*.

Multiple-regressieanalyse (MRA)

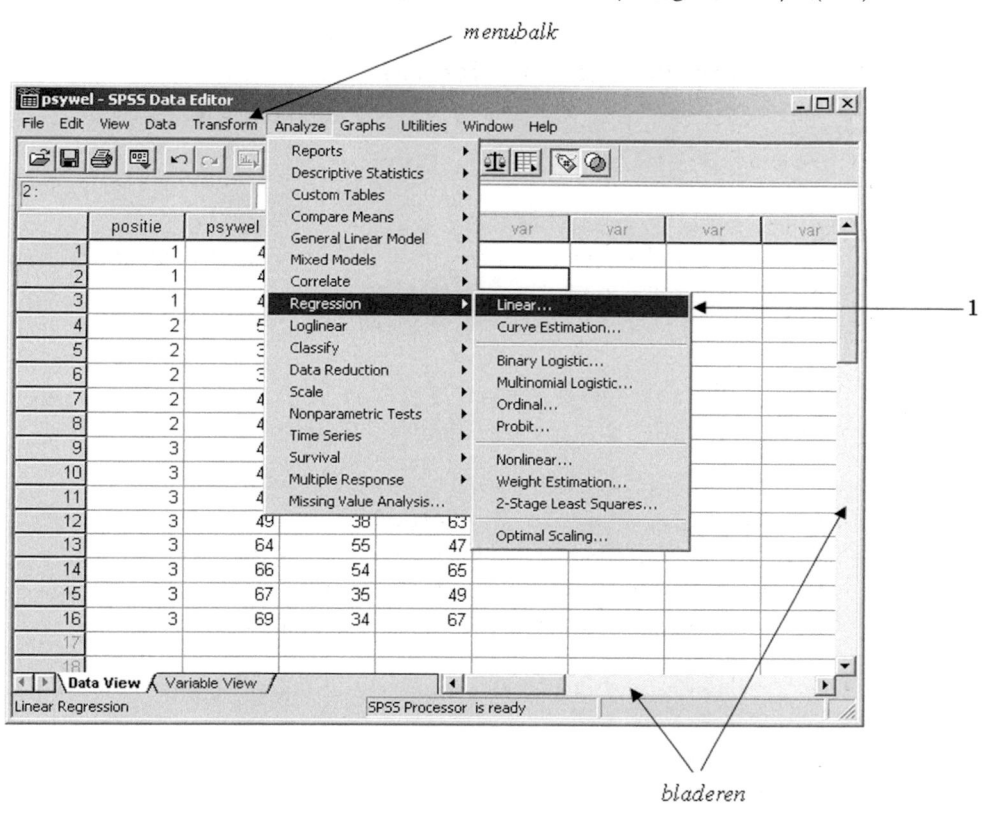

*Figuur 2.4 De **Data Editor** van SPSS*

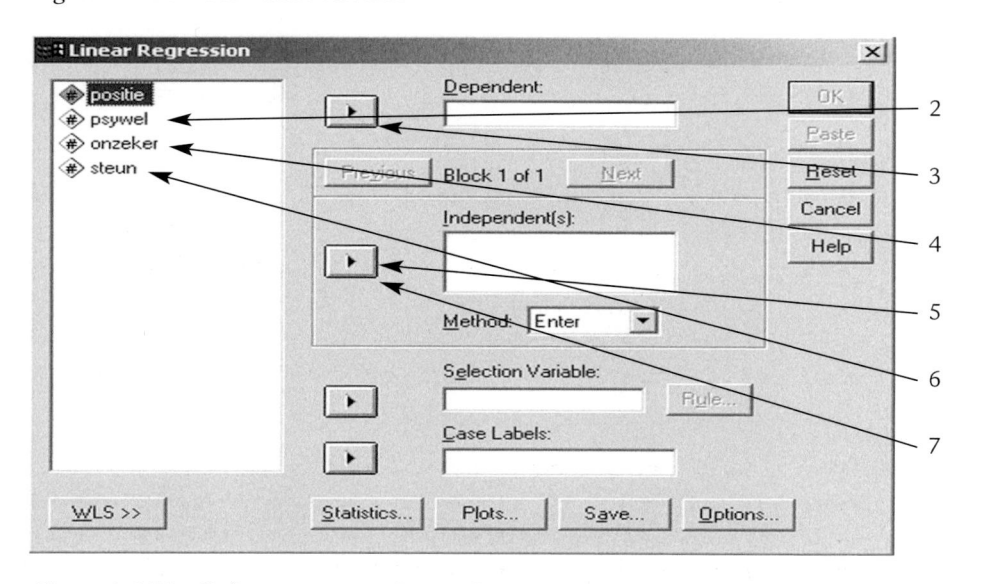

*Figuur 2.5 Het **dialoogvenster** van Linear Regression*

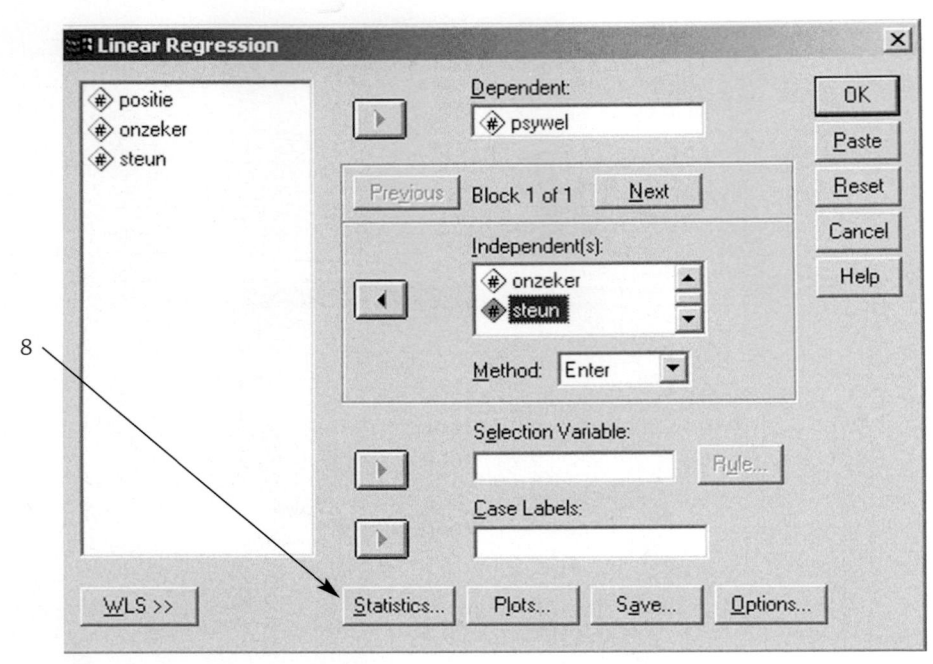

Figuur 2.6 Zo komt het er uit te zien

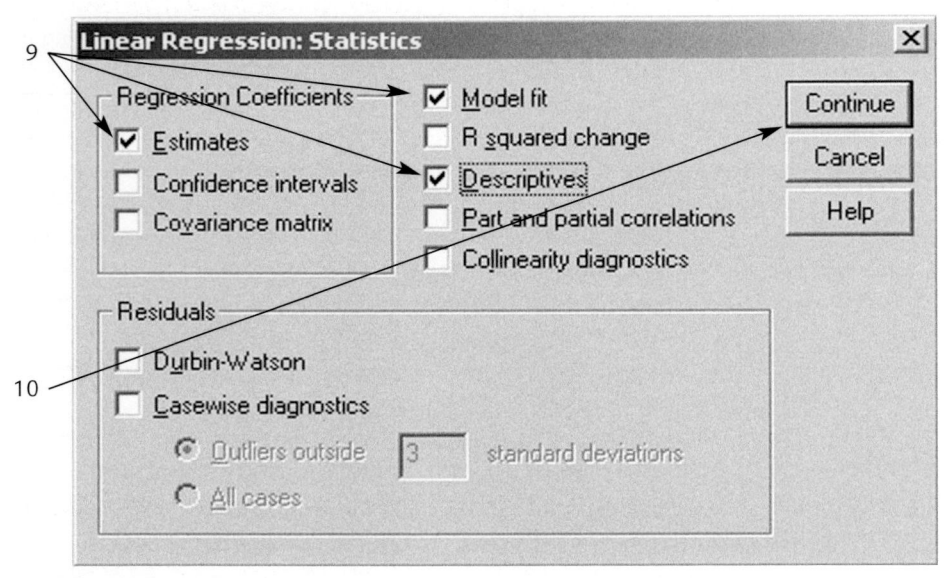

Figuur 2.7

Multiple-regressieanalyse (MRA)

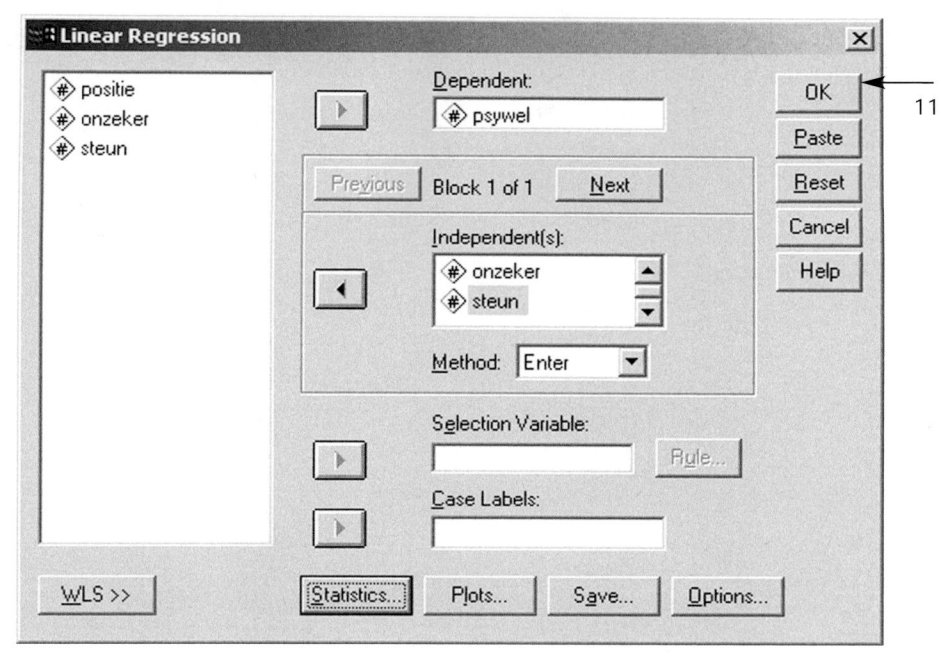

Figuur 2.8

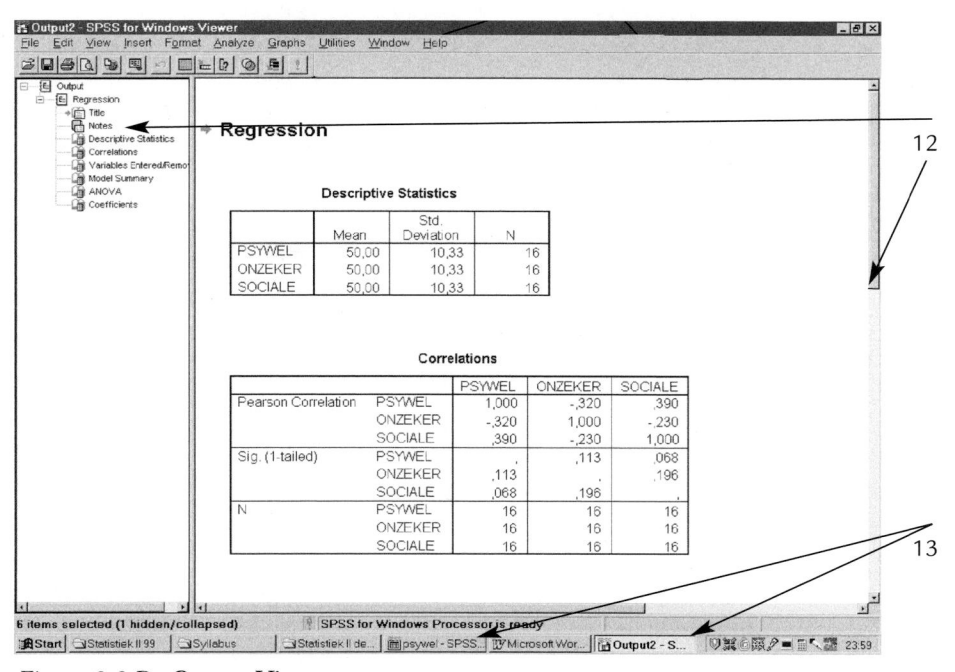

*Figuur 2.9 De **Output Viewer** van SPSS*

Als je een tabel van SPSS Output Viewer naar WordPerfect of Microsoft Word wilt kopiëren, kun je dat doen zoals aangegeven in tabel 2.19.

Tabel 2.19

	WordPerfect	MS Word
Als je de tabel nog wilt bewerken in WP of Word	Selecteer één tabel. Edit > Copy Ga naar WP. Bewerken > Plakken Tabel > Turbo-Opmaak > ...	Selecteer één tabel. Edit > Copy Ga naar Word. Bewerken > Plakken *Tabel > Converteren > Tabel naar tekst > Tabs** *Tabel > Converteren > Tekst naar tabel > Tabs** Tabel > Tabelgalerie > Klassiek1
Als je de tabel nooit meer wilt bewerken	Selecteer één tabel. Edit > Copy Ga naar WP. Bewerken > Plakken speciaal > Figuur	Selecteer één tabel. Edit > Copy objects Ga naar Word. Bewerken > Plakken.

* De gecursiveerde opdrachten zijn schijnbaar nutteloos. Maar zonder dit ontstaat er bij sommige versies van SPSS een fout, waardoor elke regel van de tabel twee keer in het document komt zonder dat je dat direct ziet. Je merkt het pas als je gaat printen of als de tabel op een andere pagina staat wanneer je van boven naar onder bladert, dan wanneer je van onder naar boven bladert.

2.7 Output van SPSS Regression (selectie)

Descriptive Statistics

	Mean	Std. Deviation	N
PSYWEL	50,00	10,33	16
ONZEKER	50,00	10,33	16
STEUN	50,00	10,33	16

Figuur 2.10

Correlations

		PSYWEL	ONZEKER	STEUN
Pearson Correlation	PSYWEL	1,000	-,320	,390
	ONZEKER	-,320	1,000	-,230
	STEUN	,390	-,230	1,000
Sig. (1-tailed)	PSYWEL	,	,113	,068
	ONZEKER	,113	,	,196
	STEUN	,068	,196	,
N	PSYWEL	16	16	16
	ONZEKER	16	16	16
	STEUN	16	16	16

Model Summary

Model	R	R Square	Adjusted R Square	Std. Error of the Estimate
1	,456[a]	,208	,086	9,87

a. Predictors: (Constant), STEUN, ONZEKER

ANOVA[b]

Model		Sum of Squares	df	Mean Square	F	Sig.
1	Regression	332,918	2	166,459	1,708	,219[a]
	Residual	1266,850	13	97,450		
	Total	1599,768	15			

a. Predictors: (Constant), STEUN, ONZEKER
b. Dependent Variable: PSYWEL

Coefficients[a]

Model		Unstandardized Coefficients		Standardized Coefficients	t	Sig.
		B	Std. Error	Beta		
1	(Constant)	45,462	20,040		2,268	,041
	ONZEKER	-,243	,254	-,243	-,959	,355
	STEUN	,334	,254	,334	1,317	,211

a. Dependent Variable: PSYWEL

Figuren 2.11-2.14

2.8 Betekenis van de output van SPSS Regression

Uit de **voetnoten** van de diverse tabellen kun je opmaken wat het design was.

Descriptive Statistics
Deze tabel geeft de gemiddelden (Mean) en standaardafwijking (Std. Deviation) van de variabelen.

Correlations
Deze tabel geeft de correlaties (Pearson Correlation) en hun *p*-waarden (Sig. (1-tailed)) voor een eenzijdige toets van H_0: '$r = 0$ in de populatie'.

Model summary
Deze tabel bevat de belangrijkste uitkomst: R^2 (R Square) is .208.

ANOVA
In deze tabel wordt de algemene nulhypothese getoetst, dat wil zeggen de nulhypothese dat $R^2 = 0$ in de populatie. De *F*-waarde hiervan is $F(2,13) = 1.708$ en de *p*-waarde (Sig.) is $p = .219$. Dit is niet-significant, dus de nulhypothese moet worden behouden. De multiple correlatie van Psywel op Onzeker en Steun is niet significant groter dan 0.

Coëfficients
Onder **Unstandardized coefficients** zien we dat de *b*-gewichten zijn: $b_{Constant}$ = 45.462, $b_{Onzeker}$ = -0.243 en b_{Steun} = 0.334. Het regressiegewicht van Constant is de intercept (Constant is een door SPSS zelf verzonnen predictor die voor elk subject de waarde 1 heeft). Dit betekent dat je de scores op Psywel het beste kan voorspellen met:

voorspelde Psywel = 45.462 - 0.243 * *Onzeker* + 0.334 * *Steun*

In dezelfde tabel zien we onder **Sig.** de *p*-waarden van de *b*-gewichten. Omdat de algemene nulhypothese al is behouden, moeten we deze *p*-waarden **negeren**. Om uit te leggen wat de output betekent, bekijken we hen echter toch even. De *p*-waarden van de *b*-gewichten voor Onzeker en Steun zijn respectievelijk .355 en .211. In beide gevallen wordt de nulhypothese behouden dat het *b*-gewicht in de populatie gelijk is aan 0. Dat stemt overeen met de conclusie die over de algemene hypothese was getrokken (dat is helaas niet altijd zo).

De conclusie is dat *in de populatie* misschien deze regressievergelijking geldt:

voorspelde Psywel = 45.462 - .000 * *Onzeker* + .000 * *Steun*

Deze formule levert in de steekproef weliswaar minder goede voorspellingen op dan de eerste, en hij is daarom ook iets minder aannemelijk, maar een sceptische collega kan er in blijven geloven zonder in conflict met de data te komen. Dat komt mede doordat er zo weinig data zijn.

2.9 Het adolescentieonderzoek

Deze paragraaf hoort niet bij de lesstof. Het beschreven onderzoek wordt gebruikt in de opgaven bij dit hoofdstuk.

Dit is een onderzoek van de vakgroep Ontwikkelingspsychologie aan de KUN (data beschikbaar gesteld door Ron Scholte; Scholte, Aken & Van Lieshout, 1997). Het onderzoek betreft 3361 adolescenten in de regio Arnhem/Nijmegen. De data die hier worden besproken zijn beperkt tot een groep van 2226 adolescenten die zowel een vader, een moeder, als een broer of zus hebben. Deze personen beantwoorden een vragenlijst met een groot aantal vragen. Eén van de vragen in het onderzoek was: Hoe ervaren jongeren de sociale ondersteuning van ouders en beste vrienden, en hoe is dat gerelateerd aan hun psycho-sociaal functioneren, inclusief persoonlijkheid?

Op basis van de vragenlijst zijn onder meer de volgende variabelen berekend. Zij staan in tabel 2.21 gegroepeerd en beschreven. De variabele *extr* bijvoorbeeld, is een meting van de persoonlijkheidsfactor 'extraversie'. Deze variabele is als volgt berekend. De vragenlijst bevatte meerdere vragen die betrekking hadden op uitingen van extraversie. Voor elk subject zijn de antwoorden op die vragen gescoord (bijvoorbeeld 'nooit' = 0, 'soms' = 1, 'vaak' = 2, 'altijd' = 4). Voor elk subject is vervolgens de gemiddelde score berekend. Dat is zijn score op *extr*.

Alle andere variabelen zijn op soortgelijke wijze berekend, met uitzondering van *sekse*, *cluster5* en de groepsreputaties *repu1* tot en met *repu5*. Terwijl de meeste variabelen zijn gebaseerd op wat de persoon zelf antwoordde, zijn de reputatievariabelen gebaseerd op wat de mening van klasgenoten was over de betreffende persoon. Als iemand bijvoorbeeld een hoge score op *repu1* heeft, dan betekent dat dat veel van zijn klasgenoten hem agressief en onachtzaam vinden.

Tabel 2.20 Betekenis van variabelen in het bestand adol.sav

SOORT VARIABELE	NAAM variabele	OMSCHRIJVING
Achtergrond kenmerken		
	sekse	sekse
Persoonlijkheidsfactoren op grond van de Big Five		
	extr	extraversie
	aggr	vriendelijkheid
	cons	zorgvuldigheid
	emst	emotionele stabiliteit
	open	openheid voor nieuwe ervaringen (niet opgenomen in dit bestand)

SOORT VARIABELE	NAAM variabele	OMSCHRIJVING
Groepsreputaties		
	repu1	agressie/onachtzaamheid
	repu2	achievement/withdrawn
	repu3	self confidence
	repu4	sociable
	repu5	emotioneel instabiel
Relationele ondersteuning		
	rtnwfac1	ouderlijke steun
	rtnwfac2	steun van beste vriend
	rtnwfac3	convergentie van doelen
	rtnwfac4	steun van broer/zus
	rtnwfac5	respect voor autonomie
Treiteren		
	victim	zich slachtoffer voelen van pesten
	isola	geisoleerd voelen
	bully	daderschap van pesten
Welbevinden		
	sesteem	self esteem
	eenzh	eenzaamheid
	alchohol	alcoholgebruik
Delinquentie		
	overt	openlijke delinquentie (vechten)
	covert	verborgen delinquentie (vernielen)
	autcon	conflict met autoriteiten
Puberteit		
	pubstat	puberteitsstatus (hoog = vroeg rijp)
	beleving	eigen beleving van puberteit (hoog = positief)
Clusters		
	cluster5	groep adolescenten met soortgelijk profiel van steun

Voor de variabele cluster5 geldt:

1 = hoge ondersteuning van allen (ouders, vriend, broer/zus)
2 = gemiddelde steun van allen
3 = lage steun van allen
4 = extreem lage steun van ouders, gemiddeld van broer/zus, hoog van beste vriend
5 = geen beste vriend

2.10 Opgaven

Opgave 2.1 (voorbereiding van computeropgaven)

Lees de tekst over het adolescentieonderzoek in paragraaf 2.9. Diverse computeropgaven zullen hierover gaan. Stel, je wilt onderzoeken in hoeverre de reputatie met betrekking tot emotionele instabiliteit wordt beïnvloed door de vier persoonlijkheidsfactoren extraversie, vriendelijkheid, zorgvuldigheid en emotionele stabiliteit.
a Wat is in dit geval het design?
b Waarom moet je een MRA gebruiken?
c Wat zijn hier de hypothesen?

Opgave 2.2 (voorbereiding van computeropgaven)

In het scriptieonderzoek van Ralph Tinnemans in 1998 (KUN) werd een groot aantal Nederlandse delinquenten onderzocht. Bij elke persoon werden onder meer de volgende variabelen gemeten:

Diragr = directe agressie
Inagr = ingehouden agressie
Socwens = sociale wenselijkheid
= neiging tot het geven van sociaal wenselijke antwoorden
Span1 = spanning in sociale omgang met betrekking tot kritiek
Span2 = spanning in sociale omgang met betrekking tot aandacht
Span3 = spanning in sociale omgang met betrekking tot waardering
Span4 = spanning in sociale omgang met betrekking tot initiatief
Span5 = spanning in sociale omgang met betrekking tot zelf

In figuur 2.15 is een deel van de data weergegeven:

diragr	ingagr	socwens	span1	span2	span3	span4	span5
12	8	4	31	12	4	5	8
10	4	3	7	6	4	5	4
4	7	1	21	17	19	19	13
9	12	2	22	15	8	12	13
15	10	3	19	17	8	15	8
7	6	3	24	17	9	14	13

Figuur 2.15

Met deze data is een MRA gedaan. In figuur 2.16 tot en met 2.18 staan delen van de SPSS-output.
a Leid uit de output af wat het design is geweest bij deze analyse.
b Maak op grond van deze output een elementair rapport, met uitzondering van de geaggregeerde data.

Model Summary

Model	R	R Square	Adjusted R Square	Std. Error of the Estimate
1	,596a	,356	,308	2,965

a. Predictors: (Constant), SPAN5 spanning: zelf, SOCWENS sociale wenselijkheid (vm), INGAGR ingehouden agressie (vm), SPAN3 spanning: waardering, SPAN1 spanning: kritiek, SPAN4 spanning: initiatief, SPAN2 spanning: aandacht

ANOVAb

Model		Sum of Squares	df	Mean Square	F	Sig.
1	Regression	456,053	7	65,150	7,412	,000a
	Residual	826,271	94	8,790		
	Total	1282,324	101			

a. Predictors: (Constant), SPAN5 spanning: zelf, SOCWENS sociale wenselijkheid (vm), INGAGR ingehouden agressie (vm), SPAN3 spanning: waardering, SPAN1 spanning: kritiek, SPAN4 spanning: initiatief, SPAN2 spanning: aandacht

b. Dependent Variable: DIRAGR directe agressie (vm)

Coefficientsa

Model		Unstandardized Coefficients		Standardized Coefficients	t	Sig.
		B	Std. Error	Beta		
1	(Constant)	10,163	1,363		7,458	,000
	INGAGR ingehouden agressie (vm)	,397	,085	,426	4,667	,000
	SOCWENS sociale wenselijkheid (vm)	-,971	,261	-,331	-3,723	,000
	SPAN1 spanning: kritiek	-,132	,072	-,236	-1,839	,069
	SPAN2 spanning: aandacht	,121	,108	,171	1,114	,268
	SPAN3 spanning: waardering	,127	,096	,138	1,334	,186
	SPAN4 spanning: initiatief	-,126	,115	-,148	-1,096	,276
	SPAN5 spanning: zelf	-,118	,127	-,110	-,929	,355

a. Dependent Variable: DIRAGR directe agressie (vm)

Figuren 2.16-2.18

Opgave 2.3 (voorbereiding van computeropgaven)

Zie de data van opgave 2.2. Om je niet met al te veel rekenwerk op te zadelen, beschouwen we slechts de eerste zes subjecten waarvan de data vermeld staan. Op deze zes subjecten wordt een MRA gedaan waarbij Diragr wordt voorspeld uit Inagr, Socwens en Span5. De regressiegewichten zijn in tabel 2.20 weergegeven.

Tabel 2.21

Predictor	Regressiegewicht
Constant	4.663
Inagr	0.887
Socwens	1.622
Span5	-0.655

a Bereken voor elk subject de **voorspelde score**.
b Bereken met je rekenmachine de variantie van de voorspelde scores.
c Bereken met je rekenmachine de variantie van de werkelijke criteriumscores.
d Bereken op basis van (b) en (c) de **sum of squares** van de ANOVA-tabel.
e Bereken de hele ANOVA-tabel.
f De multiple correlatie is extreem hoog. Is hij significant groter dan 0? Hoe komt dat?

Opgave 2.4 (computeropgave)

Herhaal de regressieanalyse uit het doorlopend voorbeeld van de tekst. De data staan in *psywel.sav*. Controleer of je output gelijk is aan die in de tekst. (Hoe je in dit geval SPSS moet aansturen wordt voorgedaan in paragraaf 2.6 'Aansturen van SPSS *Regression*'. Het is onmogelijk en onleerzaam om de instructies altijd zo gedetailleerd te blijven geven. In de volgende opgaven moet je daarom steeds vaker zelfstandig uitproberen hoe je iets van SPSS gedaan krijgt.)

Opgave 2.5 (computeropgave)

Deze opgave is voorbereid in opgave 2.1.
a Open de data van het adolescentieonderzoek. Deze staan in *adol.sav*.
b Zoals in de meeste echte onderzoeken, bevat dit bestand een groot aantal variabelen; te veel om allemaal tegelijkertijd op het beeldscherm te tonen. Je kan naar *rechts* bladeren (en daarna weer terug naar *links*) met de balk onderaan het venster. Probeer dit.
c Voer een MRA uit om te onderzoeken in hoeverre de reputatie met betrekking tot emotionele instabiliteit kan worden voorspeld met de vier persoonlijkheidsfactoren extraversie, vriendelijkheid, zorgvuldigheid en emotionele stabiliteit. Als je niet weet in welke variabelen zij staan, dan heb je kennelijk in opgave 2.1 de instructies niet goed opgevolgd.
d Neem over op papier of diskette, of laat printen: de correlaties, R^2, de ANOVA-tabel, en de tabel met *b*-gewichten (**Unstandardized**) en hun *p*-waarden (een uitkomst zoals **8.23E-02** betekent 8.23 $* 10^{-2}$, dus 0.0823).
e Ga na of R^2 overeenstemt met de SS-en van de ANOVA-tabel. Ga na of de ANOVA-tabel juist is doorgerekend. (Ook SPSS bevat wel eens fouten of rare dingen!)

Opgave 2.6 (computeropgave)

Deze opgave is een verdieping van de vorige opgave.
a Zoals een rat een korreltje voer verwacht nadat hij of zij op een pedaal heeft gedrukt, zo ongeduldig verwacht de moderne mens resultaten als hij of zij op OK heeft geklikt. Dat is jammer, want soms leert men meer door een ander even uit te laten spreken. Of, zoals in deze opgave, door even de opgave uit te lezen. Ieder jaar ziet men wel enige studenten wanordelijk speuren naar de output nadat zij op OK hebben geklikt, en na enige tijd ziet men ze om hulp kijken. Een triest gezicht, gezien het feit dat het antwoord op hun vraag gewoon in de opgave staat. En zelfs dat staat in de opgave. Als je straks op OK hebt geklikt, lees dan het laatste van de onderstaande punten, voordat je naar de output gaat zoeken.
- Herhaal de voorgaande analyse, maar *tijdens* het opgeven van de MRA, als laatste stap voor je op OK klikt, moet je opdracht geven om bij de analyse de voorspelde scores te berekenen. Dat doe je als volgt.
- Klik in de dialogbox van Linear Regression op *Save...*
- Selecteer aldaar onder *Predicted values* de optie *Unstandardized* (vink).
- Klik op Continue en OK.
- De voorspelde scores worden door SPSS **niet in de output** maar in de **Data Editor** gezet, in een nieuwe variabele ergens helemaal rechts. Als het niet op je beeldscherm past, moet je bladeren (zie eerste figuur van paragraaf 2.6). SPSS geeft deze variabele een naam waar ongetwijfeld sommige letters van het woord 'predicted' (voorspeld) in voorkomen.

b Stel de regressievergelijking op en bereken zelf de voorspelde scores voor enkele subjecten. *Controleer* of je uitkomsten overeenstemmen met de waarden die SPSS heeft berekend bij (a).
c Ga naar de Data Editor en doe als volgt een nieuwe analyse (geen MRA). Kies in de menubalk *Graphs > Scatter > Simple*. Geef op dat je een spreidingsdiagram (scatterplot) wilt van de geobserveerde criteriumscores op de voorspelde criteriumscores. Zorg dat de geobserveerde criteriumscores verticaal worden gezet. Hoe komt de waarde van R^2 tot uiting in dit diagram?
d Ga naar de Data Editor en doe als volgt een nieuwe analyse (geen MRA). Kies in de menubalk *Analyze > Correlate > Bivariate*. Geef op dat je de (gewone) Pearson *correlatie tussen de voorspelde scores en de geobserveerde scores* op het criterium wilt. Ga na of die gelijk is aan R.

Opgave 2.7 (computeropgave)

Voer op de adolescentiedata achtereenvolgens de onderstaande drie MRA's uit, steeds met dezelfde drie variabelen, maar steeds in een andere rol.

a De eerste MRA met Reputatie ten aanzien van self confidence (repu3) als criterium en de persoonlijkheidsfactoren Extraversie en Vriendelijkheid (aggr) als predictoren.
b De tweede MRA met de persoonlijkheidsfactor Extraversie als criterium en met Vriendelijkheid en Reputatie ten aanzien van self confidence als predictoren.
c De derde MRA met Vriendelijkheid als criterium en de twee andere variabelen als predictoren.
d Neem de R^2-en over of laat de output afdrukken.

Opgave 2.8 (computeropgave)

Deze opgave dient ter voorbereiding van opgave 2.11.

a Selecteer de eerste zes subjecten van de adolescentiedata als volgt. Kies vanuit het hoofdmenu Data > Select cases > Based on time or case range > Range; type 1 respectievelijk 6; klik op Continue en OK. In de Data Editor worden links de nummers van de subjecten 7 en hoger doorgestreept. Dit betekent dat bij de volgende analyses slechts de subjecten 1 tot en met 6 zullen worden gebruikt.
b Laat een MRA doen. Beschouw Eenzaamheid als de afhankelijke variabele en gebruik als predictoren de eerste drie factoren van relationele ondersteuning, te weten: Ouderlijke ondersteuning, Ondersteuning door beste vriend en Convergentie van doelen.
c Schrijf de b-gewichten over. Schrijf ook de ruwe scores van deze subjecten op, voor zowel criterium als predictoren.

Opgave 2.9 (verwerking van computeropgaven)

Schrijf als volgt een verslag over computeropgave 2.5.

a Teken een 'causaal diagram' zoals in de paragraaf over R^2. Verwerk de b-gewichten en R^2 in dit diagram.
b Maak een elementair rapport van de MRA.
c Maak een *beknopt rapport* van de MRA (dat wil zeggen: de essentiële conclusies).

Opgave 2.10 (verwerking van computeropgaven)

Zie computeropgave 2.7.

a Ga na of de R^2-en van deze drie MRA's hetzelfde zijn. Begrijp je dat?
b Teken de causale modellen die bij deze analyses horen, uitgaande van de primaire verklaring.
c Bedenk een voorbeeld van drie variabelen A, B en C waarbij het logisch is dat A

goed voorspelbaar is uit B en C samen, terwijl C geheel onvoorspelbaar is uit A en B samen.

Opgave 2.11 (verwerking van computeropgaven)

Zie computeropgave 2.8.
a Gebruik de ruwe scores en b-gewichten om de *ANOVA-tabel* te berekenen.
b Maak een *spreidingsdiagram* van voorspelde en geobserveerde scores op het criterium.
c Hoe komt de waarde van R in dit diagram tot uiting?
d Identificeer op je gevoel een invloedrijke waarneming.
e Geef een verklaring voor het schijnbare contrast tussen de waarde van R en de waarde van de bijbehorende p.

Opgave 2.12 (verwerking van computeropgaven)

Bedenk een hypothese die volgens jou interessant is en die met een MRA kan worden onderzocht. Onderbouw dat laatste. Teken de bijbehorende causale diagrammen. Zet er bij welke tekens (plus of min) je voor de b-gewichten verwacht.

3 Varianten van MRA

3.1 Gestandaardiseerde MRA

Achtergrond
In de literatuur worden bij een MRA vaak 'gestandaardiseerde regressiegewichten' gerapporteerd in plaats van de gewone regressiegewichten. Ook in computeroutput zijn deze te vinden.

Doel
Na bestudering van deze paragraaf en het maken van de opgaven kun je:
- uitleggen hoe gestandaardiseerde regressiegewichten zijn gedefinieerd;
- gestandaardiseerde regressiegewichten met SPSS verkrijgen;
- beredeneren hoe (on)gestandaardiseerde regressiegewichten van de meeteenheid van de variabelen afhangen;
- aangeven wat de voor- en nadelen zijn van gestandaardiseerde regressiegewichten ten opzichte van gewone regressiegewichten en dit toepassen;
- de juiste interpretatie van gestandaardiseerde regressiegewichten geven in een gegeven voorbeeld.

3.1.1 Samenvatting

Gestandaardiseerde MRA wordt gerapporteerd in plaats van een gewone MRA als de gebruikte variabelen **geen conventionele meeteenheid** hebben. Dat is in het bijzonder zo als het scores op psychologische tests zijn. Daarnaast wordt een gestandaardiseerde MRA gebruikt als men wil beoordelen welke predictoren het belangrijkst zijn.

Gestandaardiseerde MRA houdt in dat **de betrokken variabelen eerst worden gestandaardiseerd** (dat wil zeggen: elke score wordt vervangen door (score - gemiddelde) / standaardafwijking). Vervolgens wordt de MRA pas uitgevoerd. Een gestandaardiseerde MRA levert in vrijwel alle opzichten dezelfde uitkomsten als een gewone MRA. Alleen de regressiegewichten zijn anders. Men noemt ze de **gestandaardiseerde regressiegewichten** of *bèta*-gewichten.

Als je met SPSS een MRA doet, worden de gestandaardiseerde regressiegewichten automatisch in de output gerapporteerd naast de 'gewone', ongestandaardiseerde regressiegewichten. Je hoeft er dus niets extra voor te doen. Je hoeft alleen maar in een andere kolom van de output te kijken.

Stel dat een predictor het ongestandaardiseerde regressiegewicht b heeft. **Vermenigvuldiging** van de scores op de **predictor** met een **constante** c leidt ertoe dat het ongestandaardiseerde regressiegewicht van die predictor verandert in b / c. Daarentegen leidt **vermenigvuldiging** van de scores op het **criterium** met een constante c (en die op de predictor niet meer) ertoe dat het ongestandaardiseerde regressiegewicht verandert in $c * b$. De **bèta-gewichten** blijven in deze twee gevallen echter **gelijk**. Het optellen of aftrekken van een constante bij elke score verandert alleen de intercept bij de ongestandaardiseerde regressiegewichten. De gestandaardiseerde regressiegewichten blijven daarbij gelijk.

Het **voordeel** van gestandaardiseerde regressiegewichten is dat zij **onafhankelijk** zijn **van de meeteenheden** van de variabelen. Zij worden immers berekend uit gestandaardiseerde scores. Daardoor kunnen *bèta*-gewichten onderling worden vergeleken. Het **nadeel** van *bèta*-gewichten is dat zij worden beïnvloed door de **range** van de predictor.

Een veel voorkomende interpretatie van *bèta*-gewichten is dat de predictor met het hoogste *bèta*-gewicht de **belangrijkste oorzaak** is van de afhankelijke variabele. Die interpretatie is alleen redelijk als de predictoren **experimenteel gemanipuleerd** zijn.

Vaak denkt men dat een *bèta*-gewicht het **belang** van de predictor aangeeft in de **voorspellingen**. Die interpretatie is alleen redelijk als de predictoren ongecorreleerd zijn, of als het *bèta*-**gewicht 0** is.

Notatie

De naam *bèta*-gewicht kan tot verwarring leiden aangezien de populatie-regressiegewichten al β-gewichten werden genoemd; wat eveneens conventie is. Ter onderscheid gebruiken we in deze tekst de notatie zoals die in tabel 3.1 staat (waarbij Griekse puristen ε mogen vervangen door η).

Tabel 3.1 Namen van regressiegewichten

	In de populatie	In de steekproef
Ongestandaardiseerd	β	*b*
Gestandaardiseerd	βετα	bèta

3.1.2 Definitie van gestandaardiseerde regressiegewichten

Gestandaardiseerde regressiegewichten worden per definitie als volgt bepaald:
1 Standaardiseer elk van de variabelen Y, X_1, X_2, ..., X_k. Noem de nieuwe variabelen Zscore(Y), Zscore(X_1), enzovoort.
2 Voer met deze nieuwe variabelen een MRA uit. Daarbij wordt Zscore(Y) gebruikt in plaats van Y, Zscore(X_1) in plaats van X_1, enzovoort.

De regressiegewichten die daaruit resulteren, zijn de gestandaardiseerde regressiegewichten of *bèta*-gewichten.

Toelichting
De gedachte achter gestandaardiseerde MRA is dat het nuttig is als elk van de betrokken variabelen Y, X_1, ..., X_k eerst wordt **gestandaardiseerd**. Standaardiseren is uitvoerig besproken in deel 1 van deze serie, dus we zijn er hier kort over. Standaardiseren betekent dat men voor elke persoon nieuwe scores berekent:

$$Zscore(Y) = \frac{Y - \overline{Y}}{s_Y}$$

$$Zscore(X_1) = \frac{X_1 - \overline{X_1}}{s_1}$$

en analoog voor elk van de predictoren X_2, X_3, ...

De variabelen worden dus *getransformeerd*. Het moge duidelijk zijn dat de gestandaardiseerde scores in principe dezelfde informatie bevatten als de ruwe scores. Iemand die relatief hoog scoorde op Y zal ook relatief hoog scoren op de gestandaardiseerde Y. Het verschil is dat bij de gestandaardiseerde variabelen de **standaardafwijking als meeteenheid** wordt gebruikt en het gemiddelde als nulpunt. Daardoor liggen gestandaardiseerde scores meestal tussen -2 en +2, ongeacht de aard van de variabele.

Na deze transformaties wordt een gewone MRA uitgevoerd op de gestandaardiseerde variabelen. Deze MRA zal **dezelfde R^2, F en p** leveren als een MRA op de oorspronkelijke variabelen. Er zullen echter **andere *b*-gewichten** verschijnen. Deze nieuwe *b*-gewichten noemt men de gestandaardiseerde regressiegewichten of *bèta*-gewichten.

De clou van gestandaardiseerde MRA is nu dat, anders dan de *b*-gewichten, de ***bèta*-gewichten niet afhankelijk zijn van de meeteenheid** van de oorspronkelijke variabelen. Dus als het *bèta*-gewicht van de predictor 'Volume in decibel' gelijk is aan 0.37 dan is het *bèta*-gewicht van 'Volume in centibel' eveneens gelijk aan 0.37. De 'gewone' *b*-gewichten missen deze prettige eigenschap en zijn daarom vaak moeilijk te interpreteren.

Voorbeeld
Als voorbeeld van standaardiseren nemen we de score van het eerste subject op Psychisch welbevinden. Het gemiddelde van Psychisch welbevinden, berekend over alle 16 subjecten, is 50. De standaarddeviatie is 10.33. Subject 1 heeft ruwe score 44.78. Zijn standaardscore voor Psychisch welbevinden wordt dus:

(44.78 - 50) / 10.33 = -.5053

Zo doen we dat voor alle 20 subjecten. Vervolgens doen we dat ook voor de variabelen Onzekerheid en Steun. Op deze wijze krijgen we dus drie nieuwe scores voor elk subject.

Tabel 3.2 Standaardscores bij de data van tabel 2.5

Subject	Zscore (Psychisch welbevinden)	Zscore (Onzekerheid)	Zscore (Steun)
1	-.5057	-.1878	-.0126
2	-.3510	-.2790	-1.5442
3	-.1962	1.3740	.2098
4	-.0415	1.2827	-1.3218
5	-1.1963	-.5528	.4322
6	-1.0416	-.6440	-1.0994
7	-.8869	1.0090	.6546
8	-.7321	.9177	-.8770
9	-.5774	.8265	-.7658
10	-.4227	.7352	.9882
11	-.2680	-1.1002	-.5434
12	-.1132	-1.1915	1.2106
13	1.3511	.4615	-.3210
14	1.5058	.3703	1.4330
15	1.6605	-1.4652	-.0986
16	1.8153	-1.5564	1.6554

De gestandaardiseerde variabelen zijn in tabel 3.2 weergegeven (door afronding verschillen ze iets van wat je zelf berekent). Het moge duidelijk zijn dat deze gestandaardiseerde variabelen in wezen hetzelfde meten als de oorspronkelijke drie variabelen, alleen op een andere 'schaal', dat wil zeggen: met andere getallen. Iemand met een relatief hoge ruwe score op Psychisch welbevinden zal ook een relatief hoge standaardscore hebben, en omgekeerd.

Doen we met de gestandaardiseerde variabelen een MRA, dan krijgen we de volgende *b*-gewichten. Dit noemen we dan de *bèta*-gewichten omdat de variabelen gestandaardiseerd zijn.

Tabel 3.3 Bèta-gewichten

Predictor	b-gewicht (bèta)
Constant	0
Zscore(Onzekerheid)	-.243
Zscore(Steun)	.334

Normaal gesproken zijn de *bèta*-gewichten niet gelijk aan de *b*-gewichten. (In dit voorbeeld zijn de *bèta*-gewichten wel gelijk aan de eerder berekende *b*-gewichten. Dat komt omdat bij de (kunstmatige) voorbeelddata de varianties van de variabelen precies gelijk zijn.)

3.1.3 Berekenen van gestandaardiseerde regressiegewichten in SPSS

In de praktijk worden *bèta*-gewichten automatisch berekend door SPSS. Zie bijvoorbeeld de MRA-output van het vorige hoofdstuk. Daar staan de *bèta*-gewichten in de kolom 'Standardized Coefficients'.

3.1.4 Het effect van verandering van meeteenheid

Stel dat een predictor het ongestandaardiseerde regressiegewicht *b* heeft. Als de scores op de **predictor** met een constante *c* worden vermenigvuldigd, en de nieuwe scores worden in plaats van de oude gebruikt in een MRA, dan zal het ongestandaardiseerde regressiegewicht van de predictor in de nieuwe MRA gelijk zijn aan *b / c*. Als daarentegen de scores op de **afhankelijke variabele** met *c* worden vermenigvuldigd (en die op de predictor niet) dan zal het nieuwe ongestandaardiseerde regressiegewicht *c* * *b* zijn. De gestandaardiseerde regressiegewichten blijven in deze twee gevallen echter gelijk.

Toelichting
Stel je hebt in je data de variabele 'lichaamslengte in meter'. Inhoudelijk gezien kun je net zo goed de variabele 'lichaamslengte in cm' gebruiken. Dan zouden alle scores 100 keer zo groot zijn: 1.75 wordt 175. De vraag is nu wat er met de uitkomsten van de MRA gebeurt als je dat doet. Wel: de *b*-gewichten worden aangepast aan de nieuwe meeteenheid, zodat de voorspellingen inhoudelijk gelijk blijven.

Een ezelsbruggetje om de formule te onthouden: als de scores op *predictor* X_i met 10 worden vermenigvuldigd, dan blijven de voorspelde scores niettemin hetzelfde. Neem de regressievergelijking:

$$Y' = b_0 + b_1 X_1 + b_2 X_2 + \ldots + b_k X_k$$

Hierin wordt bijvoorbeeld X_2 met 10 vermenigvuldigd, maar b_2 door 10 gedeeld, dus $b_2 X_2$ blijft gelijk. Als de *Y-scores* daarentegen met een factor 10 worden vermenigvuldigd, dan moeten de voorspelde scores ook 10 keer zo groot worden, en dat lukt in de regressievergelijking alleen als alle *b*-gewichten met 10 worden vermenigvuldigd.

De relatie tussen gestandaardiseerde en ongestandaardiseerde regressiegewichten is:

$$b_i = \beta_i \frac{s_Y}{s_{X_i}}$$

Bij verandering van meeteenheid verandert β niet, maar de standaardafwijkingen wel. Dan verandert ook *b* mee, volgens deze formule.

Voorbeeld
Bij de oorspronkelijke MRA van Psychisch welbevinden uit Onzekerheid en Steun kregen we de gewichten in tabel 3.4.

Tabel 3.4 Oorspronkelijke b- *en* bèta-*gewichten*

Predictor	b-gewicht	bèta-gewicht
Constant	45.46	0
Onzekerheid	-.243	-.243
Steun	.334	.334

Stel dat we de scores op Onzekerheid allen met 10 vermenigvuldigen. De scores zouden dan zijn: 480.6, 471.2, 641.9, …, in plaats van: 48.06, 47.12, 64.19, … Geef de nieuwe variabele aan met 10 * Onzekerheid. Als we hiermee een MRA uitvoeren dan krijgen we tabel 3.5.

Tabel 3.5 b- *en* bèta-*gewichten na schaalverandering van een predictor*

Predictor	b-gewicht	bèta-gewicht
Constant	45.46	0
10 * Onzekerheid	-.0243	-.243
Steun	.334	.334

Het *b*-gewicht van 10 * Onzekerheid is 1/10 maal het *b*-gewicht van Onzekerheid. De *bèta*-gewichten blijven echter gelijk.

Stel dat we in plaats hiervan de afhankelijke variabele Psychisch welbevinden met 10 vermenigvuldigen. Dat heeft invloed op **alle** *b*-gewichten, maar niet op de *bèta*-gewichten, zoals te zien is in tabel 3.6.

Tabel 3.6 b- *en* bèta-*gewichten na schaalverandering van de afhankelijke variabele*

Predictor	b-gewicht	bèta-gewicht
Constant	454.6	0
Onzekerheid	-2.43	-.243
Steun	3.34	.334

3.1.5 Het voordeel van gestandaardiseerde regressiegewichten

Het voordeel van gestandaardiseerde regressiegewichten is dat zij **onafhankelijk van de meeteenheden** van de variabelen zijn. Daarom kun je de *bèta*-gewichten **onderling vergelijken**. Zij worden op dezelfde 'schaal' uitgedrukt. Vaak wordt gedaan alsof de predictor met het grootste *bèta*-gewicht het **belangrijkst** is. Dat is meestal dubieus. De APA stelt als norm dat je *bèta*-gewichten moet rapporteren als het onderzoek theoretisch van aard is.

Voorbeeld

Allereerst moet het duidelijk zijn dat het onzin zou zijn om de *on*gestandaardiseerde regressiegewichten met elkaar te vergelijken. Doen we een MRA met (Onzekerheid / 10) en Steun als predictoren, dan vinden we de regressiegewichten in tabel 3.7.

Tabel 3.7

Predictor	b-gewicht	bèta-gewicht
Constant	45.46	0
Onzekerheid / 10	-2.43	-.243
Steun	.334	.334

Doen we een MRA met Onzekerheid en (Steun / 10) als predictoren, dan vinden we de regressiegewichten in tabel 3.8.

Tabel 3.8

Predictor	b-gewicht	bèta-gewicht
Constant	45.46	0
Onzekerheid	-.243	-.243
Steun / 10	3.34	.334

Als we naar de ongestandaardiseerde regressiegewichten kijken, zouden we uit de eerste analyse concluderen dat Onzekerheid veel belangrijker is dan Steun, immers 2.43 > .334. Uit de tweede analyse zouden we echter het omgekeerde concluderen, immers .243 < 3.34. Je moet dus niet naar de ongestandaardiseerde regressiegewichten kijken als je wilt weten welke predictor het belangrijkst is.

De *bèta*-gewichten hebben dit bezwaar niet. Je ziet dat ze *gelijk* blijven: zij zijn onafhankelijk van de gebruikte meeteenheid van de variabelen. Je kan 'objectief' zeggen dat het *bèta*-gewicht van Steun groter is dan dat van Onzekerheid. Deze uitspraak blijft waar als je sommige variabelen met 10 vermenigvuldigt.

Een andere vraag is wat je precies hebt aan die vergelijkbaarheid. In verscheidene gebieden van de psychologie hebben auteurs de neiging om *bèta*-gewichten te interpreteren als het *belang* van de predictor. Bijvoorbeeld:

'Het *bèta*-gewicht van Steun is in absolute waarde groter dan het *bèta*-gewicht van Onzekerheid (.334 versus .243), dus voor Psychisch welbevinden is Steun belangrijker dan Onzekerheid.'

Deze interpretatie is dubieus. Dat zal verder worden besproken in paragrafen 3.1.7 en 3.1.8.

3.1.6 Het voordeel van ongestandaardiseerde regressiegewichten

De voordelen van ongestandaardiseerde regressiegewichten kunnen zijn:
1. Als de variabelen conventionele meeteenheden hebben, zijn de ongestandaardiseerde regressiegewichten beter te begrijpen dan de gestandaardiseerde.
2. Zij zijn **onafhankelijk van de range van de predictor** als aan lineairiteit is voldaan. *Bèta*-gewichten zijn altijd afhankelijk van de range van de predictor.
3. Je kan ze rechtstreeks kan gebruiken in voorspellingen. De APA stelt daarom als norm dat ongestandaardiseerde regressiegewichten moeten worden gerapporteerd wanneer het de bedoeling is dat de lezer zulke voorspellingen gaat maken (dat is bijna nooit).

Voorbeeld
1. Bij de regressie van 'lichaamslengte in cm' op 'leeftijd in jaren' bij kinderen van 1 tot 10 jaar, zegt een *b*-gewicht van 12.4 eenvoudig dat kinderen gemiddeld 12.4 cm per jaar groeien. Dat snapt een goudvis zelfs. Het *bèta*-gewicht is dan bijvoorbeeld 0.75. Dat zegt dan dat als kinderen 1 standaarddeviatie ouder worden, zij gemiddeld 0.75 standaarddeviatie langer worden. Dan weet nog niemand hoe snel ze nou groeien, want de standaarddeviaties zijn er niet bij vermeld. En zelfs als die erbij staan, is het niet echt een aansprekende formulering.
2. Aangenomen dat de relatie lineair is (dat wil zeggen dat kinderen gemiddeld met constante snelheid groeien) dan zal bij analyse op een deelpopulatie van kinderen van 8 tot 10 jaar hetzelfde *b*-gewicht van 12.4 cm/jaar resulteren. Het *bèta*-gewicht zal echter kleiner worden. Terwijl die kinderen even snel blijven groeien.
3. Dus als ik wil voorspellen of mijn zoontje volgend jaar nog in zijn bed past, dan heb ik liever het *b*-gewicht.

3.1.7 Causale interpretatie van regressiegewichten

Een veel voorkomende interpretatie van *bèta*-gewichten is dat de predictor met het hoogste *bèta*-gewicht de **belangrijkste oorzaak** is van de afhankelijke variabele. Deze interpretatie is redelijk als de predictoren **experimenteel gemanipuleerd** zijn. Bij passief-observerend onderzoek is deze interpretatie in het algemeen niet juist.

Toelichting
Sommige statistiekboeken beweren dat de interpretatie alleen klopt als de predictoren **onderling ongecorreleerd** zijn. Het is mijn weloverwogen mening dat die boeken met dit laatste net naast de kern van de zaak zitten. Er moet een onderscheid worden gemaakt tussen het belang van de predictor (1) als oorzaak van de afhankelijke variabele en (2) als variabele die de voorspellingen verbetert. Het eerste zal in deze paragraaf worden besproken, het tweede in paragraaf 3.1.8.

Experimenten
Voor de causale interpretatie van *bèta*-gewichten is het nodig dat de onafhankelijke variabelen experimenteel gemanipuleerd zijn. Dat wil zeggen: de subjecten moeten at random aan de condities zijn toegewezen. Zodra daaraan is voldaan, kan de predictor met het hoogste *bèta*-gewicht worden gezien als de belangrijkste oorzaak. Het is daarvoor echter niet nodig dat de predictoren onderling ongecorreleerd zijn. Wel moeten de correlaties kleiner zijn dan 1. Bij de meeste experimenten zorgt men ervoor dat de predictoren ongecorreleerd zijn, maar dat is geen logische noodzaak.

Het argument dat de predictoren hierbij niet ongecorreleerd hoeven te zijn, is als volgt (voor degenen die dat willen weten). In een experiment met ongecorreleerde factoren is de causale interpretatie van *bèta*-gewichten onbetwist. Het is eenvoudig om bij zo'n experiment de predictoren alsnog gecorreleerd te maken met gelijkblijvende standaarddeviaties door in sommige cellen een kleinere steekproef te nemen (maar nog steeds met random toewijzing). De populatie-celgemiddelden van de afhankelijke variabele blijven dan gelijk. Zij liggen op een lineair vlak. De hellingscoëfficiënten van dat vlak zijn de populatie-*b*-gewichten. Die blijven dus eveneens onveranderd. Aangezien de standaarddeviaties van de predictoren niet veranderen, en een verandering in de standaarddeviatie van Y op alle *bèta*-gewichten gelijkelijk werkt, zullen de verhoudingen tussen *bèta*-gewichten gelijk blijven. Dus: met of zonder correlatie tussen de factoren hebben de *bèta*-gewichten dezelfde verhoudingen en zijn zij dus even interpreteerbaar.

Passief-observerend onderzoek
Zodra het onderzoek passief-observerend is, is de causale interpretatie dubieus. Dit geldt zelfs als de predictoren ongecorreleerd zijn. Dan is het *bèta*-gewicht gelijk aan de correlatie predictor-criterium. Zoals je weet, kun je uit een correlatie maar weinig afleiden over de oorzaak-gevolgrelaties.

Het argument dat ongecorreleerde predictoren hierbij geen oplossing zijn, is als volgt (voor degenen die dat willen weten). Het is onbetwist dat in passief-observerend onderzoek met gecorreleerde predictoren geen causale interpretatie mag worden gegeven aan de *bèta*-gewichten. Het is eenvoudig om bij zo'n passief-observerend onderzoek de predictoren alsnog ongecorreleerd te maken door in sommige cellen een kleinere steekproef te trekken. Zie verder de redenering twee alinea's hiervoor.

Bij passief-observerend onderzoek worden *bèta*-gewichten vaak als waardevoller gezien dan gewone correlaties, omdat *bèta*-gewichten het verband uitdrukken tussen predictor en criterium **bij constant houden van de overige predictoren**. Dit constant houden van de overige predictoren is weliswaar belangwekkend, maar het schept eveneens het gevaar dat in de literatuur bekend staat als '**het kind met het badwater weggooien**'. Dit houdt in dat een predictor die aan het begin staat van een causale keten automatisch een kleiner *bèta*-gewicht krijgt dan een predictor die aan het einde van die keten staat. Stel bijvoorbeeld, dat deze causale relaties gelden:

Aantal vrienden $\rightarrow$ Eenzaamheidgevoelens $\rightarrow$ Psychisch welbevinden

Dan zal het *bèta*-gewicht van Aantal vrienden 0 zijn. (Eenzaamheidsgevoelens bevat al alle nodige informatie uit Aantal vrienden en daardoor is Aantal vrienden zelf niet meer nodig als predictor.) De onervaren data-analist zou hieruit concluderen dat het objectieve aantal vrienden onbelangrijk is en dat het enkel gaat om het uiteindelijke gevoel. (Iemand zonder vrienden zou zich alleen maar hoeven in te beelden dat hij razend populair is.) Deze interpretatie doet onrecht aan het feit dat Aantal vrienden aan het begin van de causale keten staat en in die zin belangrijker is. (Om deze fout te vermijden dient men naast de *bèta*-gewichten ook altijd de gewone correlaties predictor-criterium te rapporteren.)

Kortom, het antwoord op de vraag: 'Is de predictor met het hoogste *bèta*-gewicht de belangrijkste oorzaak?' is het volgende.
- In een experiment: Ja, ook als de factoren gecorreleerd zijn, mits $r < 1$.
- In passief-observerend onderzoek: Nee, ook als de factoren ongecorreleerd zijn.

Algemeen
Bij zowel experimenten als passief-observerend onderzoek heeft de interpretatie van *bèta*-gewichten de volgende beperkingen.

De *bèta*-gewichten hangen af van de **range** van de predictoren. Dat betekent dat je in een experiment een predictor zelf belangrijker kan maken door hem over een grotere range te manipuleren. Bijvoorbeeld, de predictor 'aantal borrels dat het subject drinkt' is heel belangrijk wanneer je hem varieert van 0 tot 20, maar nauwelijks van belang wanneer je hem varieert van 18 tot 20. (Zoveel drinken heeft weliswaar een groot effect, maar of je er nou 18 drinkt of 20, dat maakt weinig uit.)

In MRA is het sowieso raar om te zeggen dat de ene predictor belangrijker is dan de andere. Het model van MRA houdt in dat een verandering in de ene predictor altijd volledig kan worden **gecompenseerd** door een voldoende grote verandering in de andere predictor. Hoe kan men dan stellen dat de ene predictor belangrijker is dan de andere? De redenering die wordt gevolgd komt erop neer dat men stelt dat in een auto het gaspedaal belangrijker is dan de rem, omdat automobilisten hun snelheid grotendeels reguleren met het gaspedaal.

Voorbeeld
In het doorlopend voorbeeld zou de foutieve causale interpretatie luiden:

> 'Het *bèta*-gewicht van Steun is in absolute waarde groter dan het *bèta*-gewicht van Onzekerheid (.334 versus .243), dus voor Psychisch welbevinden is Steun een belangrijker oorzaak dan Onzekerheid.'

Deze interpretatie is fout omdat het onderzoek passief-observerend is. Zo kan niet worden uitgesloten dat Psychisch welbevinden invloed heeft op Steun, in plaats van omgekeerd. Ook kan het grotere *bèta*-gewicht het gevolg zijn van een storende variabele die niet in het onderzoek is opgenomen. Verder kan niet worden uitgesloten dat Onzekerheid aan het begin van de causale keten staat en in die zin toch het belangrijkst is.

Je moet erop bedacht zijn dat de foute interpretatie vaak impliciet blijft. Je kan de auteur dan niet op zijn letterlijke woorden pakken, hoewel uit alles blijkt dat hij dit in zijn achterhoofd heeft.

3.1.8 De voorspellende waarde van een predictor

Bij passief-observerend onderzoek is een veel voorkomende interpretatie van *bèta*-gewichten dat de predictor met het hoogste *bèta*-gewicht het belangrijkst is om de afhankelijke variabele goed te voorspellen. Die interpretatie is alleen juist als het *bèta*-gewicht 0 is, of als de predictoren onderling ongecorreleerd zijn. In het bijzonder: als het *bèta*-gewicht bijna 0 is, mag men concluderen dat de predictor kan worden weggelaten zonder dat de voorspellingen daarvan veel slechter worden.

Toelichting
Om de voorspellende waarde van een predictor te beoordelen is het in het algemeen beter om te kijken naar de zogenaamde **part correlatie**. Het kwadraat hiervan geeft aan hoeveel R^2 afneemt als de predictor wordt weggelaten. Een part correlatie gelijk aan 0 betekent dus dat je de predictor net zo goed kan weglaten. Een grote part correlatie betekent dat R^2 aanzienlijk zou verminderen als je de predictor weglaat. In SPSS kun je de part correlatie laten berekenen (Regression > Linear > Statistics > Part en partial correlations).

Het *bèta*-gewicht en de part correlatie hebben veel met elkaar te maken. Als de ene 0 is, is de andere ook 0. Daarom worden zij met dezelfde *t*-waarde getoetst en zijn zij altijd tegelijk significant. Bij ongecorreleerde predictoren is het *bèta*-gewicht gelijk aan de part correlatie. In alle andere gevallen is de interpretatie dubieus. In het bijzonder is het mogelijk dat het weglaten van een predictor met een groot *bèta*-gewicht nauwelijks effect heeft op R^2. In dit boek zal daar niet dieper op in worden gegaan.

3.2 ANOVA als MRA met dummycodering

Achtergrond

In alle professionele statistische programma's wordt ANOVA uitgevoerd als een MRA voorafgegaan door een zogenaamde 'dummycodering'. Deze methode heeft het voordeel dat hij zeer algemeen toepasbaar is. Deze benadering wordt het **general linear model** (GLM) genoemd.

Een praktisch voordeel van GLM is dat het kan worden gebruikt in designs waar men vroeger moeite mee had. In het bijzonder geldt dit voor designs met ongelijke celfrequenties en voor designs met zowel kwantitatieve als kwalitatieve, onafhankelijke variabelen.

Een conceptueel voordeel van GLM is dat allerlei zeer verschillende analyses bij nadere beschouwing slechts variaties op hetzelfde thema blijken te zijn. T-toetsen, correlaties, ANOVA, ANCOVA, MRA, het is allemaal GLM. In alle gevallen gaat het om het onderzoeken van 'covariatie' tussen afhankelijke variabelen en onafhankelijke variabelen, waarbij men 'variatie' van de afhankelijke variabele wil 'verklaren'. Conceptueel gezien zijn de verschillen slechts bijzaak. Dit inzicht is inmiddels diep doorgedrongen in het taalgebruik van de sociale wetenschappen en hun methodeleer.

Het principe van GLM moet je kennen om fatsoenlijk mee te kunnen praten en om flexibel van de ene analyse op de andere over te kunnen stappen. Verder is het bij sommige opties van statistische programma's nodig om dit te weten.

Doel

Na bestudering van dit hoofdstuk en het maken van de opgaven kun je bij de data voor een 1-factor-ANOVA een dummycodering maken voor één factor, daarmee een MRA uitvoeren in SPSS en de uitkomsten omzetten in een 1-factor-ANOVA.

Doorlopend voorbeeld

Stel dat de data zijn gegeven voor een 2 x 3 factorieel between-subjectdesign. Laten we zeggen, om het concreet te maken: Factor A is de Plaats waar de proefpersoon woont (Nijmegen, Amsterdam of Maastricht), Factor B is het Geslacht van de proefpersoon (man of vrouw, dus) en de afhankelijke variabele (de getallen in de cellen) zijn scores op een attitudeschaal over hoe iemand denkt over homohuwelijken. De data staan in tabel 3.9.

Tabel 3.9 Voorbeeld van datamatrix

Subject	Plaats	Geslacht	Y
1	Nijm	m	18
2	Nijm	m	12
3	Nijm	m	15
4	Nijm	v	15
5	Nijm	v	19
6	Nijm	v	21
7	Amst	m	7
8	Amst	m	11
9	Amst	m	6
10	Amst	v	16
11	Amst	v	10
12	Amst	v	11
13	Maas	m	11
14	Maas	m	19
15	Maas	m	13
16	Maas	v	7
17	Maas	v	7
18	Maas	v	4

3.2.1 Dummycodering voor één factor

Dummycodering houdt in dat de **factor** (kwalitatieve, onafhankelijke variabele) wordt **gehercodeerd** in meerdere zogenaamde **dummyvariabelen**. Een dummyvariabele neemt slechts de waarden 0 of 1 aan. Voor elk niveau van de factor wordt een dummyvariabele gemaakt, behalve voor het laatste niveau. De dummyvariabele voor niveau i van de factor neemt voor elk subject:
- de waarde 1 aan als het subject op de factor de score i heeft;
- de waarde 0 aan als het subject een andere score heeft op de factor.

De dummyvariabele geeft dus met nullen en enen aan welke subjecten tot groep i behoren. De dummyvariabelen bevatten samen dezelfde informatie over de groepsindeling als de oorspronkelijke factor.

Toelichting
Misschien heb je er wat aan als we dit gedetailleerder beschrijven. Stel dat de factor X heet. Neem aan dat de factor k niveaus heeft. Er moeten dan k - 1 dummyvaria-

belen worden gecreëerd. Noem deze D_1, D_2, ..., D_{k-1}. De subjecten moeten de volgende scores krijgen op deze dummyvariabelen:

D_1 = 1   als het subject X = 1 heeft,
     = 0   anders

D_2 = 1   als het subject X = 2 heeft,
     = 0   anders

⋮

D_{k-1} = 1   als het subject X = k - 1 heeft,
        = 0   anders

De gezamenlijke dummyvariabelen D_1, D_2, ..., D_{k-1} bevatten dezelfde informatie als X. Immers, als je weet wat iemands score op elk van de dummyvariabelen is, dan kun je afleiden wat zijn score op X is, en omgekeerd.

Als je hebt opgelet, dan vraag je je af waarom we geen dummyvariabele creëren voor het laatste niveau van de factor, dus:

D_k = 1   als het subject X = k heeft,
     = 0   anders

Wel, deze dummy is **overbodig**. Uit de scores op de eerste dummy's kan namelijk altijd worden afgeleid wat de score op D_k is: D_k = 1 als de voorafgaande dummy's allemaal 0 zijn, en D_k = 0 anders. Anders gezegd, als je weet dat iemand niet in groep 1 tot en met k - 1 zit, dan weet je dat hij in groep k zit. Ook rekenkundig is de variabele D_k te herschrijven tot de voorafgaande dummy's, namelijk:

D_k = 1 - D_1 - D_2 - ... - D_{k-1}

Kortom, we gooien de variabele D_k weg en denken voortaan alleen na over D_1 tot en met D_{k-1}.

Daarnaast creëren veel programma's op eigen houtje nog de nietszeggende variabele:

D_0 = 1   voor elk subject

Deze variabele wordt in de output van SPSS aangeduid met '**Constant**'. Wat een goede naam is.

Voorbeeld
We kijken eerst naar de dummycodering voor de factor Plaats. Deze factor heeft drie niveaus: Nijmegen, Amsterdam en Maastricht. Er zijn 3 - 1 = 2 dummyvaria-

belen nodig. Die kunnen we D_1 en D_2 noemen. Nu we het over een concreet voorbeeld hebben, is het echter handiger ze een naam te geven waaraan je kan onthouden wat ze betekenen. Gebruikmakend van de eerste letters van het woord 'Plaats' noemen we ze Pla1 en Pla2. Met Pla1 zullen we aangeven of iemand al dan niet in Nijmegen woont. Met Pla2 zullen we aangeven of iemand al dan niet in Amsterdam woont. Dus:

D_1 = Pla1 = 1 als het subject in Nijmegen woont,
= 0 als het subject ergens anders woont

D_2 = Pla2 = 1 als het subject in Amsterdam woont,
= 0 als het subject ergens anders woont

Bijvoorbeeld subject 1 woont in Nijmegen en krijgt op Pla1 de score 1 (omdat hij in Nijmegen woont) en op Pla2 de score 0 (omdat hij niet in Amsterdam woont). De datamatrix wordt daarmee uitgebreid tot tabel 3.10.

Tabel 3.10 Datamatrix met dummycodering voor één factor

Subject	Plaats	Geslacht	Pla1	Pla2	Y
1	Nijm	m	1	0	18
2	Nijm	m	1	0	12
3	Nijm	m	1	0	15
4	Nijm	v	1	0	15
5	Nijm	v	1	0	19
6	Nijm	v	1	0	21
7	Amst	m	0	1	7
8	Amst	m	0	1	11
9	Amst	m	0	1	6
10	Amst	v	0	1	16
11	Amst	v	0	1	10
12	Amst	v	0	1	11
13	Maas	m	0	0	11
14	Maas	m	0	0	19
15	Maas	m	0	0	13
16	Maas	v	0	0	7
17	Maas	v	0	0	7
18	Maas	v	0	0	4

3.2.2 MRA met de dummycodering van één factor

Een ANOVA met één factor levert precies dezelfde uitkomsten (SS, df, F, p, R^2) als een MRA met de dummyvariabelen als predictoren.

Toelichting
Je moet de dummy's gebruiken als predictoren in een MRA. Dit is in strijd met strenge, eerder geleerde wetten. Het mocht niet. Het heeft dan ook lang geduurd voor deze truc een standaardmethode werd. (Namelijk in de jaren 1970, terwijl de beginselen van MRA al twee eeuwen oud zijn. De kleinste-kwadratenmethode werd uitgevonden door Legendre in 1806 en Gauss in 1821 (Struik, 1990).) Maar 'mogen' is geen wetenschappelijk begrip.

In een MRA wordt verondersteld dat de afhankelijke variabele lineair afhangt van de predictoren. De veronderstelling van lineairiteit is redelijk als:
- de predictoren kwantitatief zijn, en als
- de predictoren binair zijn (slechts de waarden 0 en 1 aannemen).

Die laatste mogelijkheid hadden we nog niet vermeld, omdat hij nogal kunstmatig is. Maar het klopt wel. Bij een binaire predictor zijn er slechts twee gemiddelden van Y, en in een spreidingsdiagram liggen die altijd op een rechte lijn. Dus is er voldaan aan lineairiteit. Maar zelfs als je deze scherpslijperij niet vertrouwt: waar het om gaat is dat het *werkt*. Je krijgt bij de MRA bewijsbaar dezelfde uitkomsten als bij een *t*-toets of een ANOVA.

Voorbeeld
Stel je wilt een ANOVA doen met:

    afhankelijke variabele   = Y
    between-subjectfactor   = Plaats

Dan kun je net zo goed een MRA doen met:

    afhankelijke variabele   = Y
    predictor 1   = Pla1
    predictor 2   = Pla2

Dat levert namelijk precies dezelfde uitkomsten (SS, df, F, p, R^2). In het doorlopend voorbeeld levert de MRA de uitkomsten in tabel 3.11.

Tabel 3.11 Resultaten van de MRA met Pla1 en Pla2 als predictoren voor Y

	df	SS	MS	F	Significance F	R square
Regression	2	169	84.5	4.85632184	0.02364778	0.39302326
Residual	15	261	17.4			
Total	17	430				

Bij een 'gewone' ANOVA, dus met Plaats als between-subjectfactor, krijg je exact dezelfde tabel, maar met 'Between' waar nu 'Regression' staat en met 'Within' waar nu 'Residual' staat.

3.2.3 Dummycodering van twee factoren

Als er twee factoren zijn, kun je voor elk van de twee factoren een dummycodering maken. In het eerder gegeven voorbeeld:
- De factor Plaats kun je coderen met twee dummyvariabelen: Pla1 en Pla2.
- De factor Geslacht kun je coderen met één dummyvariabele, zeg: Gesl1.

Vervolgens kun je een dummycodering voor de **interactie** maken. De betreffende dummyvariabelen maak je door **steeds één dummyvariabele van factor A te vermenigvuldigen met één dummyvariabele van factor B**. Dat doe je voor alle mogelijke combinaties. Het aantal benodigde dummyvariabelen voor de interactie tussen factor A en factor B is dan altijd gelijk aan het aantal vrijheidsgraden:

$$df_{\text{Interactie}} = df_{\text{factor A}} * df_{\text{factor B}}$$
$$= (\text{aantal niveaus van A - 1}) * (\text{aantal niveaus van B - 1})$$

In het eerder gegeven voorbeeld zou je 2 * 1 = 2 dummyvariabelen voor de interactie krijgen. Geef ze bij deze de namen Int1 en Int2. Je kan ze dan als volgt definiëren:

Int1 = Pla1 * Gesl1
Int2 = Pla2 * Gesl1

In tabel 3.12 zijn deze variabelen voor een aantal geselecteerde subjecten berekend.

Tabel 3.12 Gedeelte van de datamatrix met dummycodering voor twee factoren

Subject	Plaats	Geslacht	Pla1	Pla2	Gesl1	Int1	Int2	Y
1	Nijm	m	1	0	1	1	0	18
4	Nijm	v	1	0	0	0	0	15
7	Amst	m	0	1	1	0	1	7
10	Amst	v	0	1	0	0	0	16
13	Maas	m	0	0	1	0	0	11

Dus Int1 zegt of iemand Nijmegenaar en man is. Int2 zegt of iemand Amsterdammer en man is.

Door de zo berekende dummyvariabelen te gebruiken als predictoren in een MRA, kun je een 2-factor-ANOVA doen.

3.3 Meer over regressie

3.3.1 Hiërarchische regressie

Dit is een veelgebruikte analyse waarbij meerdere regressieanalyses aan elkaar worden gekoppeld. De methode bestaat eruit dat er eerst een regressieanalyse wordt gedaan met predictoren waarvan de voorspellende waarde het minst wordt betwijfeld. Vervolgens wordt een tweede regressieanalyse gedaan, met dezelfde predictoren en daarbovenop predictoren waarvan het effect wel wordt betwijfeld. De R^2 van de tweede analyse is in het algemeen groter, en nooit kleiner, dan die van de eerste analyse. Er wordt getoetst of deze toename significant is. Dat betekent dan dat de extra predictoren van de tweede analyse voorspellende waarde hebben *bovenop die van de eerste analyse*. Ook betekent het dat zij voorspellende waarde hebben bij *constant houden* van de predictoren van de eerste analyse.

In SPSS kan dit eenvoudig in een enkele run gebeuren door de predictoren van de eerste analyse in 'Block 1' te stoppen en de andere predictoren in 'Block 2'. Desgewenst kunnen ook nog meerdere blokken van predictoren worden toegevoegd. Het is zaak om onder de 'Statistics'-knop te vragen om 'R squared change'. In de output verschijnt dan ook een F-toets voor de vraag of de toename in R^2 significant groter is dan 0. Meer informatie hierover kun je vinden in Tabachnick & Fidell (2001b).

Bij passief-observerende onderzoeken met een causale vraagstelling is het zaak in Block 1 de mogelijke storende variabelen op te nemen en in Block 2 de onafhankelijke variabelen waarvan men het effect wil aantonen. Dit omdat je het de onafhankelijke variabelen dan moeilijker maakt een significant effect te hebben. Als ze dan toch nog een significant effect hebben, kan dat niet worden verklaard door de storende variabelen van Block 1. Sommige studenten hebben hier grote moeite mee omdat zij hun eigen onderzoekshypothese niet betwijfelen en de alternatieve verklaring van storende variabelen juist wel betwijfelen.

Stel bijvoorbeeld dat men wil aantonen dat schizofrenen en depressieven verschillen in de mate van P50-gating, en dat dit niet kan worden verklaard door geslacht als storende variabele (schizofrenen zijn vaker man, depressieven vaker vrouw). Dan moet P50-gating worden genomen als afhankelijke variabele, in Block 1 moet Geslacht worden genomen als predictor en in Block 2 moet de Diagnose (schizofreen of depressief) worden genomen als predictor. Er worden dan twee regressieanalyses gedaan. In de eerste analyse wordt alleen Geslacht als predictor gebruikt. In de tweede analyse worden Geslacht en Diagnose als predictor gebruikt. Stel bij de eerste analyse is $R^2 = .10$ en bij de tweede analyse is $R^2 = .25$. Dan is de **toename in R^2** gelijk aan .15. Als dit significant is, zoals blijkt uit de *F*-toets, dan kan worden geconcludeerd dat schizofrenen en depressieven verschillen in P50-gating in een mate die niet kan worden verklaard door verschillen in geslacht.

3.3.2 Mediatieanalyse

Deze analyse is in de psychologie in zwang geraakt na het klassieke artikel van Baron & Kenny (1986), maar de precieze procedure wordt duidelijker beschreven door Kenny, Kashy & Bolger (1998). De analyse wordt gedaan om aan te tonen dat drie variabelen voldoen aan het volgende causale model: X → Y → Z. Hierbij is Y dus een intermediërende variabele. Om deze causale interpretatie te kunnen geven, is het nodig dat X experimenteel gemanipuleerd is. Er worden dan in essentie twee analyses gedaan:
1 een regressieanalyse met X als onafhankelijke variabele en Y als afhankelijke variabele;
2 een regressieanalyse met X en Y als onafhankelijke variabelen en Z als afhankelijke variabele.

Om te spreken van **partiële mediatie** (waarbij er naast Y misschien nog een andere mediërende variabele is) is het nodig dat in de eerste analyse het regressiegewicht van X naar Y significant is, terwijl in de tweede analyse het regressiegewicht van Y naar Z significant is. De sterkte van de mediatie wordt dan uitgedrukt als het product van de twee corresponderende gestandaardiseerde regressiegewichten. Om te spreken van **volledige mediatie** (waarbij er naast Y geen andere mediërende variabele is) is het nodig dat bovendien in de tweede analyse het regressiegewicht van X non-significant is.

Er is enige discussie mogelijk over de vraag of er hierna nog meer moet worden getoetst. Sommige auteurs doen dat, anderen niet. Kenny, Kashy & Bolger (1998) schrijven enerzijds dat de bovenstaande twee toetsen de essentie zijn, maar suggereren anderzijds ook nog de toets van Sobel (1982) te doen. Deze heeft echter weinig power. MacKinnon, Lockwood, Hoffman, West & Sheets (2002) evalueerden veertien toetsen voor mediatie en concluderen dat de bovenstaande procedure over alle omstandigheden genomen de beste is.

3.3.3 Moderatie

Ook de analyse van modererende variabelen is in zwang gekomen na het artikel van Baron & Kenny (1986). Een variabele Y is modererend voor het effect van X op Z, als het regressiegewicht van X mede afhangt van de waarde van Y. Dat betekent dus dat er **interactie** is tussen X en Y in hun effect op Z. Hoewel het woord moderatie een beetje lijkt op mediatie, betekent het iets heel anders. Veel mensen vinden het moeilijk het verschil te begrijpen. De kern van de verwarring is terug te voeren op een gebrekkig begrip van het verschil tussen interactie en samenhang, besproken in hoofdstuk 2 van deel 3 van deze serie. Als je je bezig wilt houden met moderatie, is het dus van belang die stof nog eens goed te bestuderen.

Bij mediatie is het de hypothese dat Y in tijd ontstaat tussen X en Z in. Bij moderatie is daar geen sprake van. Het mag, maar het hoeft niet. Bij mediatie is de regressie van Z op X en Y lineair. Bij moderatie is hij dat niet. Bij mediatie zal het effect van X op Z verminderen wanneer Y constant wordt gehouden, ongeacht het niveau waarop Y constant wordt gehouden. Bij moderatie zal het effect van X op Y verminderen of versterken, afhankelijk van het niveau waarop Y constant wordt gehouden.

Een voorbeeld van een mediatiehypothese is: Onzekerheid over de arbeidsplaats vermindert het psychisch welbevinden, en dit effect loopt via een afname in egosterkte. Is men in staat op een of andere wijze de egosterkte op hetzelfde niveau te houden, dan zal een toename in onzekerheid over de arbeidsplaats niet meer leiden tot een afname in psychisch welbevinden.

Een voorbeeld van een moderatiehypothese is: Onzekerheid over de arbeidsplaats vermindert het psychisch welbevinden, en dit effect wordt versterkt als men een kleine egosterkte heeft. Als men in staat is om op de een of andere manier egosterkte constant te houden op een laag niveau, dan zal een toename in onzekerheid over de arbeidsplaats leiden tot een grote afname in psychisch welbevinden. Als men egosterkte daarentegen constant houdt op een hoog niveau, dan zal een toename in onzekerheid over de arbeidsplaats leiden tot een geringe afname in psychisch welbevinden, of zelfs tot een toename.

Om een moderatieanalyse te doen, is het nodig eerst de onafhankelijke variabelen X en Y te standaardiseren. Dat kan in SPSS met de procedure 'Descriptives' en de optie 'Save standardized values as variables'. Vervolgens moet een nieuwe variabele worden berekend, die het product is van de beide gestandaardiseerde variabelen. Dat kan in SPSS met Transform > Compute. Stel je noemt die nieuwe variabele XY. Dan moet je een regressieanalyse doen met X, Y en XY als onafhankelijke variabelen en Z als afhankelijke variabele. Moderatie betekent dan dat het regressiegewicht van XY significant is.

Een leesbaar voorbeeld van moderatieanalyse is het artikel van Van Vuren (1991).

3.4 Opgaven

De opgaven staan per onderwerp geordend. Dus na computeropgave 3.2 staan nog voorbereidende opgaven voor de andere onderdelen.

Standaardiseren

Opgave 3.1 (voorbereiding van computeropgaven)

a Neem aan dat voor kinderen van 1 tot 10 jaar deze regressievergelijking geldt:

voorspelde lichaamslengte in meter = .30 + .12 * (leeftijd in jaren)

Stel de overeenkomstige regressievergelijking op voor de voorspelling van *lichaamslengte in cm* uit *leeftijd in maanden*. Doe daarbij alsof een jaar bestaat uit precies twaalf even lange maanden.

b Geef met beide regressievergelijkingen een voorspelling van de lichaamslengte van een kind van 5 jaar. Komen de voorspellingen overeen?

c Ga na of bij (a) de regressiegewichten zich gedragen zoals wordt beweerd in de paragraaf 3.1.4. 'Het effect van verandering van meeteenheid'.

d Vat samen: Wat is de definitie van gestandaardiseerde regressiegewichten? Wat is hun voordeel ten opzichte van ongestandaardiseerde regressiegewichten?

e Zie paragraaf 2.3 'Kort voorbeeld van een MRA'. Hier werden *b*-gewichten vermeld voor risicofactoren van bulimia. Hoe blijkt uit de begeleidende tekst dat dit eigenlijk *bèta*-gewichten zijn? Wat lijken de twee belangrijkste predictoren van bulimia? Zijn dit ook de belangrijkste oorzaken van bulimia?

Opgave 3.2 (computeropgave)

a Herhaal opgave 2.7a: Doe een MRA met reputatie ten aanzien van self confidence (repu3) als criterium en de persoonlijkheidsfactoren extraversie en vriendelijkheid (aggr) als predictoren.

b In SPSS kun je als volgt standaardiseren. Kies in het hoofdmenu Analyze > Descriptive Statistics > Descriptives. Selecteer de te standaardiseren variabelen en vink 'Save standardized values as variables' aan. Gebruik dit om de variabelen van onderdeel (a) te standaardiseren. De nieuwe variabelen komen *niet* in het outputvenster te staan, maar in de Data Editor. Ze staan waarschijnlijk helemaal rechts.

c Herhaal de MRA van onderdeel (a), maar nu met de gestandaardiseerde variabelen.

d Noteer, bewaar, of print de output van de gestandaardiseerde en ongestandaardiseerde regressiegewichten van onderdelen (a) en (c).

e Verifieer dat de gestandaardiseerde regressiegewichten van de gestandaardiseerde variabelen gelijk zijn aan de ongestandaardiseerde regressiegewichten van de gestandaardiseerde variabelen, en ook aan de gestandaardiseerde regressiegewichten van de ongestandaardiseerde variabelen, maar niet aan de ongestandaardiseerde regressiegewichten van de ongestandaardiseerde variabelen.

MRA en ANOVA en dummycodering

Opgave 3.4 (voorbereiding van computeropgaven)

Maak voor de data in tabel 3.13 een dummycodering van de factoren Kleding en Context en hun interactie. De afhankelijke variabele is de status die aan de persoon wordt toegedicht. Denk vast na over hoe je opgave 3.5 gaat aanpakken.

Tabel 3.13

Subject	Kleding	Context	Status
1	casual	kroeg	6
2	casual	huis	3
3	casual	receptie	5
4	casual	kroeg	7
5	pyjama	kroeg	3
6	pyjama	huis	4
7	pyjama	receptie	4
8	pyjama	huis	3
9	formeel	kroeg	5
10	formeel	huis	4
11	formeel	receptie	6
12	formeel	receptie	7

Opgave 3.5 (computeropgave)

De data van opgave 3.4 staan in het bestand *kleding.sav*. Open dit bestand.
a Voer de door jou gemaakte dummy's in als nieuwe variabelen.
b Voer een MRA uit met de dummy's van Kleding als predictoren.
c Voer een MRA uit met de dummy's van Context.
d Voer een MRA uit met de dummy's van Kleding en Context zonder interactie.
e Voer een MRA uit met de dummy's van Kleding en Context en Interactie.
f Bewaar de output voor de volgende opgave, of noteer alle R^2-waarden en SS_{Total}'s.

Opgave 3.6 (verwerking van computeropgaven)

a Maak op grond van de output van opgave 3.5 een ANOVA voor het effect van Kleding.
b Idem voor Context.
c Bereken R^2(Interactie) op een redelijke manier, die je zelf bedenkt.
d Maak met een Venndiagram voor verklaarde varianties duidelijk waarom R^2(Kleding) + R^2(Context) > R^2(Kleding + Context).

4 GLM met één afhankelijke variabele

4.1 Inleiding

Achtergrond
General linear model (GLM) is de meest algemene methode voor het analyseren van designs waarbij er een onderscheid is tussen onafhankelijke en afhankelijke variabelen en waarbij de afhankelijke variabelen kwantitatief zijn.

In dit hoofdstuk wordt GLM behandeld voor designs met **één afhankelijke variabele**. De betreffende rekenprocedure heet GLM-**Univariate** in SPSS.

MRA en ANOVA kunnen beide worden gezien als speciale gevallen van GLM. Het voordeel van GLM is dat er ook nog veel complexere designs mee kunnen worden geanalyseerd. In de internationale psychologische literatuur wordt meestal gebruikgemaakt van designs die behoorlijk complex zijn. In al die gevallen gebruikt men GLM. Zodra het een beetje interessant wordt, dus. In dit boek zal ik overigens alleen nog de betrekkelijk eenvoudige gevallen behandelen.

Doel
Na bestudering van dit hoofdstuk en het maken van de opgaven kun je, gegeven de data en de vraagstelling, met behulp van de SPSS-procedures *GLM-Univariate* en *Correlate-bivariate*:
- een **elementair rapport** maken van de GLM-analyse;
- een **beknopt rapport** maken van de GLM-analyse;
- de betekenis van de hypothesen of beslissingen **toelichten** met behulp van de *b*-gewichten en/of gemiddelden;
- de analyse beschrijven en uitvoeren met behulp van een **eenvoudiger analyse**, namelijk MRA met dummycodering.

Een elementair rapport bevat, net als eerdere analyses: **design**, mate van controle, geaggregeerde data (gemiddelden en correlaties), **hypothesen**, **toetsing**, **beslissingen**, causale interpretatie. De nadruk ligt op de vetgedrukte onderdelen. Ik ga ervan uit dat op het tentamen SPSS-output is gegeven of dat je de beschikking hebt over een computer met SPSS. Check dit bij jouw cursus.

Een beknopt rapport is een lopend verhaal en bevat: het design, de gekozen analyse, de belangrijkste elementen van de toetsing en de beslissingen.

Toelichten van de hypothesen wil zeggen dat je de **steekproefwaarden noemt** van de parameters waar de hypothese iets over zegt, en dat je duidelijk maakt wat de hypothese daarover zegt. Analoog voor de beslissingen.

4.2 Samenvatting

We beschouwen hier designs met:
- één kwantitatieve afhankelijke variabele;
- zonder within-subjectfactoren;
- **met between-subjectfactoren en/of covariaten.**

Factoren zijn kwalitatieve, onafhankelijke variabelen, zoals geslacht of nationaliteit. Het zijn groepsindelingen. Factoren mogen slechts een beperkt aantal niveaus aannemen. **Covariaten** zijn kwantitatieve, onafhankelijke variabelen. Het zijn meestal metingen op een continuüm. Zij zijn vergelijkbaar met wat eerder in MRA de predictoren waren.

De SPSS-procedure voor al deze designs is GLM-**Univariate**. In het rapporteren wordt de analyse aangeduid als:
- ANOVA als er alleen factoren zijn;
- **multiple-regressieanalyse** als er alleen covariaten zijn;
- ANCOVA (analysis of covariance) bij factoren **en** covariaten.

GLM-Univariate creëert ongevraagd en ongezien **dummyvariabelen** voor elke factor en voor elke interactie tussen factoren. Deze dummyvariabelen worden samen met de covariaten gebruikt in een MRA, waar je evenmin iets van te zien krijgt. De *SS*-en zijn echter uit deze MRA afkomstig.

In de ANOVA-**tabel** van de output worden de hypothesen getoetst:
- De **algemene nulhypothese** staat er onder de naam 'Corrected Model' en houdt in dat de onafhankelijke variabelen samen geen enkel effect hebben op de afhankelijke variabele (alle *b*-gewichten zijn 0).
- Voor **elke covariaat** is er de specifieke nulhypothese dat zijn *b*-gewicht 0 is. Dat betekent dat hij binnen cellen niet is gecorreleerd met de afhankelijke variabele.
- Voor **elke factor** is er de specifieke nulhypothese dat hij geen effect heeft (de *b*-gewichten van zijn dummyvariabelen zijn 0). Dat betekent dat de uit de MRA voorspelde randgemiddelden gelijk zijn als je bij het voorspellen de andere onafhankelijke variabelen **constant** houdt.
- Voor **elke interactie van factoren** is er de specifieke nulhypothese dat hij geen effect heeft (de *b*-gewichten van de betreffende dummyvariabelen zijn 0).
- Interacties tussen covariaten en factoren zouden in principe kunnen worden getoetst, maar SPSS doet het niet standaard. Als je dit wilt, moet je de knop 'Model' gebruiken.

Bij de beslissingen moet je **eerst de algemene nulhypothese** evalueren. Pas als die significant is, kijk je naar de specifieke nulhypothesen.

4.3 Korte voorbeelden van GLM-Univariate

GLM-Univariate is geschikt voor designs met één afhankelijke variabele. De onafhankelijke variabelen kunnen between-subjectfactoren en/of covariaten zijn. Traditioneel noemt men de analyse ANOVA in designs met alleen between-subjectfactoren, **multiple-regressieanalyse** in designs met alleen covariaten en ANCOVA in designs met between-subjectfactoren en covariaten. Zij zullen nu worden besproken. De meeste aandacht in dit hoofdstuk zal uitgaan naar het laatste type designs. We nemen de data van tabel 4.1 als voorbeeld.

Tabel 4.1

Subject	Nationaliteit	Geboortejaar	Eenzaamheid
1	NL	72	7
2	NL	63	8
3	NL	70	7
4	B	75	6
5	B	74	5
6	B	77	6
7	D	82	1
8	D	79	2
9	D	81	1

4.3.1 Alleen between-subjectfactoren: ANOVA

Sommige designs hebben naast de afhankelijke variabele uitsluitend between-subjectfactoren. Dan moet je een ANOVA doen. Zo'n design heb je bijvoorbeeld als je onderzoekt of Eenzaamheid afhangt van Nationaliteit. In principe zou je de ANOVA zelf kunnen uitrekenen. Dat heb je in deel 3 geleerd. Maar het is wel zo luxe om dat voor je te laten doen met de procedure GLM-Univariate van SPSS. In dit voorbeeld zou je Eenzaamheid als *afhankelijke variabele* moeten opgeven en Nationaliteit als *factor*. De procedure doet dan stiekem een MRA, waarbij de factor Nationaliteit echter wordt vervangen door twee dummyvariabelen. Daar krijg je trouwens niets van te zien. De uitkomsten worden gewoon gepresenteerd in een *ANOVA-tabel*. Die zie je in tabel 4.2. Er is een significant effect van Nationaliteit op Eenzaamheid (p = .000). De drie nationaliteiten zijn vermoedelijk niet even eenzaam. Het effect is extreem sterk (R^2 = .966).

Tabel 4.2 ANOVA-tabel voor Eenzaamheid (1)

Bron	SS	df	MS	F	p	R^2
Nation	57.556	2	28.778	86.333	.000	
Model	57.556	2	28.778	86.333	.000	.966
Error	2.000	6	0.333			
Total	59.556	8				

Het voordeel van GLM-Univariate is dat hij ook werkt in situatie waarin je het zelf niet of moeilijk kan uitrekenen. Bijvoorbeeld als er meer dan twee factoren zijn of als de celfrequenties ongelijk zijn.

4.3.2 Alleen covariaten: MRA

Sommige designs hebben naast de afhankelijke variabele uitsluitend covariaten. Dan moet je een MRA doen. Zo'n design heb je bijvoorbeeld als je onderzoekt of Eenzaamheid afhangt van Geboortejaar. In principe zou je de MRA met de procedure Regression van SPSS kunnen doen. Dat heb je in hoofdstuk 2 geleerd. Maar het kan ook met de procedure GLM-Univariate. In dit voorbeeld zou je Eenzaamheid als *afhankelijke variabele* moeten opgeven en Geboortejaar als *covariaat*. De procedure doet dan gewoon een MRA. De uitkomsten worden echter gepresenteerd in *een soort ANOVA-tabel*. Die zie je in tabel 4.3. Er is een significant effect van Geboortejaar op Eenzaamheid (p = .002). Dit effect is zeer sterk (R^2 = .776).

Tabel 4.3 ANOVA-tabel voor Eenzaamheid (2)

Bron	SS	df	MS	F	p	R^2
Jaar	46.190	1	46.190	24.192	.002	
Model	46.190	1	46.190	24.192	.002	.776
Error	13.365	7	1.909	1.909		
Total	59.556	8				

Hoewel de presentatie iets afwijkt van de procedure Regression, zijn de p-waarden waar het om gaat uiteindelijk precies hetzelfde. Terwijl Regression voor elke predictor een t-waarde zou geven om de specifieke nulhypothese te toetsen, geeft GLM-Univariate een F-waarde. Maar $F = t^2$ en daarom zijn de p-waarden precies hetzelfde.

4.3.3 Factoren en covariaten: ANCOVA

Een ANOVA kun je toepassen als de onafhankelijke variabelen kwalitatief zijn. Een MRA kun je toepassen als de onafhankelijke variabelen kwantitatief zijn. Wat moet je doen als van de onafhankelijke variabelen sommige kwalitatief en andere kwantitatief zijn? Zo'n design heb je bijvoorbeeld als je onderzoekt hoe Eenzaamheid afhangt van Nationaliteit en Geboortejaar. Als je dan een ANOVA doet, kun je Geboortejaar niet meenemen. Als je aan de andere kant een MRA doet, dan kun je Nationaliteit niet meenemen. Dat is immers een kwalitatieve variabele. Het zou nergens op slaan om te onderzoeken of Eenzaamheid toeneemt met Nationaliteit. Wat betekent dat überhaupt? Het hangt er maar net van af met welke getallen je Nationaliteit codeert in je data.

In dit geval moet je een zogenaamde **covariantieanalyse** of ANCOVA doen. Dat kun je doen met de procedure GLM-Univariate van SPSS. In dit voorbeeld zou je Eenzaamheid als *afhankelijke variabele* moeten opgeven, Nationaliteit als **factor** en Geboortejaar als **covariaat**. De procedure hercodeert de factor Nationaliteit dan in twee dummyvariabelen. Deze twee dummyvariabelen, tezamen met de covariaat Geboortejaar, worden vervolgens gebruikt als predictoren in een MRA. Van dat hercoderen en van die MRA krijg je trouwens niets te zien. De uitkomsten worden gepresenteerd in *een soort ANOVA-tabel* – hoewel het geen zuivere ANOVA is. Een voorbeeld daarvan zie je in tabel 4.4. Je ziet daar dat de onafhankelijke variabelen samen een significant effect hebben op Eenzaamheid (p = .000). Er is echter geen significant effect van Geboortejaar op Eenzaamheid (p = .206). Er is wel een significant effect van Nationaliteit op Eenzaamheid (p = .004), de verklaarde variantie is 11.960 / 59.556 = .201 (moet je zelf berekenen). (Aan het woord 'effect' moet je geen causale betekenis geven.)

Tabel 4.4 ANOVA-tabel voor Eenzaamheid (3)

Bron		SS	df	MS	F	p	R^2
	Jaar	0.595	1	0.595	2.116	.206	
	Nation	11.960	2	5.980	21.276	.004	
Model		58.150	3	19.383	68.963	.000	.976
Error		1.405	5	0.281			
Total		59.556	8				

Merk nu op dat zowel het effect van Geboortejaar als het effect van Nationaliteit minder sterk zijn geworden:
1 *Eerst was er een significant effect van Geboortejaar en nu is dat er niet meer.* Dat komt doordat bij het toetsen van het effect van Geboortejaar is gecorrigeerd voor variatie in Nationaliteit. Kijk naar het volgende spreidingsdiagram in figuur 4.1, waarin is uitgesplitst naar Nationaliteit.

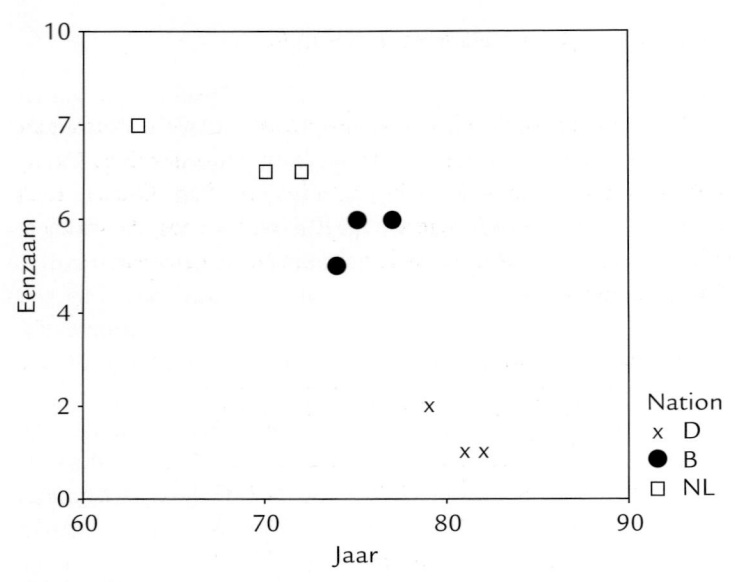

Figuur 4.1

- Eerder, bij de MRA, gooiden we de drie nationaliteiten **op één hoop** en keken of er dan een correlatie was tussen Geboortejaar en Eenzaamheid. Die was er, en dat zie je ook in de plot.
- Nu, bij de ANCOVA, kijken we of er **binnen groepen** met dezelfde nationaliteit een **correlatie** is tussen Geboortejaar en Eenzaamheid. In de plot zie je dat die er nauwelijks is: bij de Nederlanders is er een zwak negatieve correlatie, bij de Belgen zwak positief en bij de Duitsers weer zwak negatief. Al met al is de gemiddelde binnen-groepscorrelatie nagenoeg 0.

2 *Het effect van Nationaliteit is minder sterk geworden.* Dat komt doordat bij het toetsen van het effect van Nationaliteit wordt gecorrigeerd voor Geboortejaar.

- Eerder, bij de ANOVA, vergeleken we zonder poespas de gemiddelden van Eenzaamheid.
- Nu, bij de ANCOVA, kijken we of de groepen verschillend zouden zijn in gemiddelde Eenzaamheid *als* die groepen alledrie dezelfde gemiddelde leeftijd zouden hebben gehad. (Dat is natuurlijk een beetje speculatief.) De drie groepsgemiddelden op Eenzaamheid worden daartoe **gecorrigeerd** voor het effect van Geboortejaar. Dat wil zeggen dat de verschillen in Eenzaamheid die te verwachten zijn op grond van het feit dat de groepen al verschillen in Geboortejaar, worden afgetrokken van de geobserveerde verschillen in Eenzaamheid. Dat gebeurt met behulp van de regressievergelijking.

4.4 Elementair rapport van een ANCOVA

Doorlopend voorbeeld

Stel dat in het onderzoek naar psychisch welbevinden ook nog was gekeken naar de posities die de werknemers innamen, en dat deze zijn ingedeeld als 'hoog' (directeuren, chefs, keizers), 'midden' (afdelingshoofden) en 'laag' (knechten en zo). Neem aan dat de data van tabel 4.5 gegeven zijn (Positie 1 = hoog, 2 = midden, 3 = laag). We willen weten of, en hoe, Psychisch welbevinden afhangt van de variabelen Positie, Onzekerheid en Steun.

Tabel 4.5 Datamatrix bij doorlopend voorbeeld

Subject	Positie	Psychisch welbevinden	Onzekerheid	Steun
1	1	44.78	48.06	49.87
2	1	46.38	47.12	34.05
3	1	47.97	64.19	52.17
4	2	49.57	63.25	36.35
5	2	37.65	44.29	54.46
6	2	39.24	43.35	38.65
7	2	40.84	60.42	56.76
8	2	42.44	59.48	40.94
9	3	44.04	58.54	42.09
10	3	45.63	57.60	60.21
11	3	47.23	38.64	44.39
12	3	48.83	37.69	62.50
13	3	63.95	54.77	46.68
14	3	65.55	53.82	64.80
15	3	67.15	34.87	48.98
16	3	68.75	33.93	67.10

4.4.1 Design

In het design specificeer je:
- de afhankelijke variabele en zijn meetniveau (kwantitatief);
- de between-subjectfactoren en hun niveaus;
- de covariaten en hun meetniveau (kwantitatief).

Factoren zijn kwalitatieve, onafhankelijke variabelen die slechts een beperkt aantal niveaus aannemen, zoals geslacht of nationaliteit. Het zijn groepsindelingen. **Covariaten** zijn kwantitatieve, onafhankelijke variabelen waarvan wordt verondersteld dat zij een lineair verband hebben met de afhankelijke variabele. Het zijn meestal metingen op een continuüm. Zij zijn vergelijkbaar met wat eerder in MRA de predictoren waren.

Beschouw een onafhankelijke variabele als covariaat, zodra de variabele kwantitatief is, en continu is, en de aanname van lineairiteit redelijk is. Beschouw een onafhankelijke variabele als factor in alle andere gevallen. Als zo'n variabele veel niveaus heeft, beperk die dan door groepen samen te nemen.

Toelichting
Als een onafhankelijke variabele wordt benoemd als covariaat, dan zal in de analyse het effect ervan worden vastgesteld op grond van de correlatie met de afhankelijke variabele. Dat veronderstelt een lineair verband. Daarom moet een covariaat kwantitatief zijn.

Als een onafhankelijke variabele wordt benoemd als factor, dan zal in de analyse het effect ervan worden vastgesteld op grond van de groepsgemiddelden. Dat is alleen mogelijk als de factor een beperkt aantal niveaus heeft, anders zijn de groepen te klein. Zodra hieraan is voldaan, is dit een goede methode, ook al is het verband non-lineair. Als een onafhankelijke variabele een klein aantal niveaus heeft, is het dus altijd veiliger om hem als factor te benoemen.

Voorbeeld
De variabele Positie heeft een beperkt aantal niveaus en is niet echt kwantitatief (komt laag/midden/hoog overeen met 1/2/3 of met 1/2/5?) en daardoor is ook de aanname van lineairiteit twijfelachtig. We moeten hem dus benoemen als factor. Gezien de vraagstelling hebben we het volgende design:

afhankelijke variabele	= Psychisch welbevinden (kwantitatief)
between-subjectfactor	= Positie (hoog, midden, laag)
covariaat 1	= Onzekerheid (kwantitatief)
covariaat 2	= Steun (kwantitatief)

4.4.2 Mate van controle

Voor elk van de onafhankelijke variabelen moet worden aangegeven of de variatie van de variabele het gevolg is van experimentele manipulatie, dan wel slechts passief-geobserveerd is. In de klassieke behandelingen van ANCOVA zijn covariaten altijd passief-geobserveerde controlevariabelen. Daar is echter geen logische noodzaak toe.

Voorbeeld
Alle onafhankelijke variabelen zijn passief-geobserveerd.

4.4.3 Geaggregeerde data

De geaggregeerde data bevatten:
- de celgemiddelden van de afhankelijke variabele;

- de celgemiddelden van de covariaten;
- het aantal waarnemingen per cel;
- de correlaties tussen de covariaten en de afhankelijke variabelen;
- eventueel de correlaties tussen de covariaten onderling.

Voorbeeld

Tabel 4.6 *Celgemiddelden en celfrequenties van afhankelijke variabele en covariaten (1)*

	Positie		
	hoog	midden	laag
Psychisch welbevinden	46.38	41.95	56.39
Onzekerheid	53.12	54.16	46.23
Steun	45.36	45.43	54.59
n	3	5	8

Tabel 4.7 *Correlaties van afhankelijke variabele met de covariaten (1)*

	Psychisch welbevinden
Onzekerheid	-.32
Steun	.39

4.4.4 Hypothesen

De analyse kan worden uitgevoerd met de SPSS-procedure GLM-Univariate. Deze procedure creëert eerst dummyvariabelen voor de factoren (die je overigens nooit te zien krijgt). Deze dummyvariabelen worden samen met de covariaten gebruikt als predictoren in een MRA. De hypothesen gaan over de populatie-regressiegewichten van die predictoren. De algemene nulhypothese is:

H_0(Model):   Alle β_i zijn gelijk aan 0

Daarnaast wordt er nog per bron een specifiekere nulhypothese getoetst. Voor elke factor, interactie, of covariaat wordt getoetst:

H_0(factor):   voor elke dummy van de factor geldt: $\beta = 0$
H_0(interactie):   voor elke dummy van de interactie geldt: $\beta = 0$
H_0(covariaat):   voor de covariaat geldt: $\beta = 0$

Normaal gesproken is er een interactiehypothese voor elke combinatie van factoren.

Toelichting
GLM-Univariate creëert in het voorbeeld automatisch twee dummyvariabelen voor

Positie. Noem deze:

Positie1	= 1	als *Positie* = hoog,	en 0 anders
Positie2	= 1	als *Positie* = midden,	en 0 anders

Zij worden gebruikt als predictoren. Daarnaast worden ook de covariaten *Onzekerheid* en *Steun* als predictoren gebruikt. De **regressievergelijking** wordt daarmee:

$$\text{voorspeld Psychisch welbevinden} = \beta_0 + \beta_1 * Positie1 + \beta_2 * Positie2 + \beta_3 * Onzekerheid + \beta_4 * Steun$$

Dit betekent dat iemands voorspelde score op Psychisch welbevinden een gewogen gemiddelde is van:
- enerzijds het celgemiddelde van Psychisch welbevinden dat hoort bij zijn positie, en
- anderzijds een soort voorspelde score die wordt berekend met uitsluitend Onzekerheid en Steun.

De analyse kan worden weergegeven met het analysediagram in figuur 4.2. Het is een visuele weergave van de regressievergelijking.

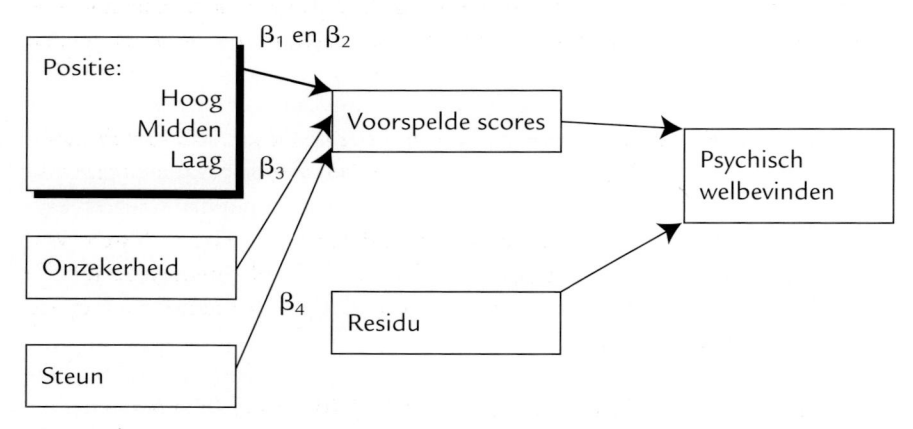

Figuur 4.2

Hierbij geeft de schaduwrand rond Positie aan dat dit een factor is. Die wordt omgezet in meerdere dummyvariabelen die als het ware boven op elkaar liggen zodat je een schaduw krijgt.

Voorbeeld
In het doorlopend voorbeeld moeten de relevante hypothesen als volgt worden geformuleerd:

Bij de regressievergelijking:

voorspeld Psychisch welbevinden $= \beta_0 + \beta_1 * Positie1 + \beta_2 * Positie2 +$
$+ \beta_3 * Onzekerheid + \beta_4 * Steun$

zijn de nulhypothesen:

H_0(Model): $\quad \beta_1 = \beta_2 = \beta_3 = \beta_4 = 0$
H_0(Positie): $\quad \beta_1 = \beta_2 = 0$
H_0(Onzekerheid): $\quad \beta_3 = 0$
H_0(Steun): $\quad \beta_4 = 0$

Om de betekenis van deze hypothesen op een minder technische manier uit te leggen, moet je kijken naar de celgemiddelden in de geaggregeerde data. De celgemiddelden van Psychisch welbevinden zijn verschillend (M = 46.38, 41.95 en 56.39). Het is echter moeilijk te zeggen of dat ligt aan verschillen in Positie. Immers, met Positie veranderen ook de celgemiddelden van de covariaten Onzekerheid (M = 53.12, 54.16 en 46.23) en Steun (M = 45.36, 45.43 en 54.59). Misschien liggen de verschillen in Psychisch welbevinden wel daaraan, in plaats van aan Positie. Met andere woorden: de covariaten Onzekerheid en Steun zijn vooralsnog storende variabelen. Dat gaan we oplossen door gebruik te maken van de **regressievergelijking**. In het voorbeeld worden de coëfficiënten als volgt geschat door SPSS:

voorspeld Psychisch welbevinden $= 53.63 - 8.40 * Positie1 - 12.75 * Positie2 +$
$- 0.08 * Onzekerheid + 0.12 * Steun$

Daarmee kunnen we voorspellen wat de celgemiddelden van Psychisch welbevinden zouden zijn **als er geen verschillen zouden zijn in Onzekerheid en Steun**. We vullen Onzekerheid = 50.00 en Steun = 50.00 in. Dat zijn de totale gemiddelden. Voor Positie = 1 krijg je dan:

voorspeld Psychisch welbevinden $= 53.63 - 8.40 * 1 - 12.75 * 0 +$
$- 0.08 * 50.00 + 0.12 * 50.00$
$= 47.16$

(Als je rekent met de afgeronde gewichten krijg je 47.23). Analoog kun je dat doen voor Positie = 2 en 3. Deze gemiddelden kunnen ook door SPSS worden voorspeld (zie paragraaf 4.6: Options > Estimated marginal means). Dan krijg je tabel 4.8.

Tabel 4.8 Voorspelde celgemiddelden van Psychisch Welbevinden bij Onzekerheid = 50 en Steun = 50 in alle cellen

	Positie		
	hoog	midden	laag
Psychisch welbevinden	47.16	42.81	55.56

De voorspelde celgemiddelden noemt men de **gecorrigeerde celgemiddelden**. Uit de definitie volgt dat het k-de b-gewicht gelijk is aan het verschil tussen het k-de gecorrigeerde celgemiddelde en het laatste gecorrigeerde celgemiddelde:

b_1 = 47.16 - 55.56 = -8.4
b_2 = 42.81 - 55.56 = -12.75

De nulhypothese van *Positie* zegt dat deze twee b-gewichten eigenlijk gelijk zijn aan 0, wat dan logischerwijs betekent dat de drie gecorrigeerde celgemiddelden (47.16, 42.81 en 55.56) eigenlijk gelijk zijn aan elkaar.

H_0(Positie): Bij constant houden van Onzekerheid en Steun (bijvoorbeeld beide gelijk aan 50.00 in elke cel) zijn de voorspelde celgemiddelden van Psychisch welbevinden gelijk, in de populatie.

De nulhypothese van Onzekerheid betekent dat de correlatie tussen Onzekerheid en Psychisch welbevinden (nu r = -.32) gelijk aan 0 zou zijn als de andere onafhankelijke variabelen constant waren gehouden. De nulhypothese van Steun is analoog.

Het idee van gecorrigeerde celgemiddelden kan als volgt visueel worden geïllustreerd als er maar één covariaat is. Stel dat de data zijn als in tabel 4.9.

Tabel 4.9

Factor (groep)	Covariaat	Afhankelijke variabele
1	1	1
1	1	2
1	2	3
1	2	4
2	3	3
2	3	4
2	4	5
2	4	6

Als je nu een scatterplot maakt, ziet die er uit als figuur 4.3.

GLM met één afhankelijke variabele

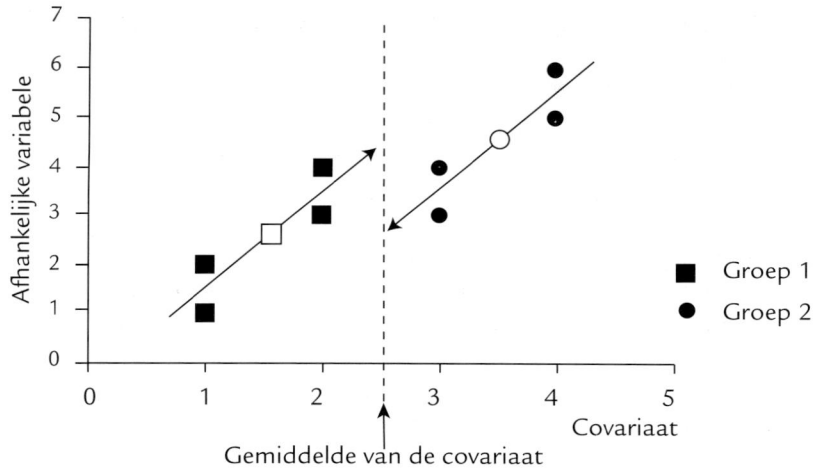

Figuur 4.3

Het gemiddelde van de afhankelijke variabele in de eerste groep is 2.5 en het gemiddelde in de tweede groep is 4.5. Dus als je naar deze ongecorrigeerde gemiddelden kijkt, zou je zeggen: **Groep 2 scoort hoger**. Dat kun je ook in de figuur zien (de ruwe celgemiddelden zijn hier met een open vierkantje en rondje aangegeven): bij groep 2 ligt dat hoger dan bij groep 1. Maar het rondje ligt ook verder naar rechts. Dat komt doordat het gemiddelde van de covariaat in groep 2 groter is dan in groep 1. Daarom is de covariaat een storende variabele. In beide groepen is de regressielijn getekend. De gecorrigeerde celgemiddelden worden nu verkregen door de beide ruwe celgemiddelden langs de regressielijn in de richting van de pijl te verplaatsen. Daardoor komen ze precies boven elkaar te liggen. De eindpunten van de pijlen zijn de celgemiddelden die worden voorspeld als beide groepen hetzelfde gemidddelde op de covariaat zouden hebben. Als je naar deze gecorrigeerde celgemiddelden kijkt zie je: **Groep 1 scoort hoger**. Dat is dus precies omgekeerd als bij de ruwe celgemiddelden! Denk daar maar eens over na.

4.4.5 Toetsing

De toetsing wordt gerapporteerd in de vorm van een ANOVA-tabel. Daarin staat voor elke bron de SS, df, MS, F, p en eta^2. Al deze elementen worden door SPSS berekend. Eta^2 is een soort 'gecorrigeerde proportie-verklaarde variantie' die door SPSS wordt berekend als:

$$eta^2_{Bron} = SS_{Bron} / (SS_{Bron} + SS_{Error})$$

Dit lijkt veel op R^2 zoals die in deel 3 en bij MRA was gedefinieerd:

$$R^2_{Bron} = SS_{Bron} / SS_{Total}$$

De R^2-waarde wordt echter niet voor alle bronnen door SPSS berekend. Daarom nemen we hier eta^2 als standaard om te rapporteren.

Je kan eta^2 zien als de waarde van R^2 wanneer de andere bronnen niet zouden variëren. De waarde van eta^2 is in het algemeen groter dan R^2 als er meerdere bronnen zijn. Anders dan R^2, hoeven de verschillende waarden van eta^2 niet op te tellen tot 1 als de bronnen onafhankelijk zijn. In de literatuur wordt eta^2 meestal aangeduid als *partial eta²*. Eta is een Griekse letter en de officiële notatie is: η^2.

Toelichting
Hoe worden de *SS*-en berekend door SPSS? Daar zijn verschillende keuzes voor. Afhankelijk van de rekenwijze kun je volkomen andere uitkomsten krijgen bij de *p*-waarden en R^2_{Bron}. Voor een juiste interpretatie van de uitkomsten is het goed te weten wat er ongeveer gedaan wordt. We bespreken hier de rekenwijze die SPSS volgt als 'default', dat wil zeggen: als jij geen voorkeur opgeeft. Dit staat bekend als de **type III sum of squares** of de **unique sum of squares**. De andere typen sum of squares zullen hier niet worden behandeld, zie daarvoor bijvoorbeeld Howell (1997).

Eerst wordt een MRA gedaan met alle predictoren. Dan wordt een MRA gedaan waarbij de predictoren die behoren tot de bron zijn weggelaten. Uit elk van de MRA's resulteert een $SS_{Regressie}$. De type III-sum of squares is gedefinieerd als:

$$SS_{Bron} = SS_{Regressie}(\text{alle predictoren}) - SS_{Regressie}(\text{zonder de bron})$$

Daardoor geldt ook:

$$R^2_{Bron} = R^2(\text{alle predictoren}) - R^2(\text{zonder de bron})$$

Er wordt dus berekend hoeveel de verklaarde variantie **afneemt** als je de bron zou weglaten.

Voorbeeld
In tabel 4.10 zijn zowel R^2 als eta^2 gerapporteerd, om het verschil te laten zien. Je hoeft echter slechts één van beide te rapporteren. De waarden van R^2 zijn door mijzelf berekend, de overige uitkomsten door SPSS.

Tabel 4.10

Bron	df	SS	MS	F	p	R^2	eta^2
Onzekerheid	1	8.380	8.380	0.105	.753	.01	.01
Steun	1	17.166	17.166	0.214	.653	.01	.02
Positie	2	384.767	192.383	2.399	.137	.24	.30
Model	4	717.685	179.421	2.237	.131	.45	.45
Residu	11	882.083	80.189				
Totaal	15	1599.768	106.651				

De bron *Model* geeft aan hoeveel variantie er wordt verklaard door alle onafhankelijke variabelen samen. Je zou de bron ook *Verklaard* of *Regression* kunnen noemen. De onafhankelijke variabelen samen kunnen 45% van de variantie verklaren.

De bron Positie geeft aan hoeveel de verklaarde variantie zou afnemen als we de beide dummy's van Positie zouden weglaten in de achterliggende MRA. De verklaarde variantie zou 24% afnemen. Dat klopt! In hoofdstuk 2 hadden we al gezien dat de predictoren die dan zouden overblijven, Onzekerheid en Steun, samen 21% van de variantie van Psychisch welbevinden verklaren. Dat is precies 45% - 24%.

Een en ander kan met een Venndiagram voor verklaarde varianties worden verduidelijkt (zie figuur 4.4). Doordat de onafhankelijke variabelen samenhangen, zijn er delen van de variantie die door zowel de ene als door de andere onafhankelijke variabele kunnen worden verklaard. Dat is weergegeven door de ellipsen elkaar te laten overlappen. Van zulke variantie weet je niet goed wat de oorzaak is. Er is bijvoorbeeld overlap tussen de verklaarde variantie van Positie en Onzekerheid. Je weet dat dat stuk van de variantie door Positie en/of Onzekerheid moet worden verklaard. Maar **welke** van die twee? Daar kun je niets over zeggen (meestal). Voor de veiligheid moet je de overlappende delen niet bij een specifieke onafhankelijke variabele tellen. Die regel wordt gevolgd door de type III sum of square en de bijbehorende R^2:

- De *SS* en R^2 van *een onafhankelijke variabele* geven aan hoeveel variantie **uniek** (uitsluitend) kan worden verklaard door die onafhankelijke variabele. Dat komt overeen met het buitenste part van de betreffende ellips. Voor Positie is dat 24%.
- De *SS* en R^2 van *Model* geven aan hoeveel variantie de onafhankelijke variabelen samen kunnen verklaren. Dat komt overeen met de vereniging van de drie ellipsen. Hiertoe behoort alles wat wit is. Dat is 45%.

Met de type III sum of squares zit je dus aan de zuinige kant wat betreft de verklaarde variantie van een onafhankelijke variabele. Alles wat ook door andere onafhankelijke variabelen kan worden verklaard, trek je er af. Je maakt het jezelf dus moeilijk om een significant effect te vinden. En dat moet ook.

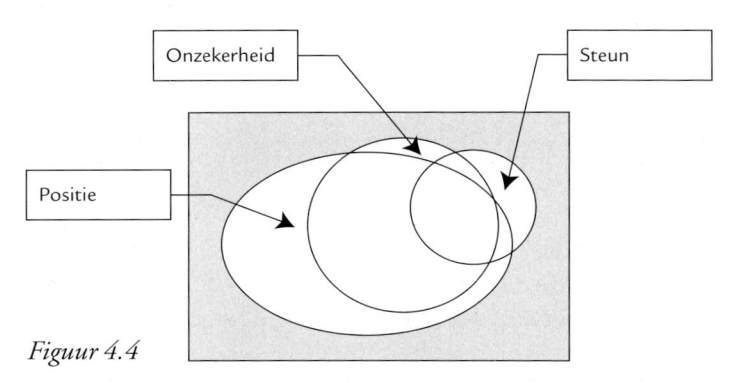

Figuur 4.4

Opmerking: omdat de vereniging van de drie ellipsen groter is dan de som van de buitenste parten, tellen de *SS*-en van de onafhankelijke variabelen niet op tot SS_{Model}:

$$8.380 + 17.166 + 384.767 = 410.313 \quad < \quad 717.685$$

Analoog tellen de R^2-waarden niet op tot R^2_{Model}.

De uitbeelding van verklaarde varianties met Venndiagrammen wordt vaak gebruikt om de belangrijkste begrippen te verduidelijken en uit elkaar te houden. Voor de volledigheid moet echter worden opgemerkt dat de uitkomsten van een analyse niet altijd logisch consistent kunnen worden weergegeven met een Venndiagram. Zo is de som van de R^2-waarden soms groter dan R^2_{Model}.

4.4.6 Beslissingen

In de beslissingen worden de conclusies over de hypothesen beschreven.
1 Ook hier moet **eerst de algemene nulhypothese** worden besproken. **Uitsluitend** als hij wordt verworpen, wordt voor elke specifieke bron nader beschouwd of hij een significant effect heeft, gezien de *p*-waarde.
2 De beslissingen moeten worden **verwoord** in termen van het onderzoek. Deze verwoording moet zelfstandig leesbaar zijn, zonder het hele rapport te lezen. Benoem dus de afhankelijke en de onafhankelijke variabele(n).
3 De **sterkte van elk significant effect** wordt beoordeeld op grond van R^2 of eta^2. In het algemeen is het redelijk om te zeggen dat het verband 'sterk' is als $R^2 > .20$, 'zwak' als $R^2 < .10$ en 'matig' daartussenin analoog voor eta^2. Deze beoordeling moet achterwege blijven voor non-significante effecten.
4 Als $p > .05$ terwijl R^2 een matig of sterk verband suggereert, is wellicht het **aantal subjecten** te klein. Dat moet je dan opmerken.

Voorbeeld
Aangezien de *p*-waarde van Model groot is, $p = .131$, wordt H_0(Model) behouden. We schrijven dan:

> De onafhankelijke variabelen Positie, Onzekerheid en Steun hebben samen geen significant voorspellende waarde voor Psychisch welbevinden ($p = .131$). In de steekproef geldt echter $R^2 = .45$, wat een sterk effect suggereert. Vermoedelijk is de steekproef te klein voor een betrouwbare conclusie over R^2.

De specifieke hypothesen over de onafhankelijke variabelen mogen niet nader worden besproken omdat de algemene hypothese is behouden. (Het noemen van de *p*-waarde en R^2-waarde hoeft niet per se bij de beslissing, deze getallen zijn bij de toetsing al genoemd.) Merk op dat niet wordt gesteld dat het effect sterk *is* (dat zou fout zijn, gezien de non-significantie), er wordt alleen gesteld dat R^2 een sterk verband *suggereert*.

Stel, dat het model significant was geweest, bijvoorbeeld met de *p*-waarden van tabel 4.11.

Tabel 4.11

Bron	df	SS	MS	F	p	R^2	eta^2
Onzekerheid	1				.753		
Steun	1				.001		
Positie	2				.080		
Model	4				.000		
Residu	11						
Totaal	15						

Dan zouden de beslissingen als volgt zijn:

'De onafhankelijke variabelen Positie, Onzekerheid en Steun hebben samen een significant voorspellende waarde voor Psychisch welbevinden (*p* = .000). In het bijzonder heeft Steun een significant effect (*p* = .001). Daarnaast is het effect van Positie marginaal significant (*p* = .080). Het effect van Onzekerheid is niet-significant.'

De term 'marginaal significant' wordt soms gebruikt voor *p*-waarden tussen .05 en .10. Dat moet je dan lezen als 'hier is misschien toch iets aan de hand'. Maar niet iedereen is gediend van deze concessie.

Soms gebeurt het dat het model significant is, terwijl alle predictoren non-significant zijn. Dan kun je dit schrijven:

'De onafhankelijke variabelen Positie, Onzekerheid en Steun hebben samen een significant voorspellende waarde voor Psychisch welbevinden (*p* = .000). Het is echter niet te bepalen aan welke van deze predictoren het effect moet worden toegeschreven, omdat elk van de predictoren afzonderlijk een non-significant effect heeft.'

4.4.7 Causale interpretatie

Geef voor **ten minste één bron** een causale interpretatie, bij wijze van voorbeeld. Als de betreffende bron experimenteel is, is alleen de primaire verklaring mogelijk dat de bron invloed heeft op de afhankelijke variabele. Als de bron niet geheel experimenteel is, geef dan **ook** een alternatieve verklaring. Deze alternatieve verklaring moet zo plausibel mogelijk zijn. Daarbij kunnen de **overige bronnen** *niet* dienen als **storende variabelen**, omdat elke beslissing is gebaseerd op de 'uniek' verklaarde variantie.

Voorbeeld
In het voorbeeld werden alle nulhypothesen behouden, wat een causale interpretatie moeizaam maakt:

> 'Het onderzoek was geheel passief-observerend, dus er zijn meerdere verklaringen mogelijk. Aangenomen dat $R^2 = 0$ in de populatie (wat we echter niet goed weten omdat N te klein was) kan dat komen doordat Positie, Onzekerheid en Steun geen invloed hebben op Psychisch welbevinden. Dat is de primaire verklaring. Een alternatieve verklaring is echter dat (bijvoorbeeld) Positie wel een effect heeft, in de zin dat een hogere positie leidt tot lager Psychisch welbevinden, maar dat dit teniet wordt gedaan doordat in hogere Posities slechts mensen worden aangenomen die laag scoren op neuroticisme, wat op zichzelf tot een hoger Psychisch welbevinden leidt.'

Zouden sommige nulhypothesen zijn verworpen, zoals in het tweede voorbeeld van de voorgaande paragraaf, dan zou een mogelijke causale interpretatie zijn:

> 'Het onderzoek was geheel passief-observerend, dus er zijn meerdere verklaringen mogelijk. De primaire verklaring, gezien de onderzoeksvraag, is dat Steun invloed heeft op Psychisch welbevinden. Een alternatieve verklaring is dat Psychisch welbevinden invloed heeft op de Sociale steun die iemand krijgt.'

4.4.8 Samenvatting: elementair rapport van een ANCOVA

Design: afhankelijke variabele = Psychisch welbevinden (kwantitatief)
between-subjectfactor = Positie (hoog, midden, laag)
covariaat 1 = Onzekerheid (kwantitatief)
covariaat 2 = Steun (kwantitatief)

Mate van controle: Alle onafhankelijke variabelen zijn passief-geobserveerd.

Geaggregeerde data:

Tabel 4.12 *Celgemiddelden en celfrequenties van afhankelijke variabele en covariaten (2)*

	Positie		
	hoog	*midden*	*laag*
Psychisch welbevinden	46.38	41.95	56.39
Onzekerheid	53.12	54.16	46.23
Steun	45.36	45.43	54.59
n	3	5	8

Tabel 4.13 Correlaties van afhankelijke variabele met de covariaten (2)

	Psychisch welbevinden
Onzekerheid	-.32
Steun	.39

Hypothesen:
Bij de regressievergelijking

voorspeld Psychisch welbevinden $= \beta_0 + \beta_1 * Positie1 + \beta_2 * Positie2 + \beta_3 * Onzekerheid + \beta_4 * Steun$

zijn de nulhypothesen:

$H_0(\text{Model})$: $\beta_1 = \beta_2 = \beta_3 = \beta_4 = 0$
$H_0(\text{Positie})$: $\beta_1 = \beta_2 = 0$
$H_0(\text{Onzekerheid})$: $\beta_3 = 0$
$H_0(\text{Steun})$: $\beta_4 = 0$

Toetsing:

Tabel 4.14

Bron	df	SS	MS	F	p	R^2
Onzekerheid	1	8.380	8.380	0.105	.753	.01
Steun	1	17.166	17.166	0.214	.653	.01
Positie	2	384.767	192.383	2.399	.137	.24
Model	4	717.685	179.421	2.237	.131	.45
Residu	11	882.083	80.189			
Totaal	15	1599.768	106.651			

Beslissingen: De onafhankelijke variabelen Positie, Onzekerheid en Steun hebben samen geen significant voorspellende waarde voor Psychisch welbevinden ($p = .131$). In de steekproef geldt echter $R^2 = .45$, wat een sterk effect suggereert. Vermoedelijk is de steekproef te klein voor een betrouwbare conclusie over R^2.

Causale interpretatie: Het onderzoek was geheel passief-observerend, dus er zijn meer verklaringen mogelijk. Als $R^2 = 0$ in de populatie (wat we echter niet goed weten omdat N te klein was), dan kan dat komen doordat Positie, Onzekerheid en Steun geen invloed hebben op Psychisch welbevinden. Dat is de primaire verklaring. Een alternatieve verklaring is dat (bijv.)

Positie wel een effect heeft, in de zin dat een hogere positie leidt tot lager Psychisch welbevinden, maar dat dit teniet wordt gedaan doordat in hogere Posities slechts mensen worden aangenomen die laag scoren op neuroticisme, wat op zichzelf tot een hoger Psychisch welbevinden leidt.

4.5 Beknopt rapport van een ANCOVA of ANOVA

Een beknopt rapport is een lopend verhaal met daarin:
- het design;
- de naam van de gekozen analyse;
- de toetsing (F, dfs en p-waarden; R^2 of eta^2);
- de beslissingen;
- eventueel, of als gevraagd, worden de beslissingen toegelicht met de celgemiddelden of gecorrigeerde celgemiddelden voor het effect van een factor en met het b-gewicht voor het effect van een covariaat.

De analyse wordt aangeduid als *variantieanalyse* of ANOVA als alle onafhankelijke variabelen between-subjectfactoren zijn; als *multiple-regressieanalyse* als alle onafhankelijke variabelen covariaten zijn; als *covariantieanalyse* of ANCOVA als er zowel between-subjectfactoren als covariaten zijn.

Het **toelichten** van een beslissing wil zeggen dat je erbij vermeldt hoe groot de steekproefwaarden zijn van de parameters waar de beslissing over gaat. Voor een hoofdeffect zijn dat *randgemiddelden*. Voor een interactie-effect zijn dat *verschillen tussen celgemiddelden*. Bij ANCOVA gaat het daarbij steeds om *gecorrigeerde gemiddelden*. Alle relevante gemiddelden vind je in de output bij de **Estimated Marginal Means**. Bij een covariaat gaat het om zijn b-gewicht, maar meestal is daarvan alleen de richting (+, - of 0) interessant. Het b-gewicht vindt je bij de **Parameter Estimates**.

Voorbeeld
(De gedeelten toelichting zijn gecursiveerd.)

> Er werd een ANCOVA gedaan met Psychisch welbevinden als afhankelijke variabele, Positie (laag, midden, hoog) als between-subjectfactor en Onzekerheid en Steun als covariaten. Hieruit bleek dat de onafhankelijke variabelen samen geen significant effect hebben op Psychisch welbevinden ($F(4,11) = 2.237$, $p = .131$). In de steekproef geldt echter $R^2 = .45$, wat een sterk effect suggereert. Vermoedelijk is de steekproef te klein voor een betrouwbare conclusie over R^2.

Merk op dat de tweede df in $F(4,11)$ de **df van de Error** is en niet df_{Total}. Dat is hetzelfde als in deel 3, maar wordt nog vaak fout gedaan. Hoe zou het beknopte rapport er uit hebben gezien als R^2 wel significant was? Als voorbeeld weer N = 311.

Er werd een ANCOVA gedaan met Psychisch welbevinden als afhankelijke variabele, Positie (laag, midden, hoog) als between-subjectfactor en Onzekerheid en Steun als covariaten. Hieruit bleek dat de onafhankelijke variabelen samen een significant effect hebben op Psychisch welbevinden ($F(4,299)$ = 60.818, p = .000). Dit effect is sterk (R^2 = .45). Positie had een significant effect ($F(2,299)$ = 65.212, p = .000) en dit effect was sterk gezien de waarde van eta^2 (.304). *De gecorrigeerde celgemiddelden van Psychisch welbevinden, bij respectievelijk Positie = laag, midden en hoog, waren 47.16, 42.81 en 55.56. Bij gelijkblijven van* (of: na correctie voor verschillen in) *Onzekerheid en Steun hebben degenen met een midden Positie dus gemiddeld het laagste Psychisch welbevinden, terwijl degenen met een hoge Positie gemiddeld het hoogste Psychisch welbevinden hebben.* Ook Steun had een significant effect ($t(299)$ = 5.819, p = .016), dat echter slechts zwak was gezien de waarde van eta^2 (.019). *Bij gelijkblijven van Positie en Onzekerheid blijkt een toename in Steun samen te gaan met een toename in Psychisch welbevinden (b = 0.117).* Onzekerheid had geen significant effect ($t(299)$ = 2.841, p = .093).

4.6 Aansturen van SPSS GLM-*Univariate*

Aankondigen dat je maar een eenvoudige boerenknecht met overeenkomstig design bent:
1 Kies **A**nalyze > **G**eneral Linear Model > **U**nivariate ...

Vertellen wat de afhankelijke variabele is:
2 Selecteer links, in de box waar de variabelenamen staan, de naam van de afhankelijke variabele.
3 Klik naast de **D**ependent variable: box op ▶. De variabele wordt in die box geplaatst.

Vertellen wat de factoren zijn:
4 Selecteer links de naam van een factor en klik naast de **F**ixed Factor(s): box op ▶. Herhaal dit zonodig voor de andere factoren.

Vertellen wat de covariaten zijn:
5 Selecteer links de namen van de covariaten en klik naast de **C**ovariate(s): box op ▶. De covariaten worden in die box geplaatst.

Vertellen welke aanvullende statistieken je wilt:
6 Klik op **O**ptions ... Je krijgt een nieuw dialoogvenster.
• Klik bij **Estimated Marginal Means**, **F**actor(s) and Factor Interactions op de naam van de factor(en) en interacties, en dan op ▶. Daarmee vraag je om de gecorrigeerde randgemiddelden.

- Klik bij Display op **Descriptive statistics** en **Estimates of effect size** (er moet ✓ voor staan). Daarmee vraag je om celgemiddelden en eta^2.
- Eventueel, als je de *b*-gewichten wilt hebben, moet je klikken op Parameter estimates. Die moet je willen als er covariaten zijn.

7 Klik op Continue.

Vertellen welke plots je wilt:

8 Klik op **Plots** ... Je krijgt een nieuw dialoogvenster.
- Klik onder **Factors:** op een factor, en naast **Horizontal Axis:** op ▶.
- Als er een tweede factor is, selecteer die dan ook en klik naast **Separate Lines:** op ▶.
- Klik op **Add**.

9 Klik op Continue.

De analyse laten beginnen:
10 Klik op OK.

Voorbeeld
Neem als voorbeeld weer dit design:

afhankelijke variabele	= Psychisch welbevinden (kwantitatief)
between-subjectfactor	= Positie (hoog, midden, laag)
covariaat 1	= Onzekerheid (kwantitatief)
covariaat 2	= Steun (kwantitatief)

Deze data kunnen worden geanalyseerd met de procedure GLM-Univariate van SPSS. Neem aan dat deze variabelen in SPSS de namen Psywel, Positie, Onzeker en Steun hebben.

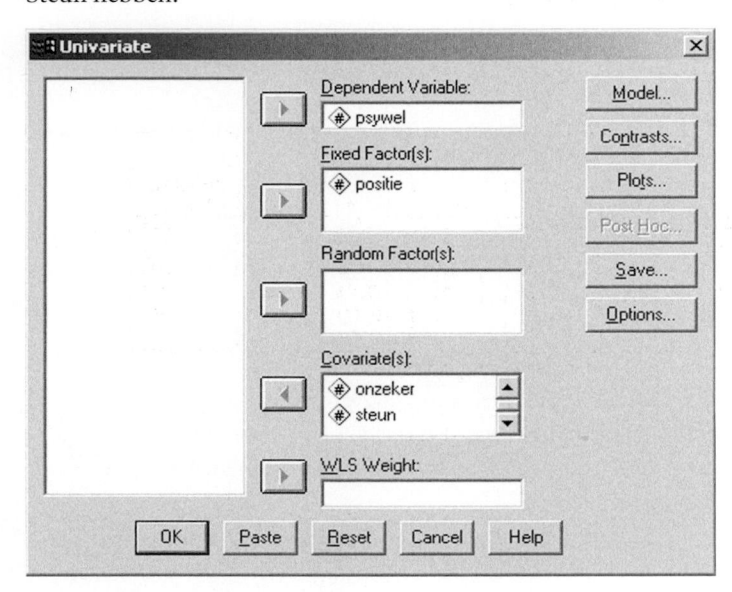

*Figuur 4.5
Dit moet je zien voor je op OK klikt*

4.7 Output van SPSS GLM-*Univariate* (selectie)

Univariate Analysis of Variance

Between-Subjects Factors

POSITIE		N
	1	3
	2	5
	3	8

Figuur 4.6

Descriptive Statistics

Dependent Variable: PSYWEL

POSITIE	Mean	Std. Deviation	N
1	46,38	1,60	3
2	41,95	4,62	5
3	56,39	10,82	8
Total	50,00	10,33	16

Figuur 4.7

Tests of Between-Subjects Effects

Dependent Variable: PSYWEL

Source	Type III Sum of Squares	df	Mean Square	F	Sig.	Partial Eta Squared
Corrected Model	717,685[a]	4	179,421	2,237	,131	,449
Intercept	526,098	1	526,098	6,561	,026	,374
ONZEKER	8,380	1	8,380	,105	,753	,009
STEUN	17,166	1	17,166	,214	,653	,019
POSITIE	384,767	2	192,383	2,399	,137	,304
Error	882,083	11	80,189			
Total	41599,768	16				
Corrected Total	1599,768	15				

[a]. R Squared = ,449 (Adjusted R Squared = ,248)

Figuur 4.8

Parameter Estimates

Dependent Variable: PSYWEL

Parameter	B	Std. Error	t	Sig.	95% Confidence Interval Lower Bound	95% Confidence Interval Upper Bound	Partial Eta Squared
Intercept	53,633	18,637	2,878	,015	12,612	94,654	,429
ONZEKER	-7,84E-02	,242	-,323	,753	-,612	,455	,009
STEUN	,117	,253	,463	,653	-,439	,673	,019
[POSITIE=1]	-8,396	6,667	-1,259	,234	-23,068	6,277	,126
[POSITIE=2]	-12,751	5,873	-2,171	,053	-25,678	,176	,300
[POSITIE=3]	0[a]	,	,	,	,	,	,

[a]. This parameter is set to zero because it is redundant.

Figuur 4.9

Estimated Marginal Means

POSITIE

Dependent Variable: PSYWEL

POSITIE	Mean	Std. Error	95% Confidence Interval	
			Lower Bound	Upper Bound
1	47,163ª	5,343	35,403	58,924
2	42,808ª	4,269	33,412	52,204
3	55,559ª	3,473	47,916	63,202

a. Evaluated at covariates appeared in the model: ONZEKER = 50,00, STEUN = 50,00.

Figuur 4.10

4.8 Betekenis van de output van SPSS GLM-*Univariate*

Merk op dat je weer uit de output kan opmaken wat het design is geweest. De belangrijkste tabel is **Tests of Between-Subjects Effects**. Dat is de ANOVA-tabel. De namen van de bronnen zijn echter wat ongebruikelijk. De belangrijkste zaken kun je samenvatten als in tabel 4.15 (onderdeel Toetsing van een elementair rapport):

Tabel 4.15

Source	SS	df	MS	F	p	eta²
ONZEKER	8.380	1	8.380	0.105	.753	.009
STEUN	17.166	1	17.166	0.214	.653	.019
POSITIE	384.767	2	192.383	2.399	.137	.304
Model	717.685	4	179.421	2.237	.131	.449
Error	882.083	11	80.189			
Total	1599.768	15				

We bespreken de output nu in meer detail.

Descriptive Statistics
Bevat per groep (POSITIE) het gemiddelde (Mean), standaardafwijking (Std. deviation) en n (N). Van de APA moet je in subgroepen 'n' gebruiken, niet 'N'. De randgemiddelden worden berekend als het gewogen gemiddelde van de celgemiddelden.

Tests of Between-Subjects Effects
Dit is de ANOVA summary table. Als tweede df van een F moet je altijd df_{Error} nemen. Kolom **Sig.** bevat de p-waarden. **De bronnen (Source) hebben echter een ongebruikelijke naam.** 'Corrected Model' is wat wij Model noemen. 'Intercept' is een toets voor de nulhypothese dat het gemiddelde van de celgemiddelden gelijk aan 0 is. Wat onzin is, meestal. 'Corrected Total' is wat wij Total noemen. En dat

doen alle andere statistiekboeken en artikelen ook, dus houd je daar ook aan. 'Total' is 'Corrected Total' + 'Intercept', en aangezien zin + onzin = nog steeds onzin, hebben wij daar geen naam voor.

Bij de bron **Corrected Model** staat wat de predictoren samen verklaren van Psywel. De predictoren zijn hier Positie (via twee dummy's), Onzeker en Steun. We vinden hier $R^2 = eta^2 = .449$, $F(4,11) = 2.237$, $p = .131$ (zie voetnoot voor R^2). Dat is niet-significant. De nulhypothese wordt behouden. Positie, Onzeker en Steun hebben samen geen significante, voorspellende waarde voor Psywel. Het heeft geen zin nog naar de afzonderlijke bronnen te kijken. Bij uitzondering doen we dat hieronder toch, om de output te verklaren.

Bij POSITIE, ONZEKER en STEUN staat steeds wat de betreffende variabele toevoegt aan verklaarde variantie, boven op de andere predictoren. Dus bij Positie staat hoeveel verklaarde variantie deze factor toevoegt aan de verklaarde variantie van Onzeker en Steun. Voor Positie vinden we $eta^2 = .304$, $F(2,11) = 2.399$, $p = .137$. Ook dit is niet-significant, en dat is weinig verrassend gezien het feit dat de predictoren samen al niet-significant waren.

Parameter Estimates
Herinner je dat GLM werd gedaan als een MRA. Deze tabel bevat de b-gewichten van die MRA.

In de eerste kolom van de tabel zie je welke **predictoren** er zijn gebruikt. Dat zijn: (1) de covariaten en (2) de dummyvariabelen van de factoren. Bijvoorbeeld, [POSITIE=2] is de dummyvariabele die indiceert of het subject in groep 2 zit. Zo ja, dan geldt voor dat subject: [POSITIE=2] = 1. Zo nee, dan geldt voor dat subject: [POSITIE=2] = 0.

In de tweede kolom zie je voor elke predictor het *b*-**gewicht**.

Estimated Marginal Means
In deze tabel staan de **gecorrigeerde** gemiddelden (Means). Deze gemiddelden zijn gecorrigeerd voor de effecten van de covariaten en ongelijke n's. De randgemiddelden worden berekend als ongewogen **gemiddelde van de celgemiddelden**. Dit zijn de gemiddelden waar de toetsing betrekking op heeft. **Als de beslissingen worden toegelicht, moet dat dus altijd met *deze* gemiddelden gebeuren.** Als de gemiddelden van de tabel Descriptive Statistics hiervan afwijken, zijn die laatste gemiddelden ongeschikt voor de toelichting.

Als er geen covariaten zijn, bevat deze tabel dezelfde celgemiddelden als de tabel van Descriptive Statistics. Als bovendien de n's gelijk zijn, zijn ook de randgemiddelden gelijk aan die bij Descriptive Statistics.

4.9 Meer over GLM-Univariate

Zoals je wellicht al hebt gezien is het mogelijk om in GLM-Univariate random factoren op te geven. Het verschil tussen random factoren en fixed factoren is besproken in deel 3. Een factor is random als de niveaus die in de data aanwezig zijn, kunnen worden gezien als een steekproef uit een groter domein, en men de conclusies naar dat domein wil generaliseren. Een factor is fixed als in de data alle mogelijke niveaus aanwezig zijn waarover men een uitspraak wil doen. In dit hoofdstuk heb ik steeds gedaan alsof we altijd met fixed factoren te maken hebben. Bij experimenten in de functieleer is het echter vaak eerder zo dat de conditie een random factor is. De door SPSS berekende F-waarde is dan strikt genomen geen F maar een zogenaamde quasi-F volgens de methode van Satterthwaite (1946).

In de psycholinguïstiek is het vaak zo dat er minstens twee random factoren zijn, namelijk de Persoon en het Item (= meestal Woord), en daarnaast nog een derde fixed factor, zeg Conditie. Op grond van het artikel van Clark (1973) is het dan nodig een 'subjects and items analysis' te doen, ook wel bekend als 'F_1 en F_2'-analyse. Bij een subjectsanalyse neemt men voor elk subject de som over alle items en analyseert deze somscore als afhankelijke variabele met de Persoon als random factor en Conditie als fixed factor. De F-waarde van Conditie noemt men dan F_1. Een significante waarde van F_1 wil zeggen dat het Conditie-effect generaliseerbaar is over subjecten. Bij een itemsanalyse neemt men voor elk item de som over alle subjecten en analyseert men deze somscore als afhankelijke variabele met het Item als random factor en Conditie als fixed factor. De F-waarde van Conditie noemt men dan F_2. Een significante waarde van F_2 wil zeggen dat het Conditie-effect generaliseerbaar is over items. De regel is dan dat het effect van Conditie pas serieus wordt genomen als zowel F_1 als F_2 significant zijn. In dat geval mag het Conditie-effect worden gegeneraliseerd over items *en* subjecten.

Deze analyse is gebruikelijk in de psycholinguïstiek, maar er valt wel iets op af te dingen. Clark propageerde F_1 en F_2 vooral als benadering voor een quasi-F, die moeilijker te berekenen zijn, maar eigenlijk beter zijn. Het mag duidelijk zijn dat dit argument 30 jaar geleden gold, maar nu niet meer. Alleen voor grote experimenten kan dit nog een reden zijn. In andere gevallen zou het logischer zijn gewoon de quasi-F te gebruiken die door SPSS wordt berekend als men zowel de Persoon als het Items als random factor opgeeft.

Searle, Casella en McCulloch (1992) betogen dat het bij random of geneste factoren en ongelijke n's beter is om geen ANOVA-methode te gebruiken, maar een van de methoden die beschikbaar zijn onder GLM-Variance Components. Deze procedure levert binnen SPSS echter geen statistische toetsen voor de diverse effecten en zal daarom niet snel ingang vinden in de psychologie.

4.10 Opgaven

Opgave 4.1 (voorbereiding van computeropgaven)
a Wat is een between-subjectfactor?
b Wat is een covariaat?
c In welk opzicht worden factoren en covariaten verschillend behandeld in GLM?
d Wanneer is GLM hetzelfde als ANOVA?
e Wanneer is GLM hetzelfde als MRA?

Opgave 4.2 (voorbereiding van computeropgaven)
Ga na of je in de volgende onderzoeken gebruik zou maken van variantieanalyse, multiple-regressieanalyse, of een covariantieanalyse (het antwoord is niet altijd eenduidig).
a De effecten van geslacht en leeftijd op spreekvaardigheid.
b De effecten van spreekvaardigheid en aantrekkelijkheid op inkomen.
c De effecten van geslacht en nationaliteit (Nederlands, Belgisch, Duits, Frans) op inkomen.

Opgave 4.3 (voorbereiding van computeropgaven)
Dit gaat over de data die ook werden gebruikt in het scriptieonderzoek van Ralph Tinnemans (zie opgave 2.2). Naast de eerder beschreven data werden nog veel meer variabelen gemeten. Zo werden aan de delinquenten onder meer de volgende vragen gesteld:
- Heeft u kinderen? (1 = ja, 2 = nee)
- Is uw vader ooit veroordeeld? (1 = ja, 2 = nee)
- Hoeveel maanden heeft u het langst achter elkaar gewerkt?
- Hoe vaak was u eerder gedetineerd?

Op een deel van deze variabelen is met SPSS GLM-Univariate een analyse gedaan. De output daarvan staat in figuur 4.11 tot en met figuur 4.17. Ook is met SPSS de correlatie berekend tussen het langste aantal maanden gewerkt en het aantal detenties.
a Maak (voorzover mogelijk met deze output) een elementair rapport.
b Schrijf een beknopt rapport. Gebruik de juiste naam voor de analyse.
c Waarom zijn de gemiddelden in de tabel Descriptive Statistics verschillend van die in de tabel Estimated Marginal Means?
d Onderzoek wat de relatie is tussen het b-gewicht van [Vader=1] in de Parameter Estimates en de celgemiddelden in Estimated Marginal Means.
e Licht de conclusies toe (zie de leerdoelen en paragraaf 1.7.2) met de juiste gemiddelden en b-gewichten. Wat zeggen de conclusies erover?

f Stel, je kan kiezen uit vier personen van wie de vader wel of niet is veroordeeld en die tien jaar of nog nooit hebben gewerkt, in alle combinaties. Met wie zou je het liefst op vakantie gaan en wie zou je uitkiezen om samen de bank te beroven?

g Beschrijf hoe je SS(Model) zou kunnen berekenen met een MRA.

Univariate Analysis of Variance

Between-Subjects Factors

		N
vader: ooit veroordeeld	1	22
	2	69

Descriptive Statistics

Dependent Variable: aantal detenties

vader: ooit veroordeeld	Mean	Std. Deviation	N
1	3,41	2,44	22
2	2,57	2,10	69
Total	2,77	2,21	91

Tests of Between-Subjects Effects

Dependent Variable: aantal detenties

Source	Type III Sum of Squares	df	Mean Square	F	Sig.	Eta Squared
Corrected Model	64,839a	2	32,420	7,642	,001	,148
Intercept	589,971	1	589,971	139,072	,000	,612
WERK	52,960	1	52,960	12,484	,001	,124
VADER	2,643	1	2,643	,623	,432	,007
Error	373,314	88	4,242			
Total	1136,000	91				
Corrected Total	438,154	90				

a. R Squared = ,148 (Adjusted R Squared = ,129)

Parameter Estimates

Dependent Variable: aantal detenties

Parameter	B	Std. Error	t	Sig.	95% Confidence Interval Lower Bound	95% Confidence Interval Upper Bound	Eta Squared
Intercept	3,385	,340	9,969	,000	2,710	4,060	,530
WERK	-2,3E-02	,006	-3,533	,001	-3,6E-02	-1,0E-02	,124
[VADER=1]	,410	,519	,789	,432	-,622	1,441	,007
[VADER=2]	0a	,	,	,	,	,	,

a. This parameter is set to zero because it is redundant.

Figuren 4.11-4.14

Estimated Marginal Means

vader: ooit veroordeeld

Dependent Variable: aantal detenties

vader: ooit veroordeeld	Mean	Std. Error	95% Confidence Interval	
			Lower Bound	Upper Bound
1	3,080[a]	,449	2,188	3,972
2	2,670[a]	,250	2,174	3,166

a. Evaluated at covariates appeared in the model: aantal mnd. langst gewerkt (B) = 31,35.

Profile Plots

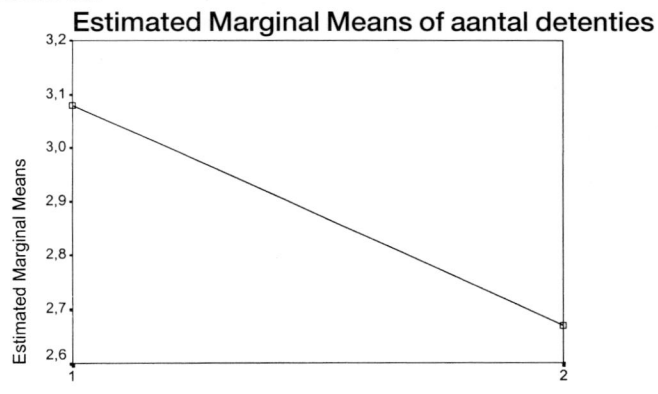

Estimated Marginal Means of aantal detenties

vader: ooit veroordeeld

Correlations

		aantal detenties	aantal mnd. langst gewerkt (B)
aantal detenties	Pearson Correlation	1,000	-,347**
	Sig. (2-tailed)	,	,000
	N	102	102
aantal mnd. langst gewerkt (B)	Pearson Correlation	-,347**	1,000
	Sig. (2-tailed)	,000	,
	N	102	102

**. Correlation is significant at the 0.01 level (2-tailed).

Figuren 4.15-4.17

Opgave 4.4 (computeropgave)

a Herhaal de covariantieanalyse uit paragraaf 4.6, over het aansturen van SPSS. Controleer of je output overeenstemt. De data staan in *psywel.sav*.

In de volgende onderdelen moet je de belangrijkste uitkomsten van onderdeel (a) reproduceren met Regression in plaats van GLM-Univariate.

b Maak de dummycodering voor Positie en type die in de data.
c Lees paragraaf 4.4.5. Doe met Regression een MRA en gebruik daarbij de twee covariaten en de twee dummy's als predictoren. Noteer $SS_{Regression}$ (= uitkomst 1).
d Met welke SS van GLM is uitkomst 1 vergelijkbaar? Zie eventueel paragraaf 1.6.
e Doe met Regression een tweede MRA, waarbij je Onzeker weglaat. Noteer weer $SS_{Regression}$ (= uitkomst 2).
f Bereken uit je twee uitkomsten nu $SS_{Onzeker}$.
g Controleer of jouw laatste resultaat overeenstemt met de output van GLM-Univariate.

Opgave 4.5 (computeropgave)

Open de data van het adeloscentieonderzoek (*adol.sav*).

a Onderzoek met GLM hoe eenzaamheid afhangt van cluster5, sekse, leeftijd, puberteitstatus en de puberteitsbeleving. Eerst moet je dus voor elke onafhankelijke variabele beslissen of het een *factor* dan wel een *covariaat* is. Lees daartoe in paragraaf 2.10 wat de betekenis van deze variabelen is. De betekenis van cluster5 staat *onder* de tabel. Bestudeer in paragraaf 4.4.1 waneer je iets als factor of als covariaat moet beschouwen. *Kijk naar de data*. Vergeet niet om de relevante gemiddelden te laten berekenen. Controle: F(cluster5 * sekse) = 1.250.
b Bepaal met Analyze > Correlate > Bivariate (niet met GLM dus) de correlaties tussen de covariaten en de afhankelijke variabele.
c Bewaar de output voor de volgende opgave.
d *Welke specifieke bronnen* (hoofdeffecten en interacties) denk je dat er getoetst zouden worden als puberteitstatus (foutief) wordt opgegeven als een factor? Bedenk dit eerst zelf; lees daarvoor paragraaf 4.2 of 4.4.4. Probeer het pas uit met SPSS *nadat* je de eerdere output hebt bewaard, je loopt het risico hem kwijt te raken. Waarom is de output zo immens?

Opgave 4.6 (verwerking van computeropgaven)

We gaan door op basis van de analyse van opgave 4.5.

a Schrijf voor zover mogelijk op grond van de output een elementair rapport. Het formuleren van de hypothesen is voor dit design niet expliciet behandeld, probeer het toch. Geef op zijn minst aan welke hypothesen getoetst zullen worden.
b Schrijf een beknopt rapport en licht daarbij de conclusies toe.

5 GLM met meerdere afhankelijke variabelen

5.1 Inleiding

Achtergrond
In het vorige hoofdstuk hebben we GLM voor één afhankelijke variabele beschouwd. Maar als je toch een hoop moeite hebt gedaan om proefpersonen te krijgen, waarom zou je ze dan niet gelijk op een heleboel variabelen meten? In dit hoofdstuk beschouwen we GLM voor **meerdere afhankelijke variabelen**. De rekenprocedure heet GLM-**Multivariate** in SPSS.

Doel
Na bestudering van dit hoofdstuk en het maken van de opgaven kun je, gegeven de data en de vraagstelling, met behulp van SPSS *GLM-Multivariate*:
- een **elementair rapport** maken van de GLM-analyse;
- een **beknopt rapport** maken van de GLM-analyse;
- de betekenis van de hypothesen of beslissingen **toelichten** met behulp van de geaggregeerde data;
- de analyse beschrijven en uitvoeren met behulp van een **eenvoudiger analyse**, namelijk GLM-Multivariate deels met GLM-Univariate.

Een elementair rapport bevat, net als eerdere analyses: **design**, mate van controle, geaggregeerde data (gemiddelden en correlaties), **hypothesen, toetsing, beslissingen**, causale interpretatie. De nadruk ligt op de vetgedrukte onderdelen. Ik ga ervan uit dat op het tentamen SPSS-output is gegeven of dat je de beschikking hebt over een computer met SPSS. Check dit bij jouw cursus.

Een beknopt rapport is een lopend verhaal en bevat: het design, de gekozen analyse, de belangrijkste elementen van de toetsing en de beslissingen.

Toelichten met behulp van de geaggregeerde data wil zeggen dat je de **steekproefwaarden noemt** van de gemiddelden waar de hypothese iets over zegt. Ook moet je desgevraagd kunnen aangeven **wat** de hypothese daar dan over zegt.

5.2 Samenvatting

We beschouwen hier designs:
- met **meerdere kwantitatieve, afhankelijke variabelen**;

- zonder within-subjectfactoren;
- met between-subjectfactoren en/of covariaten.

De SPSS-procedure die hiervoor geschikt is, is GLM-**Multivariate**. Bij het rapporteren heet zo'n analyse *multivariate ANOVA* of MANOVA.

Afhankelijke variabelen zijn variabelen waarvan je wilt weten waardoor ze worden beïnvloed. Om te spreken van meerdere afhankelijke variabelen **zonder within-subjectfactoren** is het nodig dat er per persoon meerdere scores zijn waarvan je de gemiddelden **onderling niet wilt vergelijken** omdat het niet relevant is voor de onderzoeksvraag. Als je bijvoorbeeld een test afneemt waarbij je kijkt naar (1) het aantal goede antwoorden dat iemand geeft en (2) het totaal aantal minuten dat iemand nodig heeft om de test te maken, dan zijn dat twee verschillende afhankelijke variabelen. Het is namelijk niet zinvol om te kijken of het aantal goede antwoorden groter is dan het aantal minuten.

Bij analyse van een design met meerdere afhankelijke variabelen ontstaat een onderscheid dat je nog niet kent: multivariate toetsen versus univariate toetsen. Dit onderscheid is geheel vergelijkbaar met het onderscheid tussen de 'algemene' en de 'specifieke' hypothesen, alleen gaat het nu over de afhankelijke variabelen in plaats van de onafhankelijke variabelen.

Bij een **multivariate toets** wordt het effect van de onafhankelijke variabele (of, algemener: de bron) op alle afhankelijke variabelen tegelijk onderzocht. De nulhypothese is dat de onafhankelijke variabele op **geen enkele** afhankelijke variabele effect heeft.

Bij een **univariate toets** wordt het effect van de onafhankelijke variabelen op één afhankelijke variabele onderzocht. De nulhypothese is dat de onafhankelijke variabele op **die** afhankelijke variabele geen effect heeft.

Bij de beslissingen is het nodig om altijd **eerst de multivariate toetsen** te evalueren. Pas als de multivariate toets significant is, mogen de univariate toetsen serieus worden genomen.

Bij de multivariate toetsen zijn er allerlei varianten die over hetzelfde gaan: *Pillai's Trace, Wilks' Lambda, Hotelling's Trace, Roy's Largest Root*. Je moet er één van kiezen en de anderen **negeren**. Kies Wilks' λ, want dat is de meestgebruikte. Deze toetsen worden altijd omgezet in een F-waarde, welke dan hetzelfde uitdrukt op een andere schaal. De F-waarde moet je rapporteren.

5.3 Kort voorbeeld van GLM-Multivariate

We gaan verder met het voorbeeld in paragraaf 4.3. Stel dat we naast Eenzaamheid ook voor Openheid voor nieuwe ervaringen en Non-conformisme willen onderzoeken hoe zij afhangen van Nationaliteit en Geboortejaar. De data staan in tabel 5.1.

Tabel 5.1

Subject	Nationaliteit	Geboortejaar	Eenzaamheid	Openheid	Non-conformisme
1	NL	72	7	165	27
2	NL	63	8	172	26
3	NL	70	7	178	20
4	B	75	6	135	11
5	B	74	5	144	35
6	B	77	6	147	17
7	D	82	1	116	20
8	D	79	2	124	34
9	D	81	1	120	18

Data uit zo'n design kun je analyseren met GLM-**Multivariate** uit SPSS, beter bekend als MANOVA (= multivariate ANOVA). Je geeft dan als de **afhankelijke variabelen** op: Eenzaamheid, Openheid en Non-conformisme. Daarnaast is er de **between-subjectfactor** Nationaliteit en de **covariaat** Geboortejaar. De procedure zal voor elk van de afhankelijke variabelen een ANOVA-tabel geven zoals in de vorige paragraaf. Dit noem je de **univariate toetsen**. Zij staan in tabel 5.2 tot en met tabel 5.4.

Tabel 5.2 ANOVA-tabel voor Eenzaamheid (4)

Source		SS	df	MS	F	p	R^2
	JAAR	0.595	1	0.595	2.116	.206	
	NATION	11.960	2	5.980	21.276	.004	
Model		58.150	3	19.383	68.963	.000	.976
Error		1.405	5	0.281			
Total		59.556	8				

Tabel 5.3 ANOVA-tabel voor Openheid

Source		SS	df	MS	F	p	R^2
	JAAR	7.163	1	7.163	0.191	.680	
	NATION	640.659	2	320.329	8.542	.024	
Model		4040.718	3	1346.906	35.917	.001	.956
Error		187.504	5	37.501			
Total		4228.222	8				

Tabel 5.4 ANOVA-tabel voor Non-conformisme

Source	SS	df	MS	F	p	R^2
JAAR	50.718	1	50.718	0.574	.483	
NATION	56.595	2	28.298	0.320	.740	
Model	70.940	3	23.647	0.268	.847	.138
Error	441.949	5	88.390			
Total	512.889	8				

Bovendien zal een tabel met zogenaamde **multivariate toetsen** worden gegeven. Hierbij worden alle afhankelijke variabelen **tegelijk** onderzocht. **De nulhypothese** is daarbij dat de onafhankelijke variabelen op **geen enkele** afhankelijke variabele effect heeft. In SPSS en andere programma's wordt die nulhypothese op allerlei manieren getoetst: *Pillai's Trace, Wilks' Lambda, Hotelling's Trace, Roy's Largest Root.* Die toetsen zijn min of meer gelijkwaardig. Het is echter gebruikelijk om naar **Wilks'** λ te kijken. Negeer de rest. De waarde van Wilks' λ wordt automatisch omgerekend naar een zogenaamde **multivariate F**. Daaruit wordt de *p*-waarde berekend. Zie tabel 5.5.

Tabel 5.5 Multivariate tests

Effect		Value	F	Hypothesis df	Error df	Sig.
JAAR	Wilks' Lambda	.571	.752	3.000	3.000	.590
NATION	Wilks' Lambda	.033	4.529	6.000	6.000	.044

Voor het effect van Geboortejaar is de *p*-waarde .590 en voor het effect van Nationaliteit is de *p*-waarde .044. Het eerste betekent dat Geboortejaar **geen** significant effect heeft op Eenzaamheid, Openheid **en** Non-conformisme (dat wil zeggen: het heeft op alledrie geen effect). Het tweede betekent dat Nationaliteit wel een significant effect heeft op Eenzaamheid **of** Openheid **of** Non-conformisme.

De **F-waarden**, ***df*s** en **p-waarden** van univariate en multivariate toetsen zet je in een **tabel**, zoals tabel 5.6. Dat is de tabel die je moet rapporteren. Hij bevat de belangrijkste uitkomsten van de bovenstaande tabellen. Horizontaal staan de bronnen en verticaal de afhankelijke variabelen. Andersom mag ook. Hoewel ik dat in tabel 5.6 niet heb gedaan, is het goed om ook nog in elke cel de waarde van R^2 **of** eta^2 te vermelden, behalve bij de multivariate toetsen.

Tabel 5.6 Toetsing

	Jaar	Nation
Eenzaam	$F(1,5) = 2.116$	$F(2,5) = 21.276**$
Open	$F(1,5) = 0.191$	$F(2,5) = 8.542*$
Nonconform	$F(1,5) = 0.574$	$F(2,5) = 0.320$
Multivariaat	**$F(3,3) = 0.752$**	**$F(6,6) = 4.529*$**

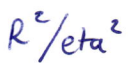

$* p < .05; ** p < .01; *** p < .001$

R^2 / eta^2

Bij de beslissingen kijk je voor elke bron **eerst naar de multivariate toets**, en **alleen als die significant is**, kijk je verder naar de meer specifieke univariate toetsen, om te zien bij welke afhankelijke variabelen het effect precies optreedt. In dit geval kunnen we het volgende concluderen. Er is geen significant effect van Jaar op Eenzaamheid, Openheid of Non-conformisme (multivariate $F(3,3) = 0.752$, $p = .590$). Er is wel een significant effect van Nationaliteit (multivariate $F(6,6) = 4.529$, $p = .044$) en bij de univariate toetsen uit zich dit in Eenzaamheid ($F(2,5) = 21.276$, $p = .004$) en Openheid ($F(2,5) = 8.542$, $p = .024$), maar niet in Non-conformisme ($F(2,5) = 0.320$, $p = .740$).

5.4 Elementair rapport van een MANOVA

Doorlopend voorbeeld
Farver, Welles-Nyström, Frosch, Wimbarti & Hoppe-Graff (1997) onderzochten het effect van cultuur op agressiviteit bij kinderen. Agressiviteit bij kinderen is vaak gerelateerd aan gebrekkige sociale competentie (Dodge, Petit, McClaskey & Brown, 1986) en daarom werd ook sociale competentie onderzocht. We beperken ons hier tot het laatste. In veel onderzoeken is gevonden dat jongens agressiever zijn dan meisjes. Er is gesuggereerd dat dit het gevolg is van geslachtsrolverschillen in de culturele normen. Als culturele normen of geslachtsrolstandaards meisjes aanmoedigen een expressieve rol aan te nemen (aardig, verzorgend, coöperatief, sensitief, empathisch) en jongens worden aangemoedigd een instrumentele rol te nemen (dominant, assertief, onafhankelijk, competitief), dan zou de agressiviteit van kinderen overeenkomstig variëren (Whiting & Edwards, 1988).

De culturen (landen) die onderzocht werden zijn:
1 Amerika (= de Verenigde Staten)
2 Duitsland
3 Zweden
4 Indonesië

De proefpersonen waren 120 kinderen van 4 jaar, 30 uit iedere cultuur, waarvan de helft meisjes. Er werd een groot aantal variabelen gemeten, maar we beperken ons hier tot sociale competentie. Dit werd gemeten door de leraar van het kind op 16 dimensies van sociale competentie een rating te laten geven van 1 (helemaal niet kenmerkend) tot 5 (zeer kenmerkend). Deze ratings werden opgeteld tot de volgende drie scores voor elk kind.

1. *Hesitant (HES)*: Het kind trekt zich terug uit activiteiten met leeftijdgenoten, kijkt toe in plaats van mee te doen en is verlegen met leeftijdsgenoten.
2. *Sociable (SOC)*: Het kind initieert en handhaaft spelactiviteiten en sociale interactie met leeftijdgenoten en het is behulpzaam naar andere kinderen.
3. *Difficult (DIF)*: Het kind is gemakkelijk van streek en reageert met woede als het wordt onderbroken door leeftijdgenoten; domineert, slaat, duwt en kwetst andere kinderen; is niet in staat te delen of beurt te nemen.

De data zien er schematisch uit als in tabel 5.7.

Tabel 5.7

Subject	Gender	Culture	HES	SOC	DIF
1	Girl	American	12	6	18
2	Girl	German	11	7	14
3	Girl	Swedish	14	7	19
4	Boy	Indonesian	13	8	22
5	Boy	American	12	7	17
...	...	...	...	...	...

5.4.1 Design

In het design vermeld je de afhankelijke variabelen en hun meetniveaus (kwantitatief), de between-subjectfactoren en hun niveaus, en de covariaten. In dit hoofdstuk zijn er steeds meerdere afhankelijke variabelen.

Voorbeeld

    afhankelijke variabele 1 = Hesitant (kwantitatief)
    afhankelijke variabele 2 = Sociable (kwantitatief)
    afhankelijke variabele 3 = Difficult (kwantitatief)
    between-subjectfactor 1 = Culture (American, German, Swedish, Indonesian)
    between-subjectfactor 2 = Gender (girl, boy)

Er is hier sprake van **drie afhankelijke variabelen**. De scores van de verschillende meetinstrumenten zijn namelijk onderling niet vergelijkbaar. Dit komt alleen al doordat de schalen een verschillende range hebben, doordat zij een verschillend aantal items bevatten. De schalen zijn dus niet vergelijkbaar. Het rangeverschil kan je overigens gemakkelijk verhelpen door te delen door het aantal items. Maar dan nog zijn de schalen niet vergelijkbaar, vind ik. De meningen daarover kunnen echter verschillen. Waar het om gaat is: die vergelijking is gewoon de vraagstelling niet.

5.4.2 Mate van controle

Bij de mate van controle bepaal je voor elke onafhankelijke variabele of hij experimenteel, dan wel passief-geobserveerd is.

Voorbeeld
De factor Culture is passief-geobserveerd. Gender is passief-geobserveerd.

5.4.3 Geaggregeerde data

De geaggregeerde data bevatten voor elke afhankelijke variabele de celgemiddelden. Vaak worden ook de standaardafwijkingen vermeld, en het aantal subjecten per cel.

Toelichting
De celgemiddelden moeten in ieder geval worden vermeld omdat de hypothesen daarover gaan. De overige statistieken zijn zaken waar weliswaar in de analyse rekening mee wordt gehouden, maar die (conceptueel) geen onderwerp van de hypothese zijn. In sommige artikelen worden ook nog andere statistieken gerapporteerd waarmee in de analyse rekening wordt gehouden: de samenhangen tussen alle variabelen. Dat zijn (a) de correlaties tussen de afhankelijke variabelen en, als er een covariaat is, (b) de correlaties covariaat-afhankelijke variabelen en (c) de celgemiddelden van de covariaat.

Voorbeeld
Deze celgemiddelden die in het artikel werden gerapporteerd staan in tabel 5.8. De randgemiddelden werden niet gerapporteerd. Je kan ze zelf berekenen uit de celgemiddelden. In het artikel zijn ook de *SD*'s vermeld, hier niet. Elke cel bevat vijftien subjecten.

Tabel 5.8

	Gender	Culture				Total
		American	German	Swedish	Indonesian	
Hesitant	Boy	12.67	13.00	11.47	12.67	
	Girl	11.93	12.26	12.20	14.53	
	total					
Sociable	Boy	7.93	6.00	7.00	8.26	
	Girl	7.67	5.73	7.73	8.87	
	total					
Difficult	Boy	15.60	15.80	22.33	12.53	
	Girl	14.86	13.67	15.53	11.33	
	total					

5.4.4 Hypothesen

Voor elke bron (factor, interactie of covariaat) is de **multivariate nulhypothese** dat de bron op geen enkele afhankelijke variabele een effect heeft. Voor elke bron met elke afhankelijke variabele is de **univariate nulhypothese** dat de bron op die afhankelijke variabele geen effect heeft.

Toelichting
De GLM-analyse kan met het analysediagram in figuur 5.1 worden geïllustreerd. De gedachte is dat de onafhankelijke variabelen invloed hebben op 'iets' dat zich kan uiten in Hesitant, Sociable en/of Difficult. Dat 'iets' noemt men een canonische variabele. Daar kan een exacte definitie van worden gegeven, maar dat doen we niet. Het plaatje is slechts bedoeld als geheugensteuntje bij het formuleren van de hypothesen.

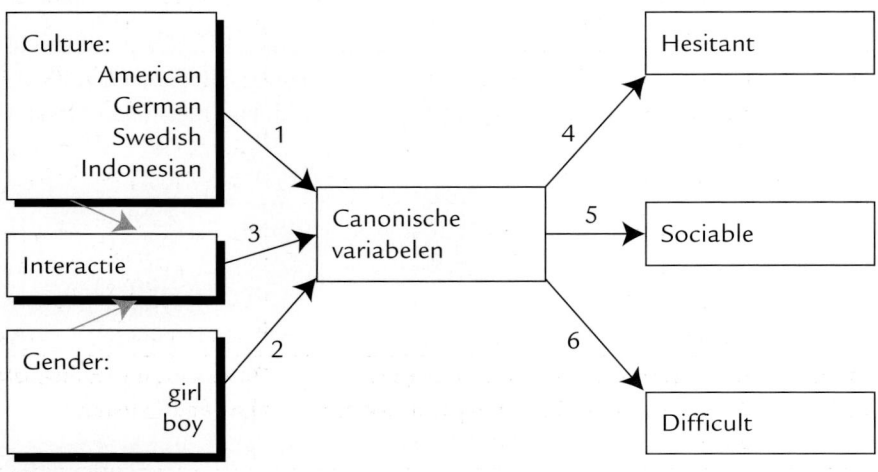

Figuur 5.1

GLM met meerdere afhankelijke variabelen   139

Bij een multivariate toets worden de afhankelijke variabelen **samen** gebruikt. Een significant effect betekent hier dat de groepen een verschillend gemiddelde hebben op Hesitant of Sociable of Difficult (en misschien op alledrie). Een niet-significant effect betekent dat de groepen ongeveer hetzelfde gemiddelde hebben op Hesitant en op Sociable en op Difficult.

Bij de univariate toetsen worden de afhankelijke variabelen **één voor één** gebruikt. Dus er wordt een analyse gedaan met Hesitant; er wordt een analyse gedaan met Sociable; er wordt een analyse gedaan met Difficult.

Terug naar de figuur. Links staan de **drie bronnen**: Culture, Gender en de interactie Culture × Gender. Rechts staan de **drie afhankelijke variabelen**: Hesitant, Sociable en Difficult. Voor elke combinatie Bron × Afhankelijke variabele is er één univariate toets. Dat zijn dus 3 x 3 = 9 univariate toetsen. Daarnaast is er voor elke bron één multivariate toets waarbij de afhankelijke variabelen zijn samengenomen. Samen zijn er dus 3 + 9 = 12 hypothesen die getoetst worden.

De hypothesen hebben steeds betrekking op een combinatie van pijlen. De univariate toets voor het hoofdeffect van Gender op Difficult gaat bijvoorbeeld over (pijl 2) ∗ (pijl 6). De multivariate toets voor Gender gaat over (pijl 2) ∗ (pijl 4 + 5 + 6).

Voorbeeld

De notatie is hetzelfde als in deel 3. Bijvoorbeeld $\mu_{Girl, \bullet}(HES)$ is het gemiddelde van $\mu_{Girl, American}(HES)$ en $\mu_{Girl, German}(HES)$ en $\mu_{Girl, Swedish}(HES)$ en $\mu_{Girl, Indonesian}(HES)$. De nulhypothesen staan in tabel 5.9.

Tabel 5.9

	Hoofdeffect Culture	*Hoofdeffect Gender*	*Interactie Culture × Gender*
HES	$\mu_{\bullet, American}(HES) =$ $\mu_{\bullet, German}(HES) =$ $\mu_{\bullet, Swedish}(HES) =$ $\mu_{\bullet, Indonesian}(HES)$	$\mu_{Girl, \bullet}(HES) =$ $\mu_{Boy, \bullet}(HES)$	$\mu_{Boy, American}(HES) - \mu_{Girl, American}(HES) =$ $\mu_{Boy, German}(HES) - \mu_{Girl, German}(HES) =$ $\mu_{Boy, Swedish}(HES) - \mu_{Girl, Swedish}(HES) =$ $\mu_{Boy, Indonesian}(HES) - \mu_{Girl, Indonesian}(HES)$
SOC	$\mu_{\bullet, American}(SOC) =$ $\mu_{\bullet, German}(SOC) =$ $\mu_{\bullet, Swedish}(SOC) =$ $\mu_{\bullet, Indonesian}(SOC)$	$\mu_{Girl, \bullet}(SOC) =$ $\mu_{Boy, \bullet}(SOC)$	$\mu_{Boy, American}(SOC) - \mu_{Girl, American}(SOC) =$ $\mu_{Boy, German}(SOC) - \mu_{Girl, German}(SOC) =$ $\mu_{Boy, Swedish}(SOC) - \mu_{Girl, Swedish}(SOC) =$ $\mu_{Boy, Indonesian}(SOC) - \mu_{Girl, Indonesian}(SOC)$
DIF	$\mu_{\bullet, American}(DIF) =$ $\mu_{\bullet, German}(DIF) =$ $\mu_{\bullet, Swedish}(DIF) =$ $\mu_{\bullet, Indonesian}(DIF)$	$\mu_{Girl, \bullet}(DIF) =$ $\mu_{Boy, \bullet}(DIF)$	$\mu_{Boy, American}(DIF) - \mu_{Girl, American}(DIF) =$ $\mu_{Boy, German}(DIF) - \mu_{Girl, German}(DIF) =$ $\mu_{Boy, Swedish}(DIF) - \mu_{Girl, Swedish}(DIF) =$ $\mu_{Boy, Indonesian}(DIF) - \mu_{Girl, Indonesian}(DIF)$
Multivariaat	**Bovenstaande nulhypothesen zijn alledrie waar.**	**Bovenstaande nulhypothesen zijn alledrie waar.**	**Bovenstaande nulhypothesen zijn alledrie waar.**

De betekenis hiervan kan worden geïllustreerd met de gemiddelden van de geaggregeerde data. We beschouwen eerst de **univariate hypothesen van Culture**. De nulhypothese zegt steeds dat de omlijnde gemiddelden in tabel 5.10 gelijk aan elkaar zouden zijn wanneer zij over de hele populatie waren vastgesteld.

Tabel 5.10 De gemiddelden waar de nulhypothesen voor Culture betrekking op hebben

	Gender	American	German	Swedish	Indonesian	Total
Hesitant	Boy	12.67	13.00	11.47	12.67	
	Girl	11.93	12.26	12.20	14.53	
	total	12.30	12.63	11.84	13.60	H_0(HES : Culture)
Sociable	Boy	7.93	6.00	7.00	8.26	
	Girl	7.67	5.73	7.73	8.87	
	total	7.80	5.87	7.37	8.57	H_0(SOC : Culture)
Difficult	Boy	15.60	15.80	22.33	12.53	
	Girl	14.86	13.67	15.53	11.33	
	total	15.23	14.74	18.93	11.93	H_0(DIF : Culture)

Deze nulhypothesen kunnen onofficieel als volgt worden opgeschreven. Met de aanhalingstekens bedoelen we hier dat we een steekproefgemiddelde hebben ingevuld, maar dat de hypothese eigenlijk gaat over het overeenkomstige, onbekende populatiegemiddelde. Deze notatie is geen conventie.

H_0(Hesitant : Culture): '12.30 = 12.63 = 11.84 = 13.60'
H_0(Sociable : Culture): '7.80 = 5.87 = 7.37 = 8.57'
H_0(Difficult : Culture): '15.23 = 14.74 = 18.93 = 11.93'

Dat zijn de univariate nulhypothesen voor Culture. Elk van deze nulhypothesen heeft betrekking op slechts één afhankelijke variabele. Alsof die andere er helemaal niet zijn. Elk van deze nulhypothesen kunnen we daarom toetsen met een gewone ANOVA.

Daarnaast is er echter ook een **multivariate nulhypothese voor Culture**. Die heeft betrekking op alle afhankelijke variabelen samen. Hij zegt dat de bovenstaande univariate nulhypothesen alledrie waar zijn:

H_0(Multivariaat : Culture): H_0(Hesitant : Culture)   en
H_0(Sociable : Culture)   en
H_0(Difficult : Culture)   zijn waar

Oftewel, om het onofficieel te zeggen:

'12.30 = 12.63 = 11.84 = 13.60' **en**
'7.80 = 5.87 = 7.37 = 8.57' **en**
'15.23 = 14.74 = 18.93 = 11.93'

Nu moet je opletten. De meeste mensen kunnen wel onthouden dat de multivariate nulhypothese over alle afhankelijke variabelen samen gaat. Maar als je het zo onthoudt, loop je kans de zaken door elkaar te halen. Er wordt namelijk **niet** getoetst of de afhankelijke variabelen hetzelfde gemiddelde hebben! Kijk maar naar tabel 5.10 met de stripballonnen. De gemiddelden binnen een ballon moeten gelijk aan elkaar zijn. Dat geldt voor alledrie de ballonnen. Maar de gemiddelden uit verschillende ballonnen hoeven niet gelijk aan elkaar te zijn. Bijvoorbeeld, de gemiddelden op Hesitant (eerste ballon) hoeven niet gelijk te zijn aan de gemiddelden op Sociable (tweede ballon). Dat waren immers onvergelijkbare maten. Vonden we.

Een voorbeeld van dit laatste zie je in tabel 5.11 met fictieve gemiddelden. Als dit de populatiegemiddelden zouden zijn, dan zouden de univariate nulhypothesen van Culture alledrie waar zijn. En dus zou ook de multivariate nulhypothese van Culture waar zijn. Maar de drie afhankelijke variabelen hebben absoluut niet hetzelfde gemiddelde.

Tabel 5.11

	Gender	Culture				Total
		American	German	Swedish	Indonesian	
Hesitant	Boy					
	Girl					
	total	12.25	12.25	12.25	12.25	H_0(HES : Culture)
Sociable	Boy					
	Girl					
	total	7.75	7.75	7.75	7.75	H_0(SOC : Culture)
Difficult	Boy					
	Girl					
	total	15.20	15.20	15.20	15.20	H_0(DIF : Culture)

We beschouwen nu kort de nulhypothesen betreffende Gender. Zij hebben betrekking op de gemiddelden in de rechterkolom van de geaggregeerde data. Dat is in tabel 5.12 aangegeven. Verder is het verhaal analoog. De nulhypothese zegt steeds dat de gemiddelden binnen een ballon eigenlijk gelijk aan elkaar zijn.

Tabel 5.12 De gemiddelden waar de nulhypothesen voor Gender betrekking op hebben

	Gender	Culture				Total	
		American	German	Swedish	Indonesian		
Hesitant	Boy	12.67	13.00	11.47	12.67	12.45	
	Girl	11.93	12.26	12.20	14.53	12.73	H_0(HES : Gender)
	total						
Sociable	Boy	7.93	6.00	7.00	8.26	7.30	
	Girl	7.67	5.73	7.73	8.87	7.50	H_0(SOC : Gender)
	total						
Difficult	Boy	15.60	15.80	22.33	12.53	16.57	
	Girl	14.86	13.67	15.53	11.33	13.85	H_0(DIF : Gender)
	total						

Ten slotte beschouwen we de **nulhypothesen voor de interactie**. Herinner je dat een interactie-nulhypothese zegt dat de **verschillen tussen celgemiddelden** consistent zijn over rijen en kolommen.

Tabel 5.13

	Gender	Culture				Total	
		American	German	Swedish	Indonesian		
Hesitant	Boy	12.67	13.00	11.47	12.67		
	Girl	11.93	12.26	12.20	14.53		H_0(HES : Gender × Culture)
	total						
Sociable	Boy	7.93	6.00	7.00	8.26		
	Girl	7.67	5.73	7.73	8.87		H_0(SOC : Gender × Culture)
	total						
Difficult	Boy	15.60	15.80	22.33	12.53		
	Girl	14.86	13.67	15.53	11.33		H_0(DIF : Gender × Culture)
	total						

De eerste univariate nulhypothese voor de interactie is nu:

H_0(Hesitant : Gender × Culture): '12.67 - 11.93
= 13.00 - 12.26
= 11.47 - 12.20
= 12.67 - 14.53'

Je kan dit ook formuleren als:

H_0(Hesitant : Gender × Culture): '12.67 - 13.00 = 11.93 - 12.26 **en**
13.00 - 11.47 = 12.26 - 12.20 **en**
11.47 - 12.67 = 12.20 - 14.53'

Merk op dat in de laatste formulering het woord 'en' staat. Hoewel het univariaat is. Maar eigenlijk staat in de eerste formulering ook 'en', want die moet je lezen als 12.67 - 11.93 = 13.00 - 12.26 **en** 13.00 - 12.26 = 11.47 - 12.20 **en** 11.47 - 12.20 = 12.67 - 14.53.

De overige univariate nulhypothesen van interactie zijn analoog. Zij gaan steeds over de verschillen tussen de celgemiddelden bij één afhankelijke variabele.

De **multivariate nulhypothese voor interactie** zegt dat de bijbehorende univariate nulhypothesen alledrie waar zijn:

H_0(Multivariaat : Gender × Culture): H_0(HES : Gender × Culture) **en**
H_0(SOC : Gender × Culture) **en**
H_0(DIF : Gender × Culture) zijn
waar

5.4.5 Toetsing

De berekeningen van de multivariate toetsen zijn te moeilijk om in deze cursus te behandelen. Je moet het overlaten aan SPSS of een ander programma. Voor elke multivariate toets wordt de F-waarde gerapporteerd die van Wilks' λ (of eventueel Pillai's trace) is afgeleid, en ook hun dfs en p-waarde. Voor elke univariate toets wordt de F-waarde gerapporteerd, en ook de dfs en p-waarde en eta^2.

Toelichting
Bij de univariate toetsen wordt voor elke afhankelijke variabele een hele ANOVA-tabel berekend, maar het wordt teveel om dat allemaal te rapporteren. Meestal beperkt men zich tot de belangrijkste elementen van de ANOVA-tabel: F, df, p, eta^2.

De multivariate toets van een bron gaat over de afhankelijke variabelen samen. Daarvoor worden diverse toetsingsgrootheden berekend, die echter min of meer gelijkwaardig zijn. Je moet er één van kiezen. Elk van de toetsingsgrootheden heeft echter zijn eigen voor- en nadelen. Zo heeft Wilks' λ het voordeel dat hij meestal gevoeliger is voor schendingen van de nulhypothese, maar Pillai's trace heeft het voordeel dat hij robuuster is bij schendingen van normaalverdeeldheid, ongelijke celvarianties en ongelijke frequenties. Er is dus vanuit de statistiek geen eenvoudige regel te geven over welke toetsingsgrootheid je moet gebruiken. Er is echter wel een *traditie*: in verreweg de meeste artikelen wordt Wilks' λ gebruikt, dus dat is de toetsingsgrootheid die je moet gebruiken, tenzij er redenen zijn om iets anders te doen.

Elk van de multivariate toetsingsgrootheden wordt omgezet in een benaderende F-waarde. Het is deze F-waarde die je moet rapporteren (eveneens uit traditie).

De waarde $1 - \lambda$ kan worden geïnterpreteerd als 'multivariate proportie verklaarde variantie'. Hij wordt echter zelden gerapporteerd. Bovendien zijn er ook argumenten om te zeggen dat de multivariate proportie verklaarde variantie moet worden berekend als $1 - \lambda^{1/s}$, waarbij s het aantal afhankelijke variabelen is.

Voorbeeld
Zie tabel 5.14. De eta^2-waarden werden in het artikel niet gerapporteerd. Zij zijn door mij berekend uit de gerapporteerde F-waarden. De vraagtekens in de tabel staan voor waarden die niet werden gerapporteerd. Deze moet je normaal wel invullen.

Tabel 5.14

	Hoofdeffect Culture	Hoofdeffect Gender	Interactie Culture × Gender
Hesitant	$F(3,112) = 2.06$ $eta^2 = .05$	$F(1,112) = 0.29$ $eta^2 = .00$	$F(3,112) = 1.47$ $eta^2 = .04$
Sociable	$F(3,112) = 16.63***$ $eta^2 = .31$	$F(1,112) = 0.52$ $eta^2 = .00$	$F(3,112) = 0.94$ $eta^2 = .02$
Difficult	$F(3,112) = 9.24***$ $eta^2 = .20$	$F(1,112) = 8.24**$ $eta^2 = .07$	$F(3,112) = 2.16$ $eta^2 = .05$
Multivariaat	$F(9,336) = 9.61***$	$F(3,110) = 3.61*$	$F(?,?) = ?$

$* p < .05; ** p < .01; *** p < .001$

Omdat niet wordt behandeld hoe je de multivariate F zelf zou moeten berekenen, heeft deze wat ongrijpbaars. Je kan hem vereenvoudigd voorstellen als **een soort gemiddelde van univariate Fs**. De univariate Fs worden berekend zoals behandeld in deel 3 van deze serie. Herinner je dat een univariate F naar verwachting ongeveer 1 is als de nulhypothese waar is, en groter dan 1 als de nulhypothese onwaar is. Dus als alle specifieke nulhypothesen van een bron waar zijn, dan zijn de univariate Fs ongeveer 1. Dan is de multivariate F ook ongeveer 1, want $(1 + 1 + 1) / 3 = 1$. Als daarentegen één van de specifieke nulhypothesen onwaar is, dan zal de bijbehorende univariate F groter zijn dan 1, bijvoorbeeld 17. Dan is de multivariate F ook groter dan 1, want $(17 + 1 + 1) / 3 = 6.33$.

5.4.6 Beslissingen

In de beslissingen worden de conclusies over de hypothesen beschreven.
1 Per bron moet **eerst de multivariate toets** worden besproken. **Uitsluitend** als die significant is, worden de bijbehorende univariate toetsen besproken.
2 De beslissingen moeten worden **verwoord** in termen van het onderzoek en moeten zelfstandig leesbaar zijn. Benoem dus de afhankelijke en onafhankelijke variabelen.
3 De **sterkte van de significante univariate effecten** moet worden beoordeeld uit R^2 of eta^2. Voor non-significante effecten moet deze beoordeling achterwege blijven.
4 Als een effect niet-significant is terwijl R^2 matig of groot is, is misschien **het aantal subjecten** te klein. Dat moet je dan opmerken.

Toelichting
Verwerpen van de multivariate nulhypothese betekent dat er een effect is op ten minste één afhankelijke variabele. Dus op variabele1 **of** variabele2 **of** ... Terwijl je bij de nulhypothese steeds 'en' moet gebruiken, moet je bij de alternatieve hypothese steeds 'of' gebruiken. **Niet (A en B)** betekent **(niet A) of (niet B)**!

Het beste is om eerst de interactiebron te bespreken, want de aanwezigheid daarvan verandert de interpretatie van de hoofdeffecten. Verder moeten de beslissingen in een gestructureerde volgorde worden besproken. Dat wil zeggen: per bron of per afhankelijke variabele.

De regel dat je in eerste instantie slechts naar de multivariate toets moet kijken, is er om de kans op een type I-fout onder controle te houden. Die zou anders steeds groter worden, naarmate je meer afhankelijke variabelen neemt. Voor elke afhankelijke variabele doe je immers een toets met een foutkans van 5%.

Bij dit laatste moet worden opgemerkt dat de multivariate toets van MANOVA niet altijd de beste manier is om dat te doen. Als de afhankelijke variabelen in elke groep ongecorreleerd zijn, kun je beter volstaan met univariate ANOVA's en daarop een correctie uitvoeren (Tabachnick & Fidell, 2001b).

Voorbeeld
De conclusies in het voorbeeld staan in tabel 5.15.

Tabel 5.15

	Hoofdeffect Culture	Hoofdeffect Gender	Interactie Culture × Gender
Hesitant	Culture heeft geen sign. effect op Hesistant.	Gender heeft geen sign. effect op Hesistant.	
Sociable	Culture heeft sign. effect op Sociable. Dit effect is sterk.	Gender heeft geen sign. effect op Sociable.	
Difficult	Culture heeft sign. effect op Difficult. Dit effect is matig.	Gender heeft sign. effect op Difficult. Dit effect is zwak.	
Multivariaat	Culture heeft sign. effect op sociale competentie (HES of SOC of DIF)	Gender heeft sign. effect op sociale competentie (HES of SOC of DIF)	Er is geen sign. interactie voor sociale competentie (HES en SOC en DIF)

Merk op dat *bij de non-significante effecten niet wordt beoordeeld hoe sterk het effect is*. Dat zou ook onzin zijn, want er is net besloten dat het effect 0 is. Dan moet je er niet achteraan schrijven dat het een beetje groter dan 0 is. Ook als *eta²* matig of sterk is, moet je dat niet doen. Wel moet je dan schrijven dat N te klein is.

Merk verder op dat bij de multivariate effecten niet wordt vermeld hoe sterk het effect is. Daar ben je echter vrij in. Er zijn auteurs die dat wel doen.

Voor een elementair rapport is zo'n tabel de handigste manier om de vele conclusies overzichtelijk weer te geven. In een artikel is het echter gebruikelijk om de conclusies te bespreken in een gestructureerde tekst, zoals hieronder.

Interactie Culture × Gender
Er is geen significant interactie-effect op sociale competentie (dat wil zeggen niet op Hesitant en niet Sociable en niet op Difficult): de multivariate F is niet-significant. (De betreffende univariate toetsen worden daarom niet besproken.) De effecten van *Gender* zijn dus consistent over de *Culture* groepen, en omgekeerd.

Hoofdeffect Culture
De cultuur heeft significant effect op sociale competentie (dat wil zeggen Hesitant of Sociable of Difficult): multivariate $F(9,336) = 9.61$, $p < .001$. Dit effect komt niet tot uiting in Hesitant, maar wel in Sociable en Difficult (beide $ps < .001$). Het effect op Sociable is sterk ($eta^2 = .31$), op Difficult matig ($eta^2 = .20$).

Hoofdeffect Gender
Gender heeft significant effect op sociale competentie (dat wil zeggen Hesitant of Sociable of Difficult): multivariate $F(3,110) = 3.61$, $p < .05$. Dit effect komt alleen tot uiting in Difficult ($p < .01$) en dat effect is zwak te noemen ($eta^2 = .07$).

5.4.7 Causale interpretatie

Geef voor **ten minste één bron met één afhankelijke variabele** een causale interpretatie, bij wijze van voorbeeld.

Voorbeeld
De factor Culture was passief-geobserveerd. Er zijn daarom meerdere verklaringen mogelijk voor de gevonden effecten. De primaire verklaring is dat cultuur invloed heeft op sociale competentie. Een alternatieve verklaring is dat de verschillen in gemiddelden het gevolg zijn van genetische verschillen tussen de volkeren of van klimaatverschillen tussen de landen (potentieel storende variabelen).

De factor Gender was passief-geoberveerd. De primaire verklaring voor het feit dat jongetjes moeilijker zijn dan meisjes is dat dit komt door het verschil in geslacht. Een alternatieve verklaring is hier niet voor te geven, omdat geslacht nauwelijks onder invloed van andere factoren staat. Inhoudelijk kan men zich weliswaar afvragen of het verschil genetisch bepaald is, dan wel een gevolg is van cultureel bepaalde geslachtsrollen. Beide verklaringen zijn mijns inziens echter varianten van de primaire verklaring. Binnen een bepaalde cultuur zou de toekenning van de geslachtrol nog steeds gebeuren in reactie op het geslacht van het kind.

5.4.8 Samenvatting: elementair rapport van een MANOVA

Design: afhankelijke variabele 1 = Hesitant (kwantitatief)
afhankelijke variabele 2 = Sociable (kwantitatief)
afhankelijke variabele 3 = Difficult (kwantitatief)
between-subjectfactor 1 = Culture (American, German, Swedish, Indonesian)
between-subjectfactor 2 = Gender (boy, girl)

Mate van controle: De factoren Culture en Gender zijn beide passief-geobserveerd.

Geaggregeerde data:

Tabel 5.16

	Gender	American	German	Swedish	Indonesian	Total
Hesitant	Boy	12.67	13.00	11.47	12.67	12.45
	Girl	11.93	12.26	12.20	14.53	12.73
	total	12.30	12.63	11.84	13.60	12.59
Sociable	Boy	7.93	6.00	7.00	8.26	7.30
	Girl	7.67	5.73	7.73	8.87	7.50
	total	7.80	5.87	7.37	8.57	7.40
Difficult	Boy	15.60	15.80	22.33	12.53	16.57
	Girl	14.86	13.67	15.53	11.33	13.85
	total	15.23	14.74	18.93	11.93	15.21

Hypothesen (nulhypothesen):

Tabel 5.17

	Hoofdeffect Culture	Hoofdeffect Gender	Interactie Culture × Gender
HES	$\mu_{\bullet\text{American}}(\text{HES}) =$ $\mu_{\bullet\text{German}}(\text{HES}) =$ $\mu_{\bullet\text{Swedish}}(\text{HES}) =$ $\mu_{\bullet\text{Indonesian}}(\text{HES})$	$\mu_{\text{Girl}\bullet}(\text{HES}) =$ $\mu_{\text{Boy}\bullet}(\text{HES})$	$\mu_{\text{Boy, American}}(\text{HES}) - \mu_{\text{Girl, American}}(\text{HES}) =$ $\mu_{\text{Boy, German}}(\text{HES}) - \mu_{\text{Girl, German}}(\text{HES}) =$ $\mu_{\text{Boy, Swedish}}(\text{HES}) - \mu_{\text{Girl, Swedish}}(\text{HES}) =$ $\mu_{\text{Boy, Indonesian}}(\text{HES}) - \mu_{\text{Girl, Indonesian}}(\text{HES})$
SOC	$\mu_{\bullet\text{American}}(\text{SOC}) =$ $\mu_{\bullet\text{German}}(\text{SOC}) =$ $\mu_{\bullet\text{Swedish}}(\text{SOC}) =$ $\mu_{\bullet\text{Indonesian}}(\text{SOC})$	$\mu_{\text{Girl}\bullet}(\text{SOC}) =$ $\mu_{\text{Boy}\bullet}(\text{SOC})$	$\mu_{\text{Boy, American}}(\text{SOC}) - \mu_{\text{Girl, American}}(\text{SOC}) =$ $\mu_{\text{Boy, German}}(\text{SOC}) - \mu_{\text{Girl, German}}(\text{SOC}) =$ $\mu_{\text{Boy, Swedish}}(\text{SOC}) - \mu_{\text{Girl, Swedish}}(\text{SOC}) =$ $\mu_{\text{Boy, Indonesian}}(\text{SOC}) - \mu_{\text{Girl, Indonesian}}(\text{SOC})$
DIF	$\mu_{\bullet\text{American}}(\text{DIF}) =$ $\mu_{\bullet\text{German}}(\text{DIF}) =$ $\mu_{\bullet\text{Swedish}}(\text{DIF}) =$ $\mu_{\bullet\text{Indonesian}}(\text{DIF})$	$\mu_{\text{Girl}\bullet}(\text{DIF}) =$ $\mu_{\text{Boy}\bullet}(\text{DIF})$	$\mu_{\text{Boy, American}}(\text{DIF}) - \mu_{\text{Girl, American}}(\text{DIF}) =$ $\mu_{\text{Boy, German}}(\text{DIF}) - \mu_{\text{Girl, German}}(\text{DIF}) =$ $\mu_{\text{Boy, Swedish}}(\text{DIF}) - \mu_{\text{Girl, Swedish}}(\text{DIF}) =$ $\mu_{\text{Boy, Indonesian}}(\text{DIF}) - \mu_{\text{Girl, Indonesian}}(\text{DIF})$
Multi-variaat	**Bovenstaande nulhypothesen zijn alledrie waar.**	**Bovenstaande nulhypothesen zijn alledrie waar.**	**Bovenstaande nulhypothesen zijn alledrie waar.**

Toetsing:

Tabel 5.18

	Hoofdeffect Culture	Hoofdeffect Gender	Interactie Culture × Gender
Hesitant	$F(3,112) = 2.06$ $eta^2 = .05$	$F(1,112) = 0.29$ $eta^2 = .00$	$F(3,112) = 1.47$ $eta^2 = .04$
Sociable	$F(3,112) = 16.63***$ $eta^2 = .31$	$F(1,112) = 0.52$ $eta^2 = .00$	$F(3,112) = 0.94$ $eta^2 = .02$
Difficult	$F(3,112) = 9.24***$ $eta^2 = .20$	$F(1,112) = 8.24**$ $eta^2 = .07$	$F(3,112) = 2.16$ $eta^2 = .05$
Multivariaat	$F(9,336) = 9.61***$	$F(3,110) = 3.61*$	$F(?, ?) = ?$

* $p < .05$; ** $p < .01$; *** $p < .001$

Beslissingen:

Tabel 5.19

	Hoofdeffect Culture	Hoofdeffect Gender	Interactie Culture × Gender
Hesitant	Culture heeft geen sign. effect op Hesitant.	Gender heeft geen sign. effect op Hesitant.	
Sociable	Culture heeft sign. effect op Sociable. Dit effect is sterk.	Gender heeft geen sign. effect op Sociable.	
Difficult	Culture heeft sign. effect op Difficult. Dit effect is matig.	Gender heeft sign. effect op Difficult. Dit effect is zwak.	
Multivariaat	**Culture heeft sign. effect op sociale competentie (HES of SOC of DIF)**	**Gender heeft sign. effect op sociale competentie (HES of SOC of DIF)**	**Er is geen sign. interactie voor sociale competentie (HES en SOC en DIF)**

Causale interpretatie De factor Culture was passief-geobserveerd. Er zijn daarom meerdere verklaringen mogelijk voor de gevonden effecten. De primaire verklaring is dat cultuur invloed heeft op sociale competentie. Een alternatieve verklaring is dat de verschillen in gemiddelden het gevolg zijn van genetische verschillen tussen de volkeren of van klimaatverschillen tussen de landen (potentieel storende variabelen).

De factor Gender was passief-geobserveerd. De primaire verklaring voor het feit dat jongetjes moeilijker zijn dan meisjes is dat dit komt door het verschil in geslacht. Een alternatieve verklaring is hier niet voor te geven, omdat geslacht nauwelijks onder invloed van andere factoren staat.

5.5 Beknopt rapport van een MANOVA

Een beknopt rapport is een lopend verhaal met:
- het design;
- de naam van de analyse;
- de toetsing (F, dfs, en p-waarden; R^2 of eta^2);
- de beslissingen;
- eventueel, of als gevraagd, toelichting van specifieke beslissingen met de cel- of randgemiddelden.

De analyse wordt aangeduid als *multivariate variantieanalyse* of *MANOVA*.

Voorbeeld
(De gedeelten toelichting zijn gecursiveerd.)
Er werd een 4 (Culture: American, German, Swedish, Indonesian) x 2 (Gender: boy, girl) MANOVA gedaan met drie maten voor sociale competentie (Hesitant, Sociable en Difficult) als afhankelijke variabelen. De resultaten waren als volgt.

Interactie Culture × Gender
Er is geen significant interactie-effect op sociale competentie: de multivariate F is niet-significant. (De F- en p-waarde werden in dit artikel niet vermeld, dat had wel gemoeten volgens de regels van dit boek.) We mogen dus aannemen dat de effecten van Gender consistent zijn over de Culture groepen, en omgekeerd.

Culture
Culture heeft een significant effect op sociale competentie: multivariate $F(9,336)$ = 9.61, $p < .001$. Bij de univariate toetsen komt dit effect niet tot uiting in Hesitant ($F(3,112)$ = 2.06, $p > .05$) maar sterk in Sociable ($F(3,112)$ = 16.63, $p < .001$,

$eta^2 = .31$) en matig in Difficult ($F(3,112) = 9.24$, $p < .001$, $eta^2 = .20$). *De Zweedse kinderen waren gemiddeld het moeilijkst ($M = 18.93$) en de Indonesische kinderen het minst moeilijk ($M = 11.93$). Op sociabiliteit scoorden Indonesische kinderen juist het hoogst ($M = 8.57$) en de Duitse het laagst ($M = 5.87$).*

Gender
Gender heeft een significant effect op sociale competentie: multivariate $F(3,110) = 3.61$, $p < .05$. Dit effect komt niet tot uiting in Hesitant en Sociable (univariate $F(1,112) = 0.29$ en 0.52, niet-significant), maar wel, zwak, in Difficult ($F(1,112) = 8.24$, $p < .01$, $eta^2 = .07$). *Uit de betreffende gemiddelden blijkt verder dat jongetjes moeilijker zijn ($M = 16.57$) dan meisjes ($M = 13.85$).*

Stel dat er een significante interactie was gevonden, die zich alleen uitte in Difficult. Dan zou de toelichting van de interactie zijn: *Het verschil in de gemiddelde moeilijkheid van jongetjes en meisjes was het grootst in Zweden (respectievelijk m = 22.33 en 15.53) en het kleinst in Amerika (respectievelijk m = 15.60 en 14.86).*

5.6 Aansturen van SPSS GLM-Multivariate

Dit is vrijwel hetzelfde als bij GLM-Univariate.

Zeggen dat je meerdere afhankelijke variabelen hebt:
1 Kies **Analyze** > **General Linear Model** > **Multivariate** ...

Vertellen wat de afhankelijke variabelen zijn:
2 Selecteer links de naam van een afhankelijke variabele.
3 Klik naast **Dependent Variables:** op ▶. De naam wordt dan rechts gezet.
4 Herhaal dit voor de andere afhankelijke variabelen.

Vertellen wat de between-subjectfactoren zijn:
5 Selecteer links de naam van de factor.
6 Klik naast **Fixed Factor(s):** op ▶. De naam wordt dan rechts gezet.
7 Herhaal dit voor de andere factoren.

Vertellen wat de covariaten zijn:
8 Selecteer links de naam van de covariaat.
9 Klik naast **Covariate(s):** op ▶. De naam wordt dan rechts gezet.
10 Herhaal dit voor de andere covariaten.

Vertellen welke aanvullende statistieken je wilt:
11 Klik op **Options** ... Je krijgt een nieuw dialoogvenster.
 • Klik bij **Estimated Marginal Means**, **F**actor(s) and Factor Interactions op

de naam van de factor(en), en dan op ▶. Daarmee vraag je om de gecorrigeerde randgemiddelden.
- Klik bij Display op **De̲scriptive statistics** en **E̲stimates of effect size** (er moet ▶ (voor staan). Daarmee vraag je om celgemiddelden en eta^2.
- Eventueel, als je de b-gewichten wilt hebben, moet je klikken op Parameter estimates. Die moet je willen als er covariaten zijn.

12 Klik op Continue.

Vertellen welke plots je wilt:

13 Klik op **Plo̲ts ...** Je krijgt een nieuw dialoogvenster.
- Klik onder **F̲actors:** op een factor, en naast **H̲orizontal Axis:** op ▶.
- Als er een tweede factor is, selecteer die dan ook en klik naast **S̲eparate Lines:** op ▶.
- Klik op **A̲dd**.

Het rekenen laten beginnen:

14 Klik op Continue en OK tot je je zin krijgt.

Voorbeeld

Als voorbeeld nemen we hetzelfde datasetje als in de vorige paragraaf, met de variabelen Psywel, Positie, Onzeker en Steun. Omdat dit onderzoek passief-observerend is, zou je net zo goed kunnen beweren dat onzekerheid over de arbeidsplaats en sociale steun afhangen van de positie, net zoals psychisch welbevinden dat zou doen. Wie hoog geplaatst is, heeft meestal weinig te vrezen als er ontslagen vallen. Bovendien geeft een hoge positie je veel status waardoor je populair wordt en veel sociale steun ontvangt. Of niet? In ieder geval gaan we dat nu even onderzoeken. Het design is nu dus:

afhankelijke variabele 1 = Psychisch welbevinden (kwantitatief)
afhankelijke variabele 2 = Onzekerheid over de arbeidsplaats (kwantitatief)
afhankelijke variabele 3 = Steun (kwantitatief)
between-subjectfactor = Positie (hoog, midden, laag)
covariaten geen

GLM met meerdere afhankelijke variabelen   153

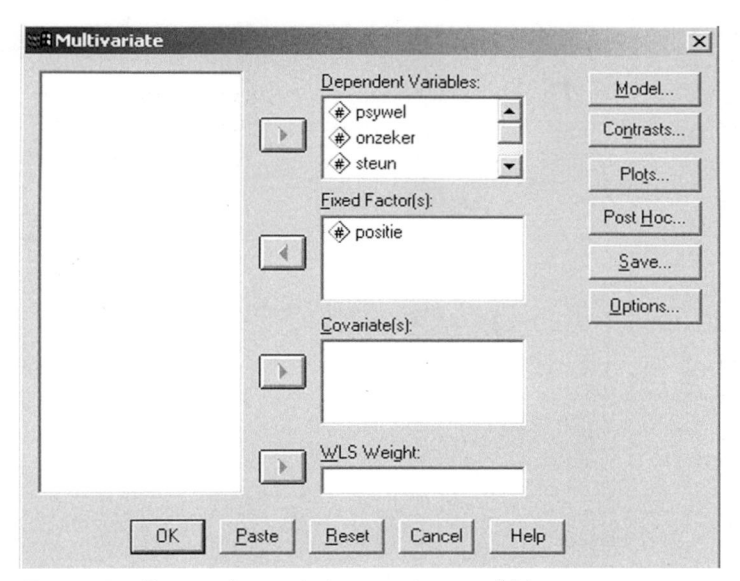

Figuur 5.2 Zo moet het eruitzien voor je op OK *klikt*

5.7 Output van SPSS GLM-*Multivariate* (selectie)

General Linear Model

Multivariate Tests[c]

Effect		Value	F	Hypothesis df	Error df	Sig.	Eta Squared
Intercept	Pillai's Trace	,989	326,420[a]	3,000	11,000	,000	,989
	Wilks' Lambda	,011	326,420[a]	3,000	11,000	,000	,989
	Hotelling's Trace	89,024	326,420[a]	3,000	11,000	,000	,989
	Roy's Largest Root	89,024	326,420[a]	3,000	11,000	,000	,989
POSITIE	Pillai's Trace	,512	1,377	6,000	24,000	,264	,256
	Wilks' Lambda	,495	1,547[a]	6,000	22,000	,210	,297
	Hotelling's Trace	1,008	1,681	6,000	20,000	,178	,335
	Roy's Largest Root	,995	3,978[b]	3,000	12,000	,035	,499

[a]. Exact statistic
[b]. The statistic is an upper bound on F that yields a lower bound on the significance level.
[c]. Design: Intercept+POSITIE

Figuur 5.3

Statistiek voor de psychologie deel 4

Tests of Between-Subjects Effects

Source	Dependent Variable	Type III Sum of Squares	df	Mean Square	F	Sig.	Partial Eta Squared
Corrected Model	PSYWEL	690,344[a]	2	345,172	4,934	,025	,432
	ONZEKER	229,263[b]	2	114,631	1,087	,366	,143
	STEUN	337,649[c]	2	168,825	1,739	,214	,211
Intercept	PSYWEL	31811,691	1	31811,691	454,740	,000	,972
	ONZEKER	35797,211	1	35797,211	339,490	,000	,963
	STEUN	32108,332	1	32108,332	330,661	,000	,962
POSITIE	PSYWEL	690,344	2	345,172	4,934	,025	,432
	ONZEKER	229,263	2	114,631	1,087	,366	,143
	STEUN	337,649	2	168,825	1,739	,214	,211
Error	PSYWEL	909,424	13	69,956			
	ONZEKER	1370,771	13	105,444			
	STEUN	1262,344	13	97,103			
Total	PSYWEL	41599,768	16				
	ONZEKER	41602,034	16				
	STEUN	41599,993	16				
Corrected Total	PSYWEL	1599,768	15				
	ONZEKER	1600,034	15				
	STEUN	1599,993	15				

[a.] R Squared = ,432 (Adjusted R Squared = ,344)
[b.] R Squared = ,143 (Adjusted R Squared = ,011)
[c.] R Squared = ,211 (Adjusted R Squared = ,090)

Figuur 5.4

5.8 Betekenis van de output van SPSS GLM-*Multivariate*

Afgezien van de gemiddelden en plaatjes, staan de belangrijkste uitkomsten in de tabellen **Multivariate tests** en **Tests of Between-Subjects Effects**. Deze laatste tabel bevat de univariate toetsen. De belangrijkste uitkomsten zijn door mij omlijnd. Je kunt ze samenvatten als in tabel 5.20. Dit komt overeen met het onderdeel Toetsing van een elementair rapport.

Tabel 5.20

Afhankelijke variabele	Hoofdeffect Positie
Psywel	$F(2, 13) = 4.934$
	$p = .025$
	$eta^2 = .432$
Onzeker	$F(2, 13) = 1.087$
	$p = .366$
	$eta^2 = .143$
Steun	$F(2, 13) = 1.739$
	$p = .214$
	$eta^2 = .211$
Multivariaat	$F(6, 22) = 1.547$
	$p = .210$

We bespreken de output nu gedetailleerder.

Multivariate tests
Deze tabel is het belangrijkste. In de kolom **Sig.** staan de diverse *p*-waarden.
- Bij **Intercept** is de nulhypothese dat alle afhankelijke variabelen (Psywel, Onzeker en Steun) in de populatie een gemiddelde 0 hebben. Deze hypothese is belachelijk en we slaan al deze toetsen dus over.
- Bij POSITIE is de nulhypothese dat de drie groepen, zoals gedefinieerd door Positie, hetzelfde gemiddelde hebben op Psywel **en** hetzelfde gemiddelde hebben op Onzeker **en** hetzelfde gemiddelde hebben op Steun. Kortom, Positie zou op geen van de afhankelijke variabelen invloed hebben. Voor deze hypothese zijn vier toetsen gedaan, genaamd *Pillai's Trace, Wilks' Lambda, Hotelling's Trace* en *Roy's Largest Root*. Deze toetsen hebben allemaal dezelfde nulhypothese, maar ze worden allemaal op een net iets andere manier berekend. Hun *p*-waarden zijn vaak ongeveer gelijk, maar juist in dit voorbeeld van mij natuurlijk weer niet. Dit creëert de mogelijkheid om naar je toe te rekenen door de toets te kiezen waarvan de uitkomst je het meest bevalt. Maar dat mag niet. Je moet het zuiver houden. Het is gebruikelijk om **Wilks'** λ te nemen, dus dat doen we. Daarmee krijgen we $F(6,22) = 1.547$, $p = .210$. De nulhypothese wordt behouden. Positie heeft dus geen significant effect op enige afhankelijke variabele, Psywel, Onzeker of Steun.
- De waarde van **Eta Squared** (.297) is berekend als $F * df_H / (F * df_H + df_E)$, wat niet gelijk is aan $1 - \lambda$ en ook niet aan $1 - \lambda^{1/s}$. De gebruikte formule is juist bij univariate toetsen. Dan komt er $SS_{Bron} / (SS_{Bron} + SS_{Error})$ uit, de afgesproken betekenis van eta^2. Maar bij multivariate toetsen zijn de andere twee formules ook redelijk. Het hangt er maar van af wat je afspreekt, en er is niks afgesproken. Negeren dus, deze Eta Squared.

Tests of Between-Subjects Effects
Deze tabel bevat de **univariate toetsen**. Omdat de multivariate toets voor *Positie* niet-significant was, heeft het geen zin naar de univariate toetsen te kijken. Niettemin doen we dat hier toch even om te zien wat de output betekent.

De tabel bevat de ANOVA-tabellen voor Psywel, Onzeker, en Steun. Alleen staan de drie tabellen door elkaar heen. De *p*-waarden staan in de kolom **Sig.**
- De uitkomsten van **Intercept** zijn irrelevant.
- De uitkomsten van **Corrected model** gaan over de verklaarde variantie van alle predictoren samen. Omdat in dit voorbeeld Positie de enige predictor is, zijn de uitkomsten van Corrected model gelijk aan die van Positie.
- De uitkomsten van POSITIE hebben betrekking op de verklaarde variantie van de factor Positie. Dit is per afhankelijke variabele uitgesplitst. Bij PSYWEL zie je $eta^2 = .432$, $F(2,13) = 4.934$, $p = .025$. Dat brengt je in de verleiding om te denken dat Positie wel een effect heeft op Psywel. Aangezien de multivariate toets niet-significant was, moet je evenwel toch concluderen dat er geen effect is.

- Van **Error** hoef je alleen de *df* te rapporteren als tweede *df* bij de univariate *F*s.
- **Total** is irrelevant, omdat hij mede de *SS* van Intercept omvat.
- **Corrected total** is wat men meestal Total noemt. Wij doen dat ook. Je moet hem gebruiken als je R^2 moet berekenen. Voor het effect van Positie op Psywel krijg je bijvoorbeeld $R^2 = SS_{Positie} / SS_{Total} = 690.344 / 1599.768 = .432$. Hier is dat gelijk aan $eta^2_{Positie}$ en aan eta^2_{Model} en aan R^2_{Model} (zie voetnoot) omdat er geen andere bronnen zijn.

Estimated Marginal Means
Deze tabel is niet weergegeven in de voorbeeldoutput. Hier geldt echter hetzelfde voor als bij GLM-Univariate. Dus ook hier geldt dat als de beslissingen worden toegelicht, dit moet gebeuren met *deze* gemiddelden. Als de gemiddelden van de tabel Descriptive Statistics hiervan afwijken, zijn die laatste gemiddelden ongeschikt voor de toelichting. Dat zal het geval zijn als de *n*'s ongelijk zijn of als er een covariaat is.

5.9 Opgaven

Opgave 5.1 (voorbereiding van computeropgaven)

Stel, er wordt een GLM-Multivariate-analyse gedaan met A als between-subjectfactor van drie niveaus (A1, A2 en A3) en X, Y en Z als afhankelijke variabelen.
a Wat is het verschil tussen een univariate en een multivariate toets?
b Wordt er dan getoetst of X, Y en Z hetzelfde gemiddelde hebben?
c Beschrijf de nulhypothese van de multivariate toets.
d De univariate toets voor X blijkt zeer significant te zijn, die voor Y en Z niet. Wat verwacht je dan voor de *multivariate* toets?

Opgave 5.2 (voorbereiding van computeropgaven)

In veel psychologische theorieën wordt 'liefde' beschouwd als één van de hoogste, meest wenselijke ervaringen van het menselijk leven. Rogers (1959) stelde dat het *ontvangen* van liefde in de vorm van onvoorwaardelijke acceptatie een cruciale sleutel is tot geluk. Fromm (1956) stelde dat het *geven* van liefde de enige weg is naar het opheffen van existentiële eenzaamheid en de vervulling van het menselijk bestaan. Het meeste onderzoek is gericht op wederkerigheid van zulke gevoelens. Vrijwel elk mens heeft evenwel ervaringen waarbij hij of zij verliefd was op iemand die dat niet op prijs stelde, of waarbij hij of zij het ongewenste doelwit was van de verliefdheid van iemand anders. Dit gaat meestal samen met pijnlijke tot zeer pijnlijke ervaringen voor beide partijen. De voornoemde theorieën geven geen duidelijke verklaring voor dit fenomeen. Als iedereen veel liefde wil ontvangen, waarom wijzen mensen het dan soms af? Als het geven van liefde leidt tot vervulling, wat maakt het dan uit dat de ontvanger er geen prijs op stelt? Enzovoort.

Baumeister, Wotman & Stillwell (1993) deden een onderzoek om nader in kaart te brengen welke gevoelens hierbij een rol spelen. De proefpersonen waren 27 mannen en 55 vrouwen uit psychologiecursussen, gemiddelde leeftijd 20.7. De proefpersonen werden random toegewezen om een korte beschrijving te geven van een ervaring die zij hadden gehad als Would-be lover dan wel Rejector. Daarna moesten zij voor deze ervaring ratings geven op diverse dimensies, steeds op een vijftienpuntsschaal. De personen hadden in de afgelopen 5 jaar gemiddeld 6.60 ervaringen als would-be lover en 13.70 ervaringen als rejector (waarvan respectievelijk 1.07 en 1.76 'sterk' werden genoemd). Dat verschil is een beetje vreemd (de gemiddelden zouden gelijk moeten zijn). In tabel 5.21 staan de gemiddelden en toetsresultaten voor de ratings.

Tabel 5.21 *Uitkomsten bij het onderzoek van Baumeister, Wotman & Stillwell (1993)*

	Dimensie	Rol Rejectors	Would-be lovers	$F(1,80)$
1	Warme gevoelens naar andere persoon	8.6	12.15	19.27***
2	Negatieve gevoelens naar de ander	7.9	5.7	6.1**
3	Verborg eigen gevoelens	6.2	8.7	5.29*
4	Rejector was teleurgesteld door attenties van would-be lover	8.15	4.4	10.11***
5	Self-esteem is gestegen	8.0	6.2	3.06*
6	Self-esteem is gedaald	3.5	7.7	25.2***
7	Verweet zichzelf	5.1	4.6	< 1
8	Subject voelde zich schuldig	6.1	4.2	3.92*
9	Andere persoon voelde zich schuldig	2.4	4.6	9.18**
10	Rejector verleidde would-be lover	5.1	7.4	5.86**
11	Hoogste graad van aantrekking die rejector voelde voor would-be lover	4.1	6.9	14.75***
12	Would-be lover geloofde ten onrechte dat gevoelens wederzijds waren	7.5	4.2	12.82***
13	Would-be lover uitte interesse duidelijk	12.4	9.2	
14	Rejector uitte duidelijk dat hij of zij niet geïnteresseerd was	8.15	3.6	19.36***
15	Would-be lover was excessief of onredelijk persistent	9.3	5.4	13.18***
16	Subject veranderde op negatieve manier	5.1	7.7	6.35**
17	Deed aan zelf-deceptie of weigerde feiten onder ogen te zien	6.1	6.6	< 1
18	Andere persoon was mysterieus of onbegrijpelijk	5.7	8.2	5.71**
19	Subject was mysterieus of onbegrijpelijk voor ander	7.5	6.3	1.59
20	Would-be lover's liefde was excessief	9.0	7.7	1.49
	Multivariaat			$F(20, 58) = 7.301$****

* $p < .05$; ** $p < .01$; *** $p < .001$; **** $p < .0001$

a Schrijf een elementair rapport. Bespaar jezelf slavenarbeid door voor elk onderdeel alleen de eerste twee en de laatste dimensies expliciet te bespreken en daartussen te vervolgen met '…'. Bereken de benodigde waarden van *eta²* met de formule (de *df*s staan in de tabel):

$$eta^2 = \frac{F_{Bron} * df_{Bron}}{F_{Bron} * df_{Bron} + df_{Error}}$$

b (Zie de leerdoelen.) Licht de univariate en multivariate nulhypothesen toe met de gegeven steekproefgemiddelden (gebruik weer '…'). Wat zeggen de nulhypothesen er over? Beschrijf dit op de manier van H_0: '2.3 = 1.8'.
c Hoe kun je de multivariate nulhypothese in een normale Nederlandse zin uitdrukken? De zin mag uiteraard maar voor één interpretatie vatbaar zijn. Hieronder staan een aantal probeersels. Beoordeel aan de hand van het voorbeeld in deze opgave of zij goed zijn. Zo niet, leg uit waarom. Bedenk daarna zelf een goede formulering die nog niet genoemd is.
De multivariate nulhypothese zegt dat:
1 … alle afhankelijke variabelen dezelfde gemiddelden hebben.
2 … elke afhankelijke variabele dezelfde gemiddelden heeft.
3 … elke afhankelijke variabele dezelfde gemiddelden heeft bij alle groepen.
4 … bij elke afhankelijke variabele de gemiddelden van de groepen gelijk zijn.
5 … de groepen op elke afhankelijke variabele hetzelfde gemiddelde hebben.
6 … …

d In het artikel wordt ook een MANOVA gedaan, waarbij naast Rol de factor Geslacht wordt gebruikt. Schets schematisch de tabel met *F*-waarden zoals je die in het onderdeel *Toetsing* van een elementair rapport zou zetten (je kan de *F*-waarden niet weten, je moet alleen de tabel opzetten). Hoeveel univariate toetsen worden er gedaan? Hoeveel multivariate toetsen worden er gedaan? Hoeveel toetsen moet je rapporteren als de multivariate *F* voor interactie niet-significant is en de anderen allemaal wel?
e Stel dat in het onderzoek de factoren Rol (would-be lover, rejector), Geslacht (man, vrouw) en Extraversie (laag, middel, hoog) werden gebruikt, en slechts de eerste vijf afhankelijke variabelen. Welke *hoofdeffecten en interacties* zouden er dan als bron zijn? Hoeveel bronnen zouden er zijn? Hoeveel multivariate toetsen? Hoeveel univariate toetsen?

Opgave 5.3 (voorbereiding van computeropgaven)

In de paragrafen over SPSS wordt een voorbeeld gegeven van de output van SPSS GLM-Multivariate. Bestudeer de toelichting bij de output. Schrijf een beknopt rapport op basis van deze output. Wat zou er veranderen als je uitging van Roy's largest root in plaats van Wilks' λ?

Opgave 5.4 (computeropgave)

Herhaal de GLM-Multivariate-analyse, zoals die is voorgedaan in de paragraaf over het aansturen van SPSS GLM-Multivariate. De data staan in *psywel.sav*.

Opgave 5.5 (computeropgave)

Open de data van het adolescentieonderzoek (*adol.sav*). Onderzoek met GLM hoe eenzaamheid en self-esteem afhangen van Cluster5 en Sekse (vergelijk opgave 4.5). Laat bij de analyse ook de celgemiddelden bepalen. Bewaar de output voor opgave 5.8. Controle: Multivariate F(Sekse) = 33.912.

Opgave 5.6 (computeropgave)

Onderzoek hoe de vijf groepsreputaties (beschreven in paragraaf 2.9) afhangen van Cluster5 en Sekse. Bewaar de output voor opgave 5.8. Controle: Multivariate F(Sekse) = 33.503.

Opgave 5.7 (computeropgave)

Zet de kwantitatieve persoonlijkheidsvariabele Extraversie om in een categoriale variabele met waarden *laag, middel, hoog*. Dat kun je doen met *Transform > Categorize Variables*. Geef Extr op, met drie categorieën. De nieuwe variabele krijgt van SPSS waarschijnlijk de naam Nextr. Doe een MANOVA om te onderzoeken hoe de vijf groepsreputaties afhangen van Sekse, Cluster5 en Nextr. De getallen van de output hoef je niet te noteren, het gaat nu alleen even om de structuur van de output: welke bronnen (*hoofdeffecten en interacties*) worden getoetst? Vergelijk dit met je antwoord op opgave 5.2e.

Opgave 5.8 (verwerking van computeropgaven)

a Schrijf een elementair rapport voor het onderzoek uit opgave 5.5.
b (Zie leerdoelen.) Licht met de celgemiddelden de conclusie toe van de univariate toets voor het hoofdeffect van geslacht op eenzaamheid.
c Idem voor de interactie.
d Maak voor het onderzoek uit opgave 5.6 een tabel met resultaten zoals je zou doen voor het onderdeel *Toetsing* van een elementair rapport.
e Schrijf een beknopt rapport voor het onderzoek uit opgave 5.6.

6 GLM met een within-subjectfactor

6.1 Inleiding

Achtergrond
Bij GLM-Multivariaat waren er meerdere afhankelijke variabelen, die naast elkaar werden bestudeerd. Zij werden niet met elkaar vergeleken qua gemiddelde. Als je de variabelen juist wel met elkaar wilt vergelijken, dan heb je een within-subjectfactor.

In dit hoofdstuk wordt GLM behandeld voor designs met een **within-subjectfactor**. De betreffende rekenprocedure heet GLM-*Repeated Measures* in SPSS. We beginnen met de situatie dat er slechts **één afhankelijke variabele** is, waarvan meerdere metingen per persoon zijn verkregen. In het volgende hoofdstuk beschouwen we de situatie met meer afhankelijke variabelen.

Doel
Na bestudering van dit hoofdstuk en het maken van de opgaven kun je, gegeven de data en de vraagstelling, met behulp van SPSS *GLM-Repeated Measures*:
- een **elementair rapport** maken van de GLM-analyse;
- een **beknopt rapport** maken van de GLM-analyse;
- de betekenis van de hypothesen of beslissingen **toelichten** met behulp van de geaggregeerde data;
- de analyse beschrijven en uitvoeren met behulp van een **eenvoudiger analyse**, namelijk GLM-Repeated Measures met GLM-Multivariate.

Een elementair rapport bevat, net als eerdere analyses: **design**, mate van controle, geaggregeerde data (gemiddelden en correlaties), **hypothesen, toetsing, beslissingen, causale interpretatie**. Op het tentamen is waarschijnlijk SPSS-output gegeven en hoef je niet een volledig elementair rapport te maken, maar slechts enkele onderdelen daarvan; met name de vetgedrukte. (Dat is althans wat ik veronderstel bij het schrijven van dit boek. Check dit bij jouw cursus.)

Een beknopt rapport is een lopend verhaal en bevat: het design, de gekozen analyse, de belangrijkste elementen van de toetsing en de beslissingen.

Toelichten met behulp van de geaggregeerde data wil zeggen dat je de **steekproefwaarden noemt** van de gemiddelden waar de hypothese iets over zegt. Ook moet je desgevraagd kunnen aangeven **wat** de hypothese daar dan over zegt.

6.2 Samenvatting

We beschouwen hier designs met:
- één kwantitatieve afhankelijke variabele;
- **met within-subjectfactoren;**
- eventueel between-subjectfactoren;
- eventueel covariaten.

De meeste aandacht zal uitgaan naar designs met één afhankelijke variabele, één within-subjectfactor, één between-subjectfactor en geen covariaten.

De SPSS-procedure voor al deze designs is GLM-**Repeated Measures**. In het rapporteren wordt deze analyse aangeduid als **repeated-measures-MANOVA**.

Een **within-subjectfactor** is een stel **condities** (de niveaus) waarvoor het volgende geldt.
- Elk subject heeft alle condities gehad.
- Bij elke conditie is een meting gedaan van de afhankelijke variabele.
- De gemiddelden van deze metingen worden met elkaar vergeleken.

Om te spreken van een within-subjectfactor is het dus nodig dat er **per persoon** meerdere scores zijn **die je onderling wilt vergelijken**. Zoals een between-subjectfactor een groepsindeling is van subjecten, zo is een within-subjectfactor een indeling van bepaalde variabelen, namelijk van de metingen. Elke meting hoort bij een bepaalde conditie van de within-subjectfactor.

Voor elke factor en elke interactie is de **algemene nulhypothese** dat de betreffende bron geen effect heeft. Voor de **effecten waarbij een within-subjectfactor is betrokken** (bijvoorbeeld Tijd en Tijd × Groep) zijn de **specifieke nulhypothesen** dat het betreffende effect er niet is tussen Tijd 1 en Tijd 2, tussen Tijd 1 en Tijd 3, tussen Tijd 1 en Tijd 4, enzovoort.

Voor **effecten waarbij een within-subjectfactor betrokken is**, zijn de toetsen gebaseerd op de **verschilscores of contrasten**: meting2 - meting1, meting3 - meting1, enzovoort. Voor de algemene hypothesen komen er multivariate toetsen waar al deze verschilscores in meespelen. Voor de specifieke nulhypothesen komen er univariate ANOVA's waar slechts de relevante verschilscore in meespeelt.

Voor **effecten waarbij uitsluitend between-subjectfactoren of covariaten zijn betrokken**, zijn de toetsen gebaseerd op de opgevoerde meting (dat wil zeggen: per subject wordt het gemiddelde over alle metingen berekend). Voor de algemene nulhypothese komt er een univariate ANOVA waarin deze opgevoerde meting de 'afhankelijke variabele' is.

6.3 Kort voorbeeld van een repeated-measures-MANOVA

Stel dat we willen onderzoeken hoe eenzaamheid afhangt van nationaliteit, en dat we daarbij bovendien willen vaststellen hoe dit zich in de loop van de jaren ontwikkelt. Neem aan dat we daartoe op vier tijdstippen met iedere keer een paar jaar ertussen de variabele Eenzaamheid hebben gemeten. Zie tabel 6.1.

Tabel 6.1

Subject	Nationaliteit	Geboortejaar	Eenzaam1	Eenzaam2	Eenzaam3	Eenzaam4
1	NL	72	7	7	5	5
2	NL	63	8	7	7	6
3	NL	70	7	7	6	5
4	B	75	6	5	5	5
5	B	74	5	4	4	2
6	B	77	6	6	4	3
7	D	82	1	1	1	0
8	D	79	2	1	1	1
9	D	81	1	1	0	0

Het voordeel van dit design is dat we in staat zijn om personen **met zichzelf te vergelijken**. Dat is essentieel voor psychologie. Stel dat we in dit voorbeeld willen weten hoe eenzaamheid afhangt van leeftijd. Dat lijkt een duidelijk vraag. Die schijnbare duidelijkheid komt voort uit het feit dat de meeste mensen niet nauwkeurig genoeg denken om te beseffen dat 'leeftijd' op twee manieren kan worden geïnterpreteerd: als between-subject variabele en als within-subject variabele. Dat levert bij deze data twee tegenovergestelde antwoorden op. Beschouw je leeftijd als between-subject variabele, dan moet je kijken naar de correlatie tussen geboortejaar en eenzaam1 (of eenzaam2, of ...). Die correlatie is negatief, wat betekent dat eenzaamheid *toeneemt* met leeftijd. Beschouw je leeftijd als within-subjectfactor, dan moet je kijken naar de gemiddelden op eenzaam1 tot en met eenzaam4. Die nemen af, wat betekent dat eenzaamheid *afneemt* met leeftijd. Dat is zelfs voor elk subject zo. Wanneer ik, als consument van psychologische kennis, wil voorspellen hoe eenzaam ik zal worden in de loop van mijn leven, heb ik weinig aan de between-subjectvariant van het onderzoek. Die zegt dat in elk jaar de ouderen gemiddeld eenzamer zijn dan de jongeren. Dat lijkt de deprimerende mededeling te doen dat mijn eenzaamheid steeds meer zal toenemen als ik ouder word. De bovenstaande hypothetische data maken duidelijk dat dat bedrog kan zijn. Het kan evengoed een cohorteffect zijn (mensen die in 1952 zijn geboren, zijn eenzamer dan mensen die in 1978 zijn geboren). Ik ben te vroeg geboren maar de toekomst is zonnig.

De data kun je analyseren met GLM-**Repeated Measures**. Om te beginnen hebben we een **between-subjectfactor** Nationaliteit. Voor de eenvoud zullen we de covariaat Geboortejaar niet in de analyse betrekken. Wel hebben we een **within-subjectfactor** die we bij deze 'Tijd' noemen, en die vier niveaus heeft. Merk op dat Tijd geen variabele in de datamatrix is. Je kan hem pas bij het aansturen van de analyse definiëren. Daartoe moet je duidelijk maken welke metingen precies bij de vier niveaus van Tijd horen. Dat moet je ook doen als je het design op papier specificeert. We noemen dat de **indeling van de metingen**. In dit geval krijgen we tabel 6.2.

Tabel 6.2

Tijd	Meting
1	Eenzaam1
2	Eenzaam2
3	Eenzaam3
4	Eenzaam4

Hiermee maken we duidelijk dat we het voornemen hebben de gemiddelden van de vier metingen Eenzaam1 tot en met Eenzaam4 met elkaar te vergelijken.

Om technische redenen zullen alle **effecten waar een within-subjectfactor in voorkomt**, worden getoetst met een **multivariate** toets. In SPSS-output staan deze dan ook in de tabel Multivariate Tests (zie tabel 6.3).

Tabel 6.3 Multivariate Tests

Effect		Value	F	Hypothesis df	Error df	Sig.
TIJD	Wilks' Lambda	.050	25.238	3.000	4.000	.005
TIJD * NATION	Wilks' Lambda	.349	.924	6.000	8.000	.525

Er is geen significant interactie-effect van Tijd × Nationaliteit (multivariate $F(6,8)$ = 0.924, p = .525). Dat betekent dat de gemiddelde afname in eenzaamheid bij alledrie de nationaliteiten ongeveer hetzelfde is. Althans, dat kun je blijven geloven. Het betekent ook dat de verschillen tussen de nationaliteiten qua eenzaamheid gelijk blijven in de loop van de tijd (consistent zijn). Er is een significant hoofdeffect van Tijd (multivariate $F(3,4)$ = 25.238, p = .005). Gemiddeld over alledrie de nationaliteiten is de eenzaamheid veranderd tussen ten minste twee tijdstippen.

Om te weten tussen **welke** tijdstippen het effect optreedt, kijk je in SPSS-output naar de tabel **Tests of Within-subjects Contrasts** (tabel 6.4). Dat zijn drie **univariate** ANOVA-tabellen door elkaar heen. Zij zijn gebaseerd op de drie vooruitgangsscores Eenzaam2 - Eenzaam1, Eenzaam3 - Eenzaam1 en Eenzaam4 - Eenzaam1. Dit noemt men **contrasten**.

Tabel 6.4 Tests of Within-Subjects Contrasts

Source	TIJD	SS	df	MS	F	Sig.	Eta Squared
TIJD	Level 2 vs. 1	1.778	1	1.778	5.333	.060	.471
	Level 3 vs. 1	11.111	1	11.111	33.333	.001	.847
	Level 4 vs. 1	28.444	1	28.444	64.000	.000	.914
TIJD * NATION	Level 2 vs. 1	0.222	2	0.111	0.333	.729	.100
	Level 3 vs. 1	0.889	2	0.444	1.333	.332	.308
	Level 4 vs. 1	2.889	2	1.444	3.250	.111	.520
Error(TIJD)	Level 2 vs. 1	2.000	6	0.333			
	Level 3 vs. 1	2.000	6	0.333			
	Level 4 vs. 1	2.667	6	0.444			

De verandering in gemiddelde eenzaamheid is net niet significant tussen tijdstip 1 en 2 ($F(1,6) = 5.333$, $p = .060$), maar wel tussen tijdstip 1 en 3 ($F(1,6) = 33.333$, $p = .001$) en tussen tijdstip 1 en 4 ($F(1,6) = 64.000$, $p = .000$).

Tot slot worden alle **effecten waar slechts between-subjectfactoren en covariaten** in voorkomen getoetst met een univariate GLM. Daarbij wordt de **opgevoerde meting** (Eenzaam1 + Eenzaam2 + Eenzaam3 + Eenzaam4) / 4 gebruikt als 'afhankelijke variabele'. Ook deze variabele wordt soms een **contrast** genoemd. In SPSS-output staan de uitkomsten in de tabel Tests of Between-Subjects Effects (tabel 6.5).

Tabel 6.5 Tests of Between-Subjects Effects (1)

Source	SS	df	MS	F	Sig.	Eta Squared
NATION	48.597	2	24.299	72.896	.000	.960
Error	2.000	6	0.333			

Het hoofdeffect van Nationaliteit is significant ($F(2,6) = 72.896$, $p = .000$). De drie nationaliteiten verschillen in eenzaamheid als je per subject middelt over de vier tijdstippen.

De toetsing kan het beste worden samengevat zoals in tabel 6.6. Dat is uit de voorgaande tabellen het enige dat je hoeft te *rapporteren*.

Tabel 6.6 Toetsing (2)

	Nationaliteit	Tijd	Tijd × Nationaliteit
Gemiddeld over Tijd 1 + 2 + 3 + 4	$F(2,6) = 72.896$ $p = .000$ $eta^2 = .960$		
Tijd 2 vs. 1		$F(1,6) = 5.333$ $p = .060$ $eta^2 = .471$	$F(2,6) = 0.333$ $p = .729$ $eta^2 = .100$
Tijd 3 vs. 1		$F(1,6) = 33.333$ $p = .001$ $eta^2 = .847$	$F(2,6) = 1.333$ $p = .332$ $eta^2 = .308$
Tijd 4 vs. 1		$F(1,6) = 64.000$ $p = .000$ $eta^2 = .914$	$F(2,6) = 3.250$ $p = .111$ $eta^2 = .520$
Multivariaat	(idem)	$F(3,4) = 25.238$ $p = .005$	$F(6,8) = 0.924$ $p = .525$

Bij de beslissingen bespreek je voor elk effect **eerst** de multivariate toets als die er is, en alleen als die significant zijn bespreek je de bijbehorende univariate toetsen.

6.4 Elementair rapport van een repeated-measures-MANOVA

Doorlopend voorbeeld

Dit voorbeeld betreft het stemmingmakerijonderzoek (zie deel 1 van deze serie). Herinner je dat er aan jongeren een cursus werd gegeven ter preventie van depressiviteit. De cursus was gericht op jongeren van 15 tot 19 jaar. Omdat de cursus een sterk beroep doet op verbale en reflectieve vermogens van de jongeren, was zij met name bestemd voor jongeren op mavo, havo of vwo. In de cursus wordt aandacht besteedt aan drie clusters risicofactoren: de relatie tussen denken, doen en voelen; probleemoplossende vaardigheden; betrokkenheid bij anderen. In het onderzoek waren twee groepen: treatment (deelnemers) en controle (niet-deelnemers). Noem dit de variabele Groep. Deelname aan de cursus geschiedde op vrijwillige basis. Van elk subject werd op drie verschillende momenten de depressiviteit gemeten: voor de cursus, direct na de cursus en een half jaar later. Dat noemen we respectievelijk de voormeting, de nameting en de follow-upmeting. De depressiviteit werd telkens gemeten met Beck's Depression Inventory (BDI). De resulterende variabelen geven we aan met Bdv, Bdn en Bdf. De datamatrix is in tabel 6.7 schematisch gegeven. Hierbij is Groep gecodeerd door 1 = treatment, 2 = controle. De vraag is of depressiviteit *door* de cursus vermindert.

Tabel 6.7

Subject	Groep	Bdv	Bdn	Bdf
1	1	22	4	3
2	1	13	3	2
3	1	15	4	2
⋮				
4	2	11	5	6
5	2	11	5	7
6	2	13	0	3

6.4.1 Design

Bij het design specificeer je:
- de afhankelijke variabele en zijn meetniveau (kwantitatief);
- de within-subjectfactor en zijn niveaus;
- eventuele between-subjectfactoren en hun niveaus;
- de eventuele covariaten en hun meetniveau (kwantitatief);
- de **indeling van de metingen** door de within-subjectfactor.

De indeling van metingen is een tabelletje waarin de naam van elke meting wordt gekoppeld aan een bepaalde conditie (= aan een niveau van de within-subjectfactor). Daarmee wordt de within-subjectfactor gedefinieerd. (En dus is de indeling van de metingen volgens ons een belangrijk punt om te toetsen of je het design hebt begrepen.)

Toelichting
Wanneer heb je een within-subjectfactor? Als er per subject meerdere metingen zijn en het de bedoeling is de gemiddelden van die metingen met elkaar te vergelijken. Als men de gemiddelden van de metingen niet met elkaar wil vergelijken, dan moeten de metingen worden opgevat als verschillende afhankelijke variabelen zonder within-subjectfactor (zie paragraaf 1.3). Een within-subjectfactor is alleen zinvol als de metingen met een soortgelijk meetinstrument zijn gedaan (commensurabel zijn).

Een within-subjectfactor staat **niet als variabele in de datamatrix**. Hij wordt pas in het design gedefinieerd, bij de indeling van de metingen. In SPSS betekent dit dat je pas bij de analyse opgeeft hoe de within-subjectfactor heet, wat de niveaus zijn en welke metingen daarbij horen. (Het zou handiger zijn geweest als je de within-subjectfactor boven in de datamatrix kon typen. Dat is echter niet mogelijk in SPSS.)

Voorbeeld

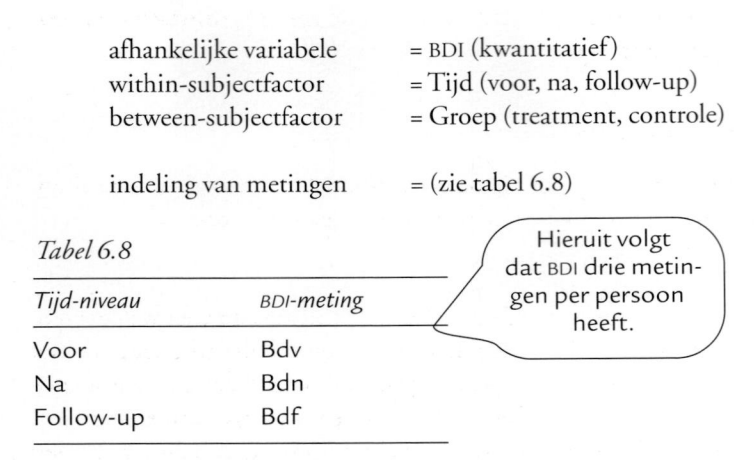

afhankelijke variabele	= BDI (kwantitatief)
within-subjectfactor	= Tijd (voor, na, follow-up)
between-subjectfactor	= Groep (treatment, controle)
indeling van metingen	= (zie tabel 6.8)

Tabel 6.8

Tijd-niveau	BDI-meting
Voor	Bdv
Na	Bdn
Follow-up	Bdf

(Hieruit volgt dat BDI drie metingen per persoon heeft.)

Waarom hebben we hier een within-subjectfactor?
- Bij elk subject zijn er drie metingen (Bdv, Bdn, Bdf).
- We willen de gemiddelden van die metingen met elkaar vergelijken.

Dat laatste wordt bepaald door de **vraagstelling**. Als we slechts hadden willen weten of de twee groepen verschilden op Bdv of Bdn of Bdf, dan hadden we geen within-subjectfactor gehad. Maar wel drie afhankelijke variabelen in plaats van één.

Met de indeling van de metingen geef je op welke metingen (kolommen in de datamatrix) je met elkaar wilt vergelijken. Hier zijn dat Bdv, Bdn en Bdf.

Waarom is de indeling van de metingen nodig? De enige variabelen in de datamatrix hebben de namen Groep, Bdv, Bdn en Bdf. Een onbegrijpend computerprogramma als SPSS kan dan niet zelf bedenken wat we bedoelen met 'BDI' en 'Tijd'. Dat wordt opgelost door de indeling van de metingen te geven. Daarin staat bijvoorbeeld dat Bdv de meting van BDI is bij Tijd = voor.

6.4.2 Mate van controle

Ook hier spreken we alleen van een experiment als de between-subjectfactor gerandomiseerd en de within-subjectfactor gecounterbalanced is. Bij een design met een niet-gerandomiseerde indeling in treatmentgroep en controlegroep, die beide een voormeting en een nameting krijgen, spreekt men van een **quasi-experiment**. Algemener zou je die term kunnen gebruiken voor een onderzoek waarbij dezelfde onafhankelijke variabele is gevarieerd met zowel een between-subjectfactor als een within-subjectfactor. De mate van controle is bij een quasi-experiment veel groter dan wanneer alleen de between-subjectfactor of alleen de within-subjectfactor zou zijn gebruikt. Zie de causale interpretatie.

Voorbeeld
Het onderzoek is een quasi-experiment (niet gerandomiseerd, treatment- en controlegroep, voor- en nameting).

6.4.3 Geaggregeerde data

De geaggregeerde data zijn eenvoudig de celgemiddelden. Een 'cel' is daarbij een combinatie van niveaus van *alle* between- en within-subjectfactoren.

Toelichting
Het is handig om deze celgemiddelden te hebben, zodat je kan zien welke hypothesen getoetst worden. De celgemiddelden worden echter niet automatisch door SPSS berekend, dat moet je apart vragen. In principe is het fraai om ook nog de standaarddeviaties te rapporteren. Anders dan bij de eenvoudige vormen van ANOVA is het echter niet zo dat je daarmee dan voldoende informatie hebt om de toets uit te voeren.

Voorbeeld

Tabel 6.9 *Celgemiddelden van depressiviteit, gemeten met de BDI (1)*

Groep	Voor (Bdv)	Na (Bdn)	Follow-up (Bdf)	**Gemiddeld**
treatment (1)	15.98	11.14	8.24	11.79
controle (2)	13.78	10.08	10.63	11.49
Gemiddeld	14.88	10.61	9.43	

Ter verduidelijking zijn de celgemiddelden weergegeven in figuur 6.1. Je ziet dat de depressiviteit van de treatmentgroep bij de nameting meer dan 5 punten is afgenomen, die van de controlegroep iets minder dan 4 punten. Beide groepen verbeteren dus, maar de treatmentgroep verbetert meer. De treatmentgroep is bij aanvang depressiever dan de controlegroep, maar tegen de tijd van de follow-up is dat omgedraaid. Zoals we straks nader zullen bespreken, zijn dit Tijd × Groep-interactie-effecten. Zij suggereren dat er een causaal effect is van de treatment (het deelnemen aan de cursus).

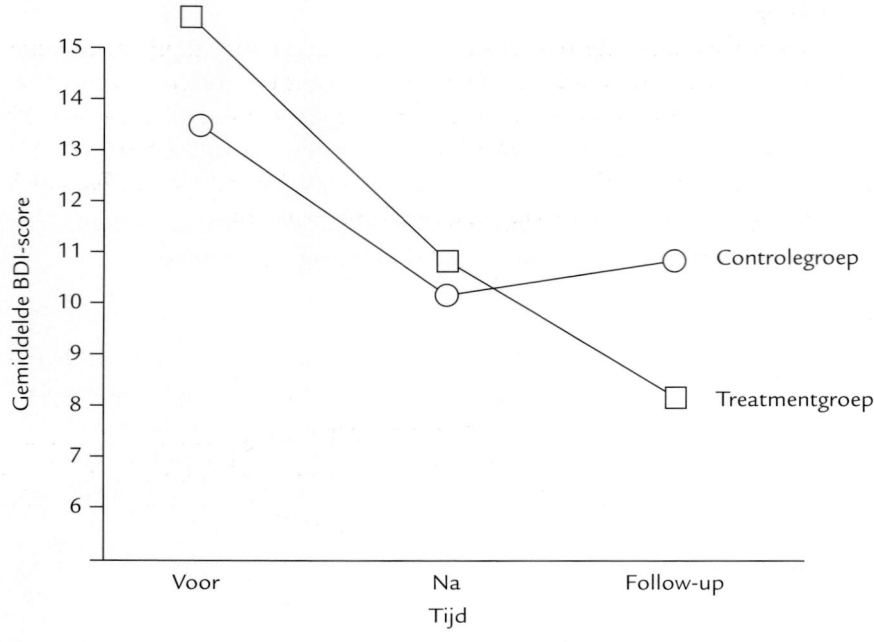

Figuur 6.1

6.4.4 Hypothesen

Algemene hypothesen
Voor elke factor wordt de nulhypothese getoetst dat de factor **geen hoofdeffect** heeft. Voor elke combinatie van twee of meer factoren wordt getoetst dat de combinatie **geen interactie-effect** heeft. (Net als bij designs met uitsluitend between-subjectfactoren geldt: een hoofdeffect heeft betrekking op de randgemiddelden; een interactie heeft betrekking op de consistentie van de verschillen tussen celgemiddelden.)

Specifieke hypothesen
Voor elk effect waarin een within-subjectfactor is betrokken, wordt ook nog getoetst 'waar' het effect zit. Dit gebeurt met toetsen die in het eenvoudigste geval betrekking hebben op:
        meting 2 - meting 1,
        meting 3 - meting 1,
        meting 4 - meting 1,
        enzovoort

Dit noemt men de **within-subjectcontrasten**. Zij kunnen ook anders worden gedefinieerd, als je dat wilt, maar daar gaan we hier niet op in (zie de SPSS Advanced Statistics Guide).
Van elke nulhypothese zullen **twee formuleringen** worden besproken.

Toelichting
Om te bedenken wat de algemene hypothesen zijn, maakt het niet uit of een factor between- dan wel within-subject is (zolang er tenminste meerdere observaties in elke cel zijn). Alle hoofdeffecten en interacties zijn mogelijk. Het conceptuele model kan in het voorbeeld dan ook worden weergegeven zoals in figuur 6.2. Zo'n plaatje gebruikten we ook als er twee between-subjectfactoren waren. Technisch gezien gebeurt er in de huidige analyse echter iets heel anders.

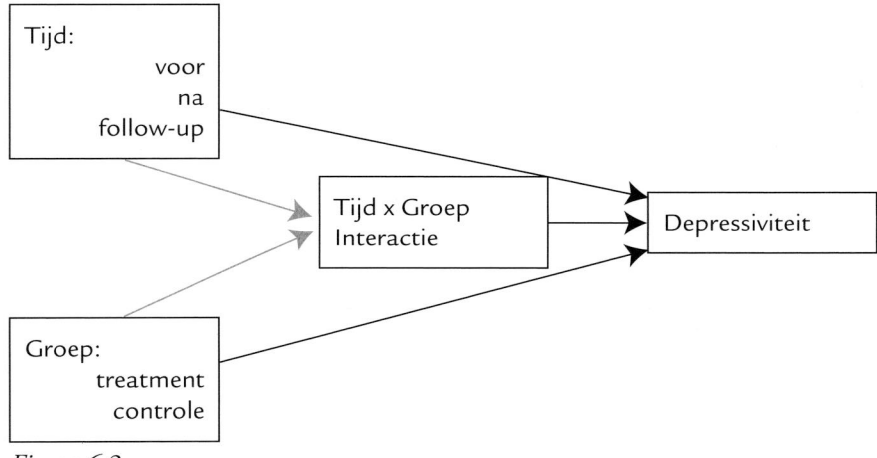

Figuur 6.2

Voorbeeld
1 Formulering van nulhypothesen met de celgemiddelden
Ik zal de afkortingen Treat en Cont gebruiken voor respectievelijk treatmentgroep en controlegroep, en Flup voor follow-up. De notatie die ik zal gebruiken voor de populatiegemiddelden staat in tabel 6.10.

Tabel 6.10 Populatiegemiddelden van depressiviteit, gemeten met de BDI

Groep	Voor (Bdv)	Na (Bdn)	Follow-up (Bdf)	**Gemiddeld**
treatment (1)	$\mu_{\text{Treat Voor}}$	$\mu_{\text{Treat Na}}$	$\mu_{\text{Treat Flup}}$	$\mu_{\text{Treat}\bullet}$
controle (2)	$\mu_{\text{Cont Voor}}$	$\mu_{\text{Cont Na}}$	$\mu_{\text{Cont Flup}}$	$\mu_{\text{Cont}\bullet}$
Gemiddeld	$\mu_{\bullet\text{Voor}}$	$\mu_{\bullet\text{Na}}$	$\mu_{\bullet\text{Flup}}$	

Hierbij zijn de randgemiddelden gedefinieerd als gemiddelden van de celgemiddelden, niet als gemiddelden van de ruwe data (dat maakt iets uit als de groepen niet even groot zijn).

De nulhypothesen voor het voorbeeld zijn gegeven in tabel 6.11. Daarbij staan de algemene hypothesen in de onderste regel. De specifieke hypothesen staan erboven. In de linkerkolom staat op welke metingen (condities) de specifieke hypothesen betrekking hebben. Merk op dat zij alleen betrekking hebben op de within-subjectfactor. Het is wel degelijk mogelijk om ook specifieke hypothesen voor de between-subjectfactor te formuleren, alleen wordt dat hier niet behandeld. (Het zou in dit voorbeeld trouwens niks uitmaken omdat er maar twee groepen zijn, specifieker kan het niet.)

Tabel 6.11 Nulhypothesen geformuleerd met celgemiddelden

	Groep	Tijd	Tijd × Groep
Voor + Na + Flup	$\mu_{Treat \bullet} = \mu_{Cont \bullet}$		
Na vs. Voor		$\mu_{\bullet Voor} = \mu_{\bullet Na}$	$\mu_{Treat\,Na} - \mu_{Treat\,Voor} = \mu_{Cont\,Na} - \mu_{Cont\,Voor}$
Flup vs. Voor		$\mu_{\bullet Voor} = \mu_{\bullet Flup}$	$\mu_{Treat\,Flup} - \mu_{Treat\,Voor} = \mu_{Cont\,Flup} - \mu_{Cont\,Voor}$
Algemeen	$\mu_{Treat \bullet} = \mu_{Cont \bullet}$	$\mu_{\bullet Voor} = \mu_{\bullet Na} = \mu_{\bullet Flup}$	$\mu_{Treat\,Na} - \mu_{Treat\,Voor} = \mu_{Cont\,Na} - \mu_{Cont\,Voor}$ **en** $\mu_{Treat\,Flup} - \mu_{Treat\,Voor} = \mu_{Cont\,Flup} - \mu_{Cont\,Voor}$

De betekenis van de nulhypothesen kan worden geïllustreerd met de geaggregeerde data. In tabel 6.12 is aangegeven over welke gemiddelden de algemene hypothesen gaan.

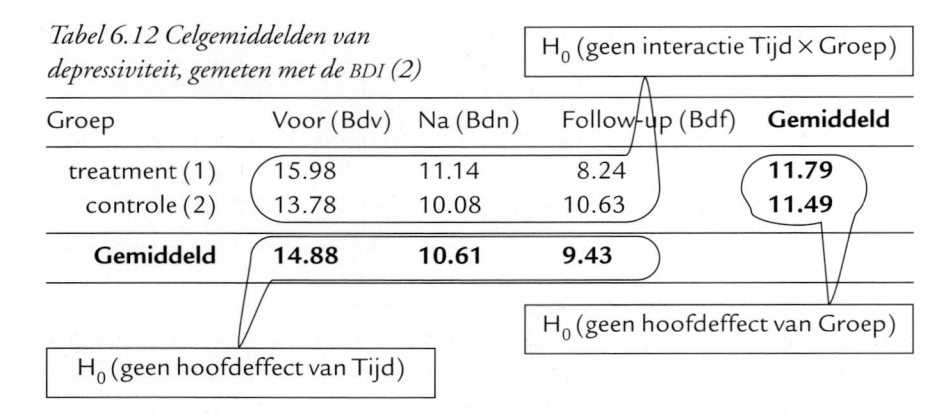

Tabel 6.12 Celgemiddelden van depressiviteit, gemeten met de BDI (2)

H_0 (geen interactie Tijd × Groep)

Groep	Voor (Bdv)	Na (Bdn)	Follow-up (Bdf)	**Gemiddeld**
treatment (1)	15.98	11.14	8.24	**11.79**
controle (2)	13.78	10.08	10.63	**11.49**
Gemiddeld	**14.88**	**10.61**	**9.43**	

H_0 (geen hoofdeffect van Tijd)

H_0 (geen hoofdeffect van Groep)

We beschouwen eerst de drie **algemene nulhypothesen**.

H_0 (geen hoofdeffect van Groep) zegt: het gemiddelde van voormeting + nameting + follow-upmeting is bij de treatmentgroep even groot als bij de controlegroep. De randgemiddelden van Groep zouden gelijk zijn, dat wil zeggen:

'11.79 = 11.49'

H_0 (geen hoofdeffect van Tijd) zegt: het gemiddelde van treatmentgroep + controlegroep is even groot bij voormeting als bij nameting als bij follow-upmeting. De randgemiddelden van Tijd zouden gelijk zijn, dat wil zeggen:

'14.88 = 10.61 = 9.43'

H_0 (geen interactie Tijd × Groep) zegt: de gemiddelde vooruitgang tussen voormeting en nameting is bij de treatmentgroep even groot als bij de controlegroep **en** de gemiddelde vooruitgang tussen voormeting en follow-upmeting is bij de treatmentgroep even groot als bij de controlegroep. De gemiddelde vooruitgang zou steeds gelijk zijn bij beide groepen, dat wil zeggen:

'11.14 - 15.98 = 10.08 - 13.78'   **en**
' 8.24 - 15.98 = 10.63 - 13.78'

De interactiehypothese is duidelijk de hypothese die relevant is voor de vraag of de treatment effect heeft.

De **specifieke nulhypothesen** die te maken hebben met de within-subjectfactor Tijd kunnen worden verdeeld in:
- hypothesen die alleen iets zeggen over het verschil **Na versus Voor**;
- hypothesen die alleen iets zeggen over het verschil **Follow-up versus Voor**.

Deze verdeling geldt voor zowel het hoofdeffect van Tijd als voor de interactie Tijd × Groep. Deze verdeling is aangehouden in de eerder gegeven tabel met nulhypothesen.

Je vraagt je misschien af waarom er in de nulhypothesen niets over nameting versus follow-upmeting wordt gezegd. Wel, uit de nulhypothese *volgt* dat de groepen ook daarop niet verschillend zijn. Dat hoeft dus niet meer in de hypothese te worden gezegd.

2 Formulering van nulhypothesen met de contrasten

Om de toetsing in de volgende paragraaf goed te begrijpen, is het nodig alle bovenstaande hypothesen te **herformuleren**. Zij zullen nu voor de tweede keer worden opgeschreven, maar nu met behulp van de verschilscores Bdn - Bdv en Bdf - Bdv alsmede de somscore Bdv + Bdn + Bdf. De komende behandeling is gebaseerd op O'Brien & Kaiser (1985).

De behandelde nulhypothesen zijn opnieuw weergegeven in tabel 6.13. De tabel bevat cel voor cel dezelfde hypothesen als de eerdere tabel, ze zijn alleen anders geformuleerd.

Tabel 6.13 Nulhypothesen geformuleerd met contrasten

	Groep	Tijd	Tijd × Groep
Bdv + Bdn + Bdf	μ(Bdv + Bdn + Bdf | Treat) = μ(Bdv + Bdn + Bdf | Cont)		
Bdn - Bdv		μ(Bdn - Bdv | Treat) + μ(Bdn - Bdv | Cont) = 0	μ(Bdn - Bdv | Treat) = μ(Bdn - Bdv | Cont)
Bdf - Bdv		μ(Bdf - Bdv | Treat) + μ(Bdf - Bdv | Cont) = 0	μ(Bdf - Bdv | Treat) = μ(Bdf - Bdv | Cont)
Algemeen	**Bovenstaande nulhypothese is waar.**	**Bovenstaande nulhypothesen zijn beide waar.**	**Bovenstaande nulhypothesen zijn beide waar.**

Sommige studenten willen graag begrijpen waarom deze hypothesen hetzelfde betekenen als de eerdere. Dat is een redelijke vraag en hier volgt het antwoord. Neem bijvoorbeeld de specifieke hypothese voor het hoofdeffect van Tijd voor het contrast Na versus Voor. Eerder schreven we:

$$\mu_{\bullet \text{Voor}} = \mu_{\bullet \text{Na}}$$

Dat betekent:

$$\mu_{\text{Treat Voor}} + \mu_{\text{Cont Voor}} = \mu_{\text{Treat Na}} + \mu_{\text{Cont Na}}$$

Want een randgemiddelde is een gemiddelde van celgemiddelden. Door de termen van de linkerkant naar rechts te halen, in een prettige volgorde te zetten en er haakjes bij te schrijven, krijg je:

$$0 = (\mu_{\text{Treat Na}} - \mu_{\text{Treat Voor}}) + (\mu_{\text{Cont Na}} - \mu_{\text{Cont Voor}})$$

Neem nu bijvoorbeeld de linkerterm tussen haakjes. Dat is, bij de treatmentgroep, het gemiddelde van de nameting min het gemiddelde van de voormeting. Datzelfde getal kun je ook berekenen door eerst bij elk subject de vooruitgangsscore Bdn - Bdv te berekenen, en daarvan dan het gemiddelde te nemen over alle subjecten in de treatmentgroep. De bewerkingen 'aftrekken' en 'middelen' worden dan in een andere volgorde uitgevoerd, maar er komt hetzelfde uit. Wellicht was je je er niet eens van bewust dat er een verschil is. Mooi, want er is inderdaad geen verschil. Als je dat niet gelooft, reken het dan maar eens na in een voorbeeld. We mogen de linkerterm tussen haakjes dus vervangen door μ(Bdn - Bdv | Treat). Analoog voor de rechterterm. Dan krijg je:

$$0 = \mu(Bdn - Bdv \mid Treat) + \mu(Bdn - Bdv \mid Cont)$$

En dat is de tweede formulering.

6.4.5 Toetsing

Voor elk van de bovenstaande hypothesen wordt een (benaderde) F, dfs en p-waarde gerapporteerd, en ook R^2 of eta^2 voor de univariate toetsen. Zij kunnen worden berekend met SPSS *GLM-Repeated Measures*.

Voor de algemene hypothesen waar een within-subjectfactor in voorkomt, krijg je een multivariate toets. Voor alle andere hypothesen krijg je een univariate toets.

Toelichting
We zullen hier beschrijven waar de berekeningen die SPSS maakt, op neerkomen. We kunnen drie fasen onderscheiden: de **transformatiefase**, de **toetsingsfase** en de **vertaalfase**.

1 De transformatiefase
Uit de metingen worden nieuwe variabelen berekend, de **contrasten** genaamd:

    de opgevoerde meting: (meting1 + meting2 + ... + metingk) / k
    de eerste vooruitgangsscore: meting2 - meting1
    de tweede vooruitgangsscore: meting3 - meting1
    enzovoort

In het voorbeeld zouden de volgende contrasten worden berekend:

    Average   = (Bdv + Bdn + Bdf) / 3
    Gain_1   = Bdn - Bdv
    Gain_2   = Bdf - Bdv

In tabel 6.14 zijn deze variabelen berekend voor twee subjecten.

Tabel 6.14 Datamatrix met contrastscores voor twee subjecten

Subject	Groep	Bdv	Bdn	Bdf	Average	Gain_1	Gain_2
1	1	22	4	3	9.67	-18	-19
2	1	13	3	2			
3	1	15	4	2			
⋮							
4	2	11	5	6			
5	2	11	5	7			
6	2	13	0	3	5.33	-13	-10

Deze drie nieuwe variabelen bevatten dezelfde informatie als de oude, in de zin dat je uit iemands scores op {Average, Gain_1, Gain_2} kan berekenen wat zijn scores op {Bdv, Bdn, Bdf} waren, en omgekeerd. Daardoor kunnen de nulhypothesen in termen van deze contrasten worden geformuleerd. Dat was trouwens al gedaan.

2 De toetsingsfase

Er worden nu twee analyses gedaan: *contrasten*

1. **Een GLM-Multivariate met de vooruitgangsscores als afhankelijke variabelen** en de between-subjectfactoren als onafhankelijke variabelen. In het voorbeeld zouden de variabelen Gain_1 en Gain_2 de afhankelijke variabelen zijn en Groep de between-subjectfactor. **Er is geen within-subjectfactor meer!** Want de metingen zijn nu al van elkaar afgetrokken, dat moeten we niet nog een tweede keer gaan doen.
2. **Een GLM-Univariate met de opgevoerde meting als enige afhankelijke variabele** en de between-subjectfactoren als onafhankelijke variabelen. In het voorbeeld zou de variabele Average de afhankelijke variabele zijn en Groep de between-subjectfactor. Ook hier is geen within-subjectfactor meer, want Average heeft slechts één score per subject.

3 De vertaalfase

De resultaten van de toetsing worden teruggvertaald naar de oorspronkelijke variabelen. Hierbij wordt niet gerekend. Alleen worden de juiste namen bij de effecten van de zojuist verrichtte analyses gezet. Zodat je niet meer hoeft na te denken. De terugvertaling gebeurt volgens de regels in tabel 6.15.

Tabel 6.15

Procedure	Contrasten die als afhankelijke variabele worden gebruikt	Effect op de contrasten	Terugvertaling naar het effect op de oorspronkelijke afhankelijke variabele
GLM-Multivariate	Gain_1 en Gain_2	Intercept	Hoofdeffect Tijd
		Hoofdeffect Groep	Interactie Tijd × Groep
GLM-Univariate	Average	Intercept	Intercept
		Hoofdeffect Groep	Hoofdeffect Groep

Tabel 6.15 moet je als volgt interpreteren. Als je een GLM-Repeated Measures opgeeft met BDI als afhankelijke variabele en Tijd als within-subjectfactor en Groep als between-subjectfactor, dan worden er twee analyses gedaan: een GLM-Multivariate en een GLM-Univariate (kolom 1).

- In de GLM-Multivariate worden de vooruitgangscores Gain_1 en Gain_2 als afhankelijke variabelen gebruikt (kolom 2).
- Als hierbij een significante intercept wordt gevonden (kolom 3), dan moet dat worden geïnterpreteerd als een significant hoofdeffect van Tijd op de oorspronkelijke afhankelijke variabele BDI (kolom 4). De toetsresultaten voor de intercept worden in de output dan ook vermeld bij het hoofdeffect van Tijd.
- Als hierbij een significant hoofdeffect van Groep wordt gevonden, dan moet dat worden geïnterpreteerd als een Tijd × Groep-interactie-effect op de oorspronkelijke afhankelijke variabele BDI. De toetsresultaten voor het effect van Groep op Gain_1 en Gain_2 worden in de output dan ook vermeld bij het hoofdeffect van Tijd × Groep.
- In de GLM-Univariate wordt de variabele Average gebruikt als afhankelijke variabele.
- Als hierbij een significant effect van Groep wordt gevonden, dan moet dat worden geïnterpreteerd als een significant hoofdeffect van Groep op BDI.

Het patroon hierin is dat je **elk effect op de vooruitgangsscores (Gain_1 en Gain_2) moet interpreteren als dat effect × Tijd voor de oorspronkelijke variabelen**. Elk effect op de opgevoerde meting (Average) heeft dezelfde naam bij de oorspronkelijke scores.

Waarom klopt deze vertaling? De nulhypothese van het intercept is dat het gemiddelde van de celgemiddelden gelijk is aan 0. Voor bijvoorbeeld Gain_1 is dat:

$$\mu(\text{Gain\_1} \mid \text{Treat}) + \mu(\text{Gain\_1} \mid \text{Cont}) = 0$$

Oftewel $\mu(\text{Bdn - Bdv} \mid \text{Treat}) + \mu(\text{Bdn - Bdv} \mid \text{Cont}) = 0$. Eerder was al uitgelegd dat dit voor de oorspronkelijke variabelen neerkomt op de specifieke nulhypothese voor het hoofdeffect van Tijd met betrekking tot het contrast Na versus Voor.

Analoog: de nulhypothese voor het hoofdeffect van Groep zegt dat de groepsgemiddelden gelijk zijn. Voor bijvoorbeeld Gain_1 betekent dat:

$$\mu(\text{Gain\_1} \mid \text{Treat}) = \mu(\text{Gain\_1} \mid \text{Cont})$$

Oftewel $((\text{Bdn - Bdv} \mid \text{Treat}) = ((\text{Bdn - Bdv} \mid \text{Cont})$. Eerder was al uitgelegd dat dit voor de oorspronkelijke variabelen neerkomt op de specifieke nulhypothese voor de interactie Tijd × Groep met betrekking tot het contrast Na versus Voor.

Voorbeeld
In het voorbeeld gaf GLM-Repeated Measures de resultaten in tabel 6.16, die dan ook in het gepubliceerde rapport werden vermeld. De multivariate F-waarden zijn afgeleid van Wilks' λ. De eta^2-waarden werden in het echte rapport niet vermeld.

(Tabel 6.16 bevat zowel sterretjes als *p*-waarden, dat hoeft niet allebei.)

Tabel 6.16

	Groep	Tijd	Tijd × Groep
Bdv + Bdn + Bdf	$F(1,80) = 0.073$ $p = .788$ $eta^2 = .001$		
Bdn - Bdv		$F(1,80) = 38.597$*** $p = .000$ $eta^2 = .325$	$F(1,80) = 0.681$ $p = .421$ $eta^2 = .008$
Bdf - Bdv		$F(1,80) = 36.571$*** $p = .000$ $eta^2 = .314$	$F(1,80) = 6.494$* $p = .013$ $eta^2 = .075$
Multivariaat	**(idem)**	$F(2,79) = 25.375$*** $p = .000$	$F(2,79) = 3.285$* $p = .043$

* $p < .05$; ** $p < .01$; *** $p < .001$

6.4.6 Beslissingen

In de beslissingen worden de conclusies over de hypothesen beschreven.

1. Eerst moeten de **algemene hypothesen** worden besproken. Uitsluitend als zij significant zijn worden de bijbehorende specifieke hypothesen besproken.
2. **Verwoord** de conclusies in termen van het onderzoek. Benoem dus steeds de afhankelijke en de onafhankelijke variabelen.
3. Beoordeel de **sterkte** van elk significant univariaat effect met R^2 of eta^2. Doe dat niet voor non-significante effecten.
4. Als een matig of sterk effect niet-significant is, schrijf dan dat misschien **N te klein is**.

Voorbeeld

Tabel 6.17

	Groep	Tijd	Tijd × Groep
Voor + Na + Flup	Er is geen sign. hoofdeffect van Groep op depressiviteit.		

Na vs. Voor		Er is een sterk en sign. hoofdeffect van Tijd tussen voor- en nameting van depressiviteit.	Er is geen sign. Tijd × Groep-interactie tussen voor- en nameting van depressiviteit.
Flup vs. Voor		Er is een sterk en sign. hoofdeffect van Tijd tussen voor- en flup-meting van depressiviteit.	Er is een zwak maar sign. Tijd × Groep-interactie-effect tussen voor- en flup-meting van depressiviteit.
Multivariaat	(idem)	**Er is een significant hoofdeffect van Tijd op depressiviteit.**	**Er is een sign. Tijd × Groep-interactie-effect op depressiviteit.**

Merk op dat ook hier de sterkte van het effect niet wordt beoordeeld als het effect niet-significant is (zie GLM-Multivariate).

We beschouwen de conclusies in het licht van de eerdere **interactieplot** (zie figuur 6.3).

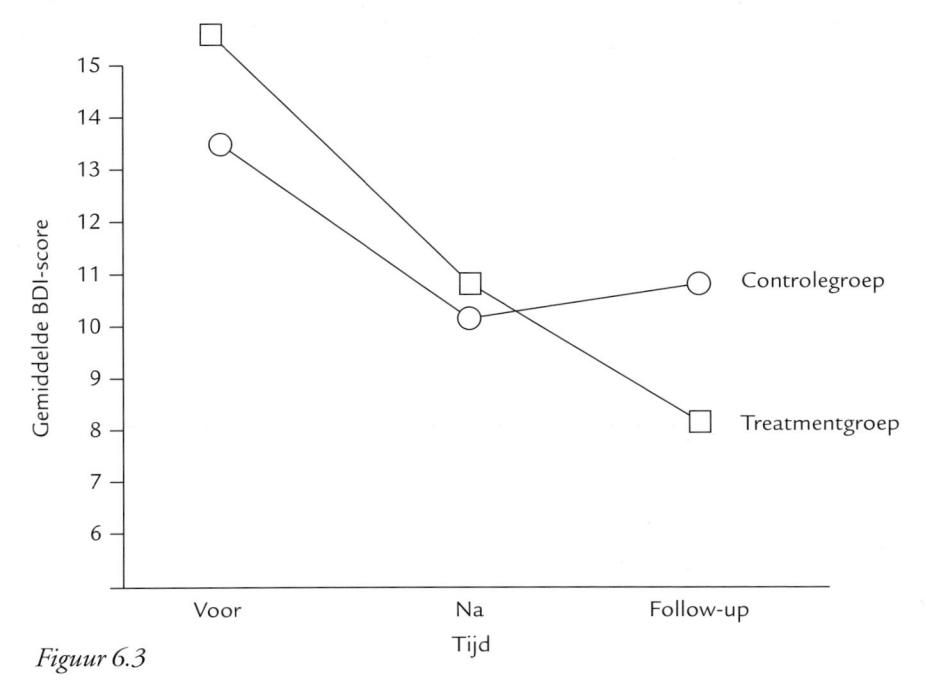

Figuur 6.3

- De nulhypothese voor het hoofdeffect van Groep wordt behouden. Als deze nulhypothese inderdaad waar is, betekent dat dat in de populatie het *gemiddelde* van de ene lijn even hoog ligt als dat van de andere lijn.
- Dat er een hoofdeffect is van Tijd komt doordat *het gemiddelde van de twee lijnen* daalt. Sterker nog: ze dalen allebei, zo kun je zien in de plot.
- Dat er een Tijd × Groep-interactie is, komt doordat de twee lijnen niet parallel zijn. Sterker nog: ze kruisen elkaar, zo kun je zien in de plot.

Welke **richting** de hoofdeffecten en interacties hebben, kun je niet aan de uitkomsten van GLM zien. Je moet de celgemiddelden inspecteren. Dus als je in dit voorbeeld slechts weet dat er een significante Tijd × Groep-interactie is, dan zou dat nog kunnen komen doordat de treatment de personen juist depressiever maakt.

Als je de conclusies in een lopend verhaal moet opschrijven en de richting van de effecten moet toelichten met de celgemiddelden, kan dat zo:

> 'Er is geen significant hoofdeffect van Groep ($F(1,80) = 0.073$, $p = .788$, $eta^2 = .001$). Gemiddeld over de drie meetmomenten is de depressiviteit van de treatmentgroep ongeveer gelijk aan die van de controlegroep (M = 11.79 en 11.49).
>
> Er is een significant hoofdeffect van Tijd (multivariate $F(2,79) = 25.375$, $p < .001$). De contrasten voormeting versus nameting en voormeting versus follow-up zijn beide significant (p's $< .001$) en sterk ($eta^2 = .325$ en $.314$). Gemiddeld over beide groepen nam de depressiviteit af in de loop van de tijd (M = 14.88, 10.61 en 9.43).
>
> Er is een significante interactie van Tijd × Groep (multivariate $F(2,79) = 3.285$, $p = .043$). Hierbij is het contrast voormeting versus nameting nog niet-significant, het contrast voormeting versus follow-up is wel significant ($F(1,80) = 6.494$, $p = .013$) maar zwak ($eta^2 = .075$). Bij de voormeting was de treatmentgroep gemiddeld depressiever dan de controlegroep (M = 15.98 en 13.78), maar ten tijde van de follow-up was dat omgedraaid (M = 8.24 en 10.63).

6.4.7 Causale interpretatie

Geef voor **ten minste één bron** een causale interpretatie, bij wijze van voorbeeld. Hiervoor moet je de Tijd × Groep-interactie kiezen als het onderzoek een quasi-experiment is. Let op: veel onderzoeken met een between- en een within-subject-factor zijn *geen* quasi-experiment, en dan kun je beter een significant *hoofdeffect* kiezen voor de causale interpretatie.

Bij een quasi-experimenteel Tijd × Groep-design is het altijd de vraag of de *treatment* een causaal effect had. De treatment is iets anders dan de factor Tijd en het is ook iets anders dan de factor Groep. Alleen de scores met Groep = treatment *en* Tijd = na of later kunnen zijn beïnvloed door de treatment. Daarom moet je kijken naar de **Tijd × Groep-interactie**. Als dat effect significant is, mag in het algemeen redelijkerwijs worden geconcludeerd dat de treatment *causaal* effect (dat wil zeggen: invloed) heeft op de afhankelijke variabele. Weliswaar zijn er theoretisch nog alternatieve verklaringen mogelijk, maar die zijn vaak nogal vergezocht en implausibel.

In een quasi-experiment is het hoofdeffect van Tijd voor de vraagstelling niet relevant omdat het het gevolg kan zijn van **autonome rijping van subjecten** (dat wil zeggen: de controlegroep verbetert eveneens). Het hoofdeffect van Groep is voor de vraagstelling niet relevant omdat het het gevolg kan zijn van **selectiebias** (dat wil zeggen: de controlegroep verschilde in aanvang van de treatmentgroep). Deze twee storingsbronnen kunnen echter geen alternatieve verklaring bieden voor een Tijd × Groep-interactie.

Toelichting
Stel dat de gemiddelden zijn genoteerd zoals in tabel 6.18.

Tabel 6.18

	Voormeting	Nameting
Treatmentgroep	A	B
Controlegroep	C	D

Het interactie-effect is dan:

(B - A) - (D - C) = vooruitgang treatmentgroep - vooruitgang controlegroep

Dit is hetzelfde als:

(B - D) - (A - C) = verschil bij nameting - verschil bij voormeting

Dit heeft tot gevolg dat er twee clusters van eenvoudige alternatieve verklaringen kunnen worden **uitgesloten**:
1 **Autonome rijping van subjecten.** Bij een design met alleen een treatmentgroep die een voormeting en een nameting krijgt, zou het mogelijk zijn geweest de vooruitgang toe te schrijven aan de mogelijkheid dat de subjecten sowieso al vooruit zouden zijn gegaan, ook zonder treatment. Dit soort alternatieve verklaringen staat in de methodeleer bekend als 'autonome rijping van subjecten'. Bij het huidige design kan de autonome rijping worden gemeten met de vooruitgang in de controlegroep, D - C. De vooruitgang in de treatmentgroep wordt hiervoor gecorrigeerd. Daarom kan autonome rijping worden uitgesloten als alternatieve verklaring.
2 **Selectiebias.** Bij een design met een treatmentgroep en een controlegroep die

alleen een nameting krijgen, zou het mogelijk zijn geweest het verschil op de nameting toe te schrijven aan het feit dat de groepen wellicht in aanvang al verschilden doordat er niet gerandomiseerd is. Dit soort alternatieve verklaringen staat in de methodeleer bekend als 'selectiebias'. Bij het huidige design kan de selectiebias worden gemeten met het verschil op de voormeting, A - C. Het verschil op de nameting wordt hiervoor gecorrigeerd. Daarom kan selectiebias worden uitgesloten als alternatieve verklaring.

Met andere woorden, in dit soort quasi-experimenten fungeert de within-subjectfactor als controlemaatregel voor de between-subjectfactor, en de between-subjectfactor fungeert als controlemaatregel voor de within-subjectfactor. Bij een causale interpretatie van een quasi-experiment moet je dus niet met dit soort alternatieve verklaringen aankomen. Dan heb je de subtiliteit van het design en de analyse zeker niet begrepen.

De alternatieve verklaringen die wel mogelijk zijn, moeten een verklaring bieden voor het gevonden **interactie**-effect. Dat zijn verklaringen van deze vorm:

3 **Selectie-rijping-interactie.** In het quasi-experimentele design kan niet worden uitgesloten dat de personen van de treatmentgroep verschillen van de controlegroep op een kenmerk dat ertoe leidt dat zij **sneller 'rijpen'**.

Dit soort verklaringen zijn ingewikkelder en daarom snel vergezocht en dus implausibel. Zij zijn echter niet helemaal uit te sluiten. Als het van zeer groot praktisch of wetenschappelijk belang is om een juiste conclusie te trekken, is het daarom toch raadzaam om ook dit soort alternatieve verklaringen te zoeken en te evalueren in vervolgonderzoek.

Voorbeeld
In het voorbeeld kan de volgende causale interpretatie worden gegeven:

> 'De primaire verklaring is dat de cursus depressiviteit vermindert en inderdaad preventief werkt. Omdat dit onderzoek een quasi-experiment was, zijn er geen eenvoudige alternatieve verklaringen.'

We bespreken dit nog wat uitgebreider dan nodig is in een elementair rapport. Selectiebias in de zin dat de deelnemers op voorhand al minder depressief zouden zijn, kan worden uitgesloten omdat uit de voormeting blijkt dat het omgekeerde waar is. Autonome rijping in de zin dat de subjecten spontaan herstellen, is weliswaar opgetreden, maar dat biedt geen verklaring voor het gevonden interactie-effect.

Toch moeten er in principe meerdere verklaringen voor het gevonden effect zijn, omdat het stemmingmakerijonderzoek slechts een quasi-experiment is. Een alternatieve verklaring is echter moeilijk te bedenken. Het zou natuurlijk zo kunnen zijn dat de deelnemersgroep relatief meer jongens bevatte en dat jongens een grotere kans op spontaan herstel hebben (depressiviteit komt vaker voor bij vrouwen), maar dat is nogal vergezocht. De enige plausibele verklaring lijkt vooralsnog de primaire verklaring, dat de cursus preventief werkt.

6.4.8 Samenvatting: elementair rapport van een repeated-measures-MANOVA

Design: afhankelijke variabele   = BDI (kwantitatief)
within-subjectfactor   = Tijd (voor, na, follow-up)
between-subjectfactor   = Groep (treatment, controle)

indeling van metingen   = (zie tabel 6.19)

Tabel 6.19

Tijd-niveau	BDI-meting
Voor	Bdv
Na	Bdn
Follow-up	Bdf

Mate van controle: Het onderzoek is een quasi-experiment (niet gerandomiseerd, treatment- en controlegroep, voor- en nameting).

Geaggregeerde data (celgemiddelden van de BDI):

Tabel 6.20

Groep	Voor (Bdv)	Na (Bdn)	Follow-up (Bdf)	**Gemiddeld**
treatment (1)	15.98	11.14	8.24	**11.79**
controle (2)	13.78	10.08	10.63	**11.49**
Gemiddeld	**14.88**	**10.61**	**9.43**	

Hypothesen (nulhypothesen):

Tabel 6.21

	Groep	Tijd	Tijd × Groep
Voor + Na + Flup	$\mu_{Treat \bullet \bullet} = \mu_{Cont \bullet \bullet}$		
Na vs. Voor		$\mu_{\bullet Voor} = \mu_{\bullet Na}$	$\mu_{Treat\,Na} - \mu_{Treat\,Voor} = \mu_{Cont\,Na} - \mu_{Cont\,Voor}$
Flup vs. Voor		$\mu_{\bullet Voor} = \mu_{\bullet Flup}$	$\mu_{Treat\,Flup} - \mu_{Treat\,Voor} = \mu_{Cont\,Flup} - \mu_{Cont\,Voor}$
Algemeen	$\mu_{Treat \bullet \bullet} = \mu_{Cont \bullet \bullet}$	$\mu_{\bullet Voor} = \mu_{\bullet Na} = \mu_{\bullet Flup}$	$\mu_{Treat\,Na} - \mu_{Treat\,Voor} = \mu_{Cont\,Na} - \mu_{Cont\,Voor}$ **en** $\mu_{Treat\,Flup} - \mu_{Treat\,Voor} = \mu_{Cont\,Flup} - \mu_{Cont\,Voor}$

Toetsing:

Tabel 6.22

	Groep	Tijd	Tijd × Groep
Bdv + Bdn + Bdf	$F(1,80) = 0.073$ $eta^2 = .001$		
Bdn - Bdv		$F(1,80) = 38.597^{***}$ $eta^2 = .325$	$F(1,80) = 0.681$ $eta^2 = .008$
Bdf - Bdv		$F(1,80) = 36.571^{***}$ $eta^2 = .314$	$F(1,80) = 6.494^*$ $eta^2 = .075$
Multivariaat	(idem)	$F(2,79) = 25.375^{***}$ $p = .000$	$F(2,79) = 3.285^*$ $p = .043$

* $p < .05$; ** $p < .01$; *** $p < .001$

Beslissingen:

Tabel 6.23

	Groep	Tijd	Tijd × Groep
Voor + Na + Flup	Er is geen sign. hoofdeffect van Groep op depressiviteit.		
Na vs. Voor		Er is een sterk en sign. hoofdeffect van Tijd tussen voor- en nameting van depressiviteit.	Er is geen sign. Tijd × Groep-interactie tussen voor- en nameting van depressiviteit.
Flup vs. Voor		Er is een sterk en sign. hoofdeffect van Tijd tussen voor- en flup-meting van depressiviteit.	Er is een zwak maar sign. Tijd × Groep-interactie-effect tussen voor- en flup-meting van depressiviteit.
Multivariaat	(idem)	**Er is een significant hoofdeffect van Tijd op depressiviteit.**	**Er is een sign. Tijd × Groep-interactie-effect op depressiviteit.**

Causale interpretatie De primaire verklaring is dat de cursus depressiviteit vermindert en inderdaad preventief werkt. Omdat dit onderzoek een quasi-experiment was, zijn er geen eenvoudige alternatieve verklaringen.

6.5 Beknopt rapport van een repeated-measures-MANOVA

Een beknopt rapport is een lopend verhaal met daarin:
- het design;
- de naam van de analyse;
- de toetsing (F, dfs, en p-waarden; R^2 of eta^2);
- de beslissingen;
- eventueel, of als gevraagd, toelichting van specifieke beslissingen met de cel- of randgemiddelden.

Bij een quasi-experiment mag de bespreking worden beperkt tot de Tijd × Groep-interactie. Dit geldt alleen bij een quasi-experiment; bij andere onderzoeken moeten gewoon alle effecten worden besproken.

De naam van de analyse is in dit geval: *repeated-measures-MANOVA* of *multivariate repeated-measures-ANOVA*.

Voorbeeld
(De gedeelten toelichting zijn gecursiveerd.)
Er werd een 2 (Groep: treatment, controle) × 3 (Tijd: voor, na, follow-up) repeated-measures-MANOVA gedaan met Groep als between-subjectfactor en Tijd als within-subjectfactor. De afhankelijke variabele was 'depressiviteit', gemeten met de BDI. Alleen de Tijd × Groep-interactie is relevant voor de vraag of de treatment effect had. Dit effect was significant ($F(2,79) = 3.285$, $p < .05$). De univariate within-subjectcontrasten voor deze interactie waren niet-significant voor de vooruitgang tussen voor- en nameting ($F(1,80) = .681$), maar wel voor de vooruitgang tussen voor- en follow-upmeting ($F(1,80) = 6.494$, $p < .05$). Dit laatste effect is echter zwak ($eta^2 = .075$). *Uit de gemiddelden blijkt dat de treatmentgroep in aanvang depressiever was (M = 15.98) dan de controlegroep (M = 13.78), maar dat dit ten tijde van de follow-up was omgedraaid (M = 8.24 en 10.63). Er kan worden geconcludeerd dat ten gevolge van de training na enige tijd de depressiviteit sterker vermindert dan zonder training.*

Stel nu dat de factor Groep niet bestond uit een treatment- en een controlegroep, maar uit een groep mannen en een groep vrouwen. Stel dat deze allen de training kregen en dat de factor Tijd bestond uit voor, na en follow-up. Dan was het onderzoek geen quasi-experiment. Dan zou je moeten bespreken: het effect van Groep, het effect van Tijd en de interactie Tijd × Groep. Bij een significante interactie zou je niet mogen concluderen dat de training invloed heeft, en ook niet dat de training bij mannen een andere invloed heeft dan bij vrouwen. Het zou net zo goed kunnen zijn dat depressiviteit (of wat je ook gemeten hebt) zich in de tijd anders ontwikkelt bij vrouwen dan bij mannen.

6.6 Aansturen van SPSS GLM-*Repeated Measures*

Zeggen dat je een analyse met within-subjectfactoren wilt doen:
1 Kies **Analyze** > **General Linear Model** > **Repeated Measures** ...

Vertellen wat die within-subjectfactoren zijn:
2 Typ naast **Within-subjectfactor Name:** de naam *die jij wilt geven* aan de eerste within-subjectfactor.
3 Typ naast **Number of Levels:** het aantal niveaus van die factor.
4 Klik op **Add**. De naam wordt in de box er naast gezet.
5 Herhaal dit voor de andere within-subjectfactoren.

Vertellen wat de indeling van de metingen is:
6 Klik op **De̱fine**.
7 Kijk bij **W̱ithin-Subjects Variables** welke meting het eerst moet worden ingedeeld (bijvoorbeeld _?_ [1] staat voor de meting bij niveau 1 van de within-subjectfactor; _?_[3,4] staat voor de meting bij niveau 3 van de eerste within-subjectfactor en niveau 4 van de tweede within-subjectfactor).
8 Selecteer links de naam van die meting.
9 Klik tussen de twee boxen op ▶. Het vraagteken wordt vervangen door de naam van de meting.
10 Herhaal dit voor de andere metingen die moeten worden ingedeeld.

Vertellen wat de between-subjectfactor is:
11 Selecteer links de naam van de variabele die jij als between-subjectfactor beschouwt.
12 Klik naast **Ḇetween-Subjects Factor(s):** op ▶.

Ervoor zorgen dat de contrasten eenvoudig zijn:
13 Klik op **Co̱ntrasts**.
14 Selecteer bij **F̱actors:** de within-subjectfactor.
15 Selecteer bij **Change Contrast** de mogelijkheid **Simple**.
16 Selecteer bij **Reference category** de optie **Fi̱rst**.
17 Klik op **C̱hange**.
18 Klik op Continue.

Vertellen wat de covariaten zijn:
 Analoog.

Vertellen welke aanvullende statistieken je wilt:
19 Klik op **O̱ptions** ... Je krijgt een nieuw dialoogvenster.
   • Klik bij **Estimated Marginal Means**, **F̱actor(s) and Factor Interactions** op de naam van de factor(en) en interacties, en dan op ▶. Daarmee vraag je om de gecorrigeerde (rand)gemiddelden.
   • Klik bij Display op **De̱scriptive statistics** en **E̱stimates of effect size** (er moet ✓ voor staan). Daarmee vraag je om celgemiddelden en eta^2.
20 Klik op Continue.

Vertellen welke plots je wilt:
21 Klik op **Ploṯs** ... Je krijgt een nieuw dialoogvenster.
   • Klik onder **F̱actors:** op een factor, en naast **H̱orizontal Axis:** op ▶.
   • Als er een tweede factor is, selecteer die dan ook en klik naast **S̱eparate Lines:** op ▶.
   • Klik op **A̱dd**.

Laten starten van het rekenen:
22   Klik op Continue en OK tot je je zin krijgt.

Voorbeeld
Stel we willen een MANOVA doen met:

afhankelijke variabele	= BDI
within-subjectfactor	= Tijd (voor, na, follow-up)
between-subjectfactor	= Groep (deelnemer, niet-deelnemer)
covariaten	geen
indeling van metingen	= (zie tabel 6.24)

Tabel 6.24

Tijd	BDI *meting*
1	Bdv
2	Bdn
3	Bdf

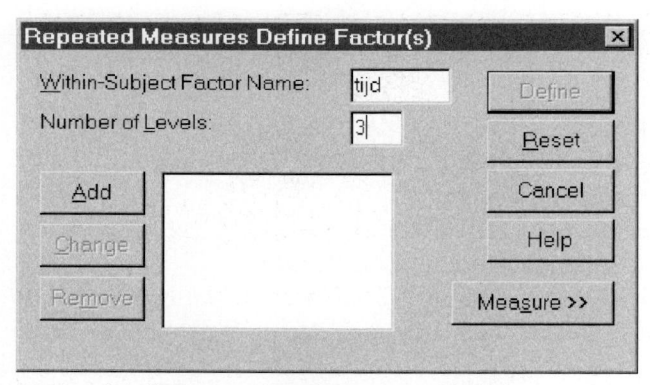

*Figuur 6.4 Als dit is ingetypt kun je op **Add** klikken*

GLM met een within-subjectfactor 189

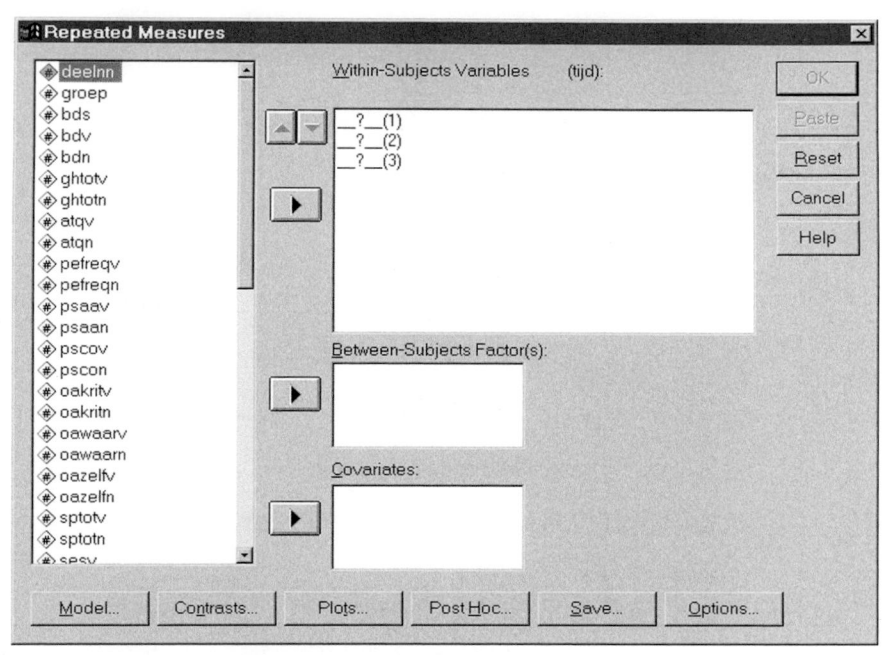

Figuur 6.5 De vraagtekens moeten worden vervangen door namen van metingen

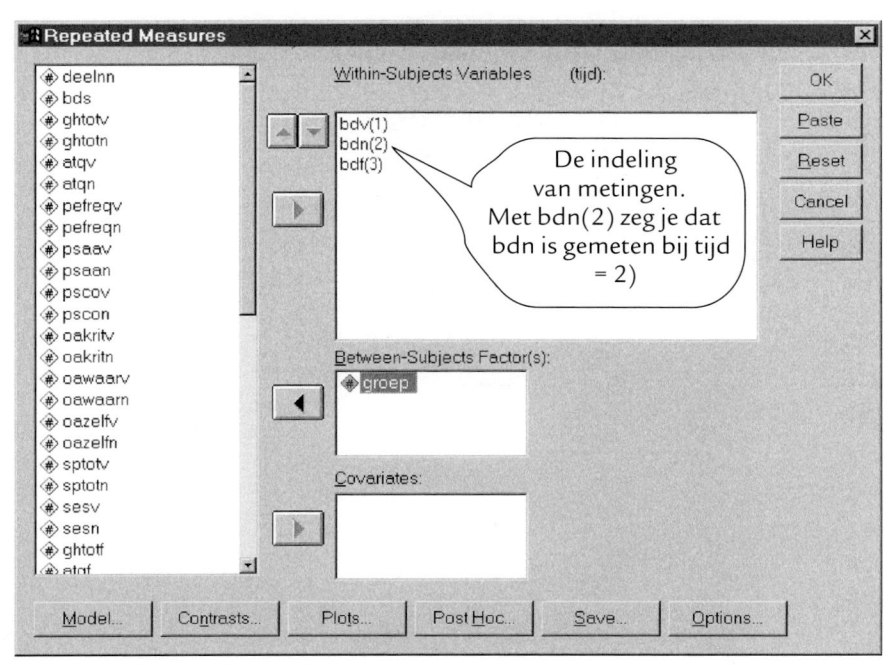

(De indeling van metingen. Met bdn(2) zeg je dat bdn is gemeten bij tijd = 2)

Figuur 6.6 Zo moet het worden

*Figuur 6.7 Deze box verschijnt als je klikt op **Contrasts** ... en zo moet je hem invullen*

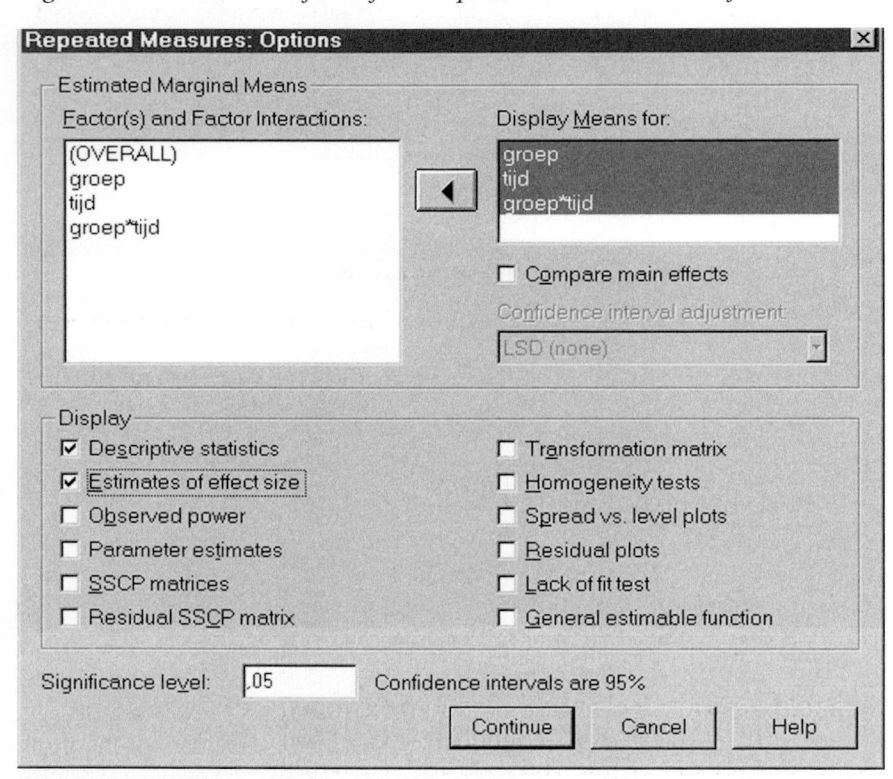

*Figuur 6.8 Deze box verschijnt als je klikt op **Options** ... en zo moet je hem invullen*

6.7 Output van SPSS GLM-*Repeated Measures* (selectie)

General Linear Model

Within-Subjects Factors

Measure: MEASURE_1

TIJD	Dependent Variable
1	BDV
2	BDN
3	BDF

Multivariate Tests[b]

Effect		Value	F	Hypothesis df	Error df	Sig.	Eta Squared
TIJD	Pillai's Trace	,391	25,375[a]	2,000	79,000	,000	,391
	Wilks' Lambda	,609	25,375[a]	2,000	79,000	,000	,391
	Hotelling's Trace	,642	25,375[a]	2,000	79,000	,000	,391
	Roy's Largest Root	,642	25,375[a]	2,000	79,000	,000	,391
TIJD * GROEP	Pillai's Trace	,077	3,285[a]	2,000	79,000	,043	,077
	Wilks' Lambda	,923	3,285[a]	2,000	79,000	,043	,077
	Hotelling's Trace	,083	3,285[a]	2,000	79,000	,043	,077
	Roy's Largest Root	,083	3,285[a]	2,000	79,000	,043	,077

a. Exact statistic
b. Design: Intercept+GROEP
Within Subjects Design: TIJD

Tests of Within-Subjects Contrasts

Measure: MEASURE_1

Source	TIJD	Type III Sum of Squares	df	Mean Square	F	Sig.	Eta Squared
TIJD	Level 2 vs. Level 1	1491,876	1	1491,876	38,597	,000	,325
	Level 3 vs. Level 1	2428,842	1	2428,842	36,571	,000	,314
TIJD * GROEP	Level 2 vs. Level 1	26,315	1	26,315	,681	,412	,008
	Level 3 vs. Level 1	431,281	1	431,281	6,494	,013	,075
Error(TIJD)	Level 2 vs. Level 1	3092,233	80	38,653			
	Level 3 vs. Level 1	5313,219	80	66,415			

Tests of Between-Subjects Effects

Measure: MEASURE_1
Transformed Variable: Average

Source	Type III Sum of Squares	df	Mean Square	F	Sig.	Eta Squared
Intercept	11101,04	1	11101,04	457,732	,000	,851
GROEP	1,771	1	1,771	,073	,788	,001
Error	1940,180	80	24,252			

Figuren 6.9-6.12

6.8 Betekenis van de output van GLM-*Repeated Measures*

De output bevat een overvloed aan toetsen waarvan je de meeste het beste direct kunt overslaan. Naast de tabellen met gemiddelden zijn de enige tabellen die voor ons van belang zijn:
- Within-Subjects Factors
- Multivariate Tests
- Tests of Within-Subjects Contrasts
- Tests of Between-Subjects Effects

Let op: er is ook een tabel **Tests of Within-Subjects Effects** maar die moet je juist **niet** hebben! Lees de vorige zinnen dus nog eens goed en let op de namen.

Samenvattend kunnen de belangrijkste uitkomsten van de ouput worden weergegeven als in tabel 6.25. Deze tabel komt overeen met het onderdeel Toetsing van het elementair rapport. De p-waarden mogen worden vervangen door sterretjes.

Tabel 6.25

	Groep	Tijd	Tijd × Groep
Bdv + Bdn + Bdf	$F(1,80) = 0.073$ $p = .788$ $eta^2 = .001$		
Bdn - Bdv		$F(1,80) = 38.597$ $p = .000$ $eta^2 = .325$	$F(1,80) = 0.681$ $p = .421$ $eta^2 = .008$
Bdf - Bdv		$F(1,80) = 36.571$ $p = .000$ $eta^2 = .314$	$F(1,80) = 6.494$ $p = .013$ $eta^2 = .075$
Multivariaat	**(idem)**	**$F(2,79) = 25.375$** **$p = .000$**	**$F(2,79) = 3.285$** **$p = .043$**

We bespreken de output nu in meer detail.

Within-subjectfactors
Merk op dat SPSS om te beginnen weergeeft wat het heeft begrepen van het design. In de eerste tabel staat de **indeling van de metingen**. Kun je kijken of jij en SPSS elkaar begrijpen. Daarvoor moet je om te beginnen weten wat volgens jou de indeling van de metingen moet zijn.

Multivariate Tests(b)
Voor het hoofdeffect van TIJD zie je de diverse multivariate toetsen. Je moet Wilks' Lambda gebruiken. Uit die regel kun je opmaken dat $F(2,79) = 25.375$, $p = .000$.

Het hoofdeffect van Tijd is dus significant.

Voor het interactie-effect van TIJD * GROEP zie je eveneens diverse multivariate toetsen. Je moet Wilks' Lambda gebruiken. Uit die regel kun je opmaken dat $F(2,79) = 3.285$, $p = .043$. De twee groepen verschillen dus significant qua gemiddelde vooruitgangsscores.

Tests of Within-Subjects Effects
Deze tabel is hier niet weergegeven. Als je ernaar kijkt, zie je dat hier dezelfde effecten worden getoetst als in de tabel Multivariate Tests. Er staan echter andere resultaten. Dat komt doordat er een andere methode wordt gebruikt. Dat wordt besproken in paragraaf 6.9.

Tests of Within-Subjects Contrasts
Uit de bron **Error**(TIJD) halen we steeds de tweede $df (= 80)$ van de F-waarden in de volgende alinea's.

Voor het hoofdeffect van TIJD zie je twee toetsen:
- **Level 2 vs. Level 1**. Dit heeft betrekking op 'Na versus Voor'. Uit deze regel kun je opmaken dat $F(1,80) = 38.597$, $p = .000$. Dat betekent dat, gemiddeld over treatment- en controlegroep, het gemiddelde van Bdn - Bdv significant afwijkt van 0. Dus de gemiddelde depressiviteit verandert tussen voormeting en nameting.
- **Level 3 vs. Level 1**. Dit heeft betrekking op 'Follow-up versus Voor'. Uit deze regel kun je opmaken dat $F(1,80) = 36.571$, $p = .000$. Dat betekent dat het gemiddelde van Bdf - Bdv significant afwijkt van 0. De gemiddelde depressiviteit verandert tussen voormeting en follow-up.

Voor het interactie-effect van TIJD * GROEP zie je twee toetsen:
- **Level 2 vs. Level 1**. Dit heeft betrekking op 'Na versus Voor'. Je ziet dat $F(1,80) = 0.681$, $p = .412$. Dat betekent dat de twee groepen niet significant verschillen wat betreft het gemiddelde op Bdn - Bdv. De controle- en de treatmentgroep gaan dus evenveel vooruit in de deze periode. Althans, die nulhypothese is houdbaar.
- **Level 3 vs. Level 1**. Dit heeft betrekking op 'Follow-up versus Voor'. Je ziet dat $F(1,80) = 6.494$, $p = .013$. Dat betekent dat de twee groepen wel significant verschillen wat betreft hun gemiddelde op Bdf - Bdn. De controlegroep gaat dus niet evenveel vooruit als de treatmentgroep in deze periode.

Tests of Between-Subjects Effects
Voor het hoofdeffect van GROEP zie je dat $F(1,80) = 0.073$, $p = .788$. Dat betekent dat de groepen niet significant verschillen wat betreft hun gemiddelde op de variabele **Average**, dat is (Bdv + Bdn + Bdf) / 3. Gemiddeld over de drie tijdstippen zijn de twee groepen dus even depressief. Althans, die nulhypothese is houdbaar.

Estimated Marginal Means
Deze tabel is niet weergegeven in de voorbeeldoutput. Hier geldt echter hetzelfde voor als bij GLM-Univariate. Dus ook hier geldt dat als de beslissingen worden toegelicht, dit moet gebeuren met *deze* gemiddelden. Als de gemiddelden van de tabel Descriptive Statistics hiervan afwijken, zijn die laatste gemiddelden ongeschikt voor de toelichting. Dat zal het geval zijn als de n's ongelijk zijn of als er een covariaat is.

6.9 Meer over repeated measures

Er zijn twee manieren om het effect van een within-subjectfactor te toetsen: de univariate methode en de multivariate methode. Als je nu denkt dat je dit onderscheid al kent, dan heb je het helemaal mis. Wat tot nu toe is besproken, is het verschil tussen de multivariate en univariate *toetsen*. Nu gaan we het hebben over het verschil tussen de multivariate en univariate *methode*. Dat is iets heel anders. De univariate toetsen die in dit hoofdstuk zijn besproken horen namelijk bij de *multivariate* methode, niet bij de univariate methode.

De **multivariate methode** is in dit hoofdstuk besproken. Daarbij berekent het programma verschilscores, en die worden gebruikt als afhankelijke variabelen in een MANOVA. Die afhankelijke variabelen kan men ook één voor één analyseren en dan ontstaan de univariate contrasttoetsen die horen bij de multivariate methode. De **univariate methode** is in deel 3 van deze serie besproken. Daarbij wordt de factor Subject toegevoegd als een (technische) random factor, en $MS_{Interactie}$ wordt gebruikt in plaats van MS_{Within}. Je zou dit met GLM-Univariate kunnen nabootsen als je in de data voor elk subject de scores op de afhankelijke variabele onder elkaar zet, in plaats van naast elkaar (zie tabellen 1.3 en 1.4).

In de SPSS-output staan de toetsen die horen bij de univariate methode in de tabel Tests of Within-Subjects Effects. Deze tabel bevat toetsen voor de algemene hypothesen en is in daarom qua hypothesen *gelijkwaardig* aan de tabel Multivariate Tests. Daarentegen staan de univariate toetsen die horen bij de multivariate methode in de tabel Tests of Within-Subjects Contrasts. Die tabel bevat toetsen van de specifieke hypothesen en is een *vervolg* op de tabel Multivariate Tests, maar is daar niet gelijkwaardig aan.

Zoals in deel 3 is uitgelegd, is het bij de univariate benadering van repeated-measures-ANOVA nodig om sphericiteit te veronderstellen, en is deze assumptie regelmatig geschonden. Een manier om dit op te lossen is door het aantal vrijheidsgraden te corrigeren. Hier bestaan weer drie varianten van: Greenhouse-Geisser, Huynh-Feldt en de Lowerbound. Deze toetsen staan vermeld in de tabel Tests of Within-Subjects Effects van de SPSS-output. Een andere oplossing hiervoor is om de multivariate benadering te gebruiken. Daarbij is geen sphericiteit nodig. Hierbij bestaan dan weer vier varianten: Wilks' λ, Pillai's trace, Hotteling's trace en Roy's largest root.

In het totaal staan er in de output dus acht manieren om dezelfde algemene hypothese te toetsen: vier van de univariate methode en vier van de multivariate methode. Als de within-subjectfactor slechts twee niveaus heeft, leveren deze toetsen alle acht dezelfde uitkomst, welke dan neerkomt op een t-toets voor gekoppelde paren (zie deel 2 van deze serie). Dan gebruik je een olifant om een mug dood te slaan. Als de within-subjectfactor meer dan twee niveaus heeft, leveren deze toetsen in het algemeen alle acht een andere uitkomst.

Er is geen eenvoudige regel om te zeggen welke methode beter is. Daarom was ik in hoofdstuk 1 vaag over de kwestie of er bij repeated-measures sprake is van een ANOVA of een MANOVA; het kan allebei. Wel is het zo, dat als het aantal condities groot is in vergelijking met het aantal subjecten, de multivariate methode onmogelijk is. Daarom zal je in de 'harde' psychologie (fysiologische psychologie, functieleer) overwegend de univariate methode tegenkomen, en in de 'zachte' psychologie (klinische psychologie, arbeids- & organisatiepsychologie) overwegend de multivariate methode. Dat ligt niet aan hard versus zacht, maar aan het aantal condities dat men meestal gebruikt in zo'n gebied.

Algina & Keselman (1997) bespreken enkele regels om te kiezen tussen de univariate en de multivariate methode. De eenvoudigste regel die zij voorstellen is, met N = aantal subjecten en K = aantal condities: Gebruik de multivariate methode als $K \leq 8$ en $N \geq K + 30$ en Huynh-Feldt schatting voor epsilon < 0.85. De waarde van epsilon vindt je in de SPSS-output bij Mauchly's test for sphericity. In die gevallen heeft de multivariate methode een grotere power dan de univariate. De auteurs bespreken ook wat ingewikkelder regels.

In dit artikel wordt alleen het simpele design besproken van een within-subjectfactor zonder between-subjectfactor. Als er meerdere within-subjectfactoren zijn, lijkt het me dat je deze regel moet toepassen op elke factor of interactie afzonderlijk. Voor elk hoofdeffect moet je dan nemen K = (het aantal niveaus van die factor) en epsilon = (de epsilon van die factor). Dat schrijven de auteurs bij mijn weten niet in het artikel, maar het is er mijns inziens een logisch gevolg van. Om de regel per factor of interactie toe te passen, leidt wel tot de onaangename mogelijkheid dat je voor de ene factor univariaat en voor de andere multivariaat moet toetsen.

Daarnaast zijn er echter nog andere redenen die tot een keuze kunnen leiden. Ten eerste, in de univariate methode is het mogelijk dat de within-subjectfactoren random zijn; in de multivariate methode kunnen zij alleen maar fixed zijn. Ten tweede, in de univariate methode is het mogelijk om subjecten te gebruiken die op sommige metingen een missende waarneming hebben. Bij de multivariate methode worden zulke subjecten automatisch verwijderd uit alle berekeningen. In beide omstandigheden is de meerwaarde van de univariate methode binnen SPSS echter alleen te bereiken door het gebruik van GLM-Univariate op de manier die is beschreven aan het begin van deze paragraaf. Het gevaar daarvan is dat dan alsnog sphericiteit moet worden verondersteld.

Blijft over de vraag of je binnen de univariate methode moet kijken naar Greenhouse-Geisser of Huynh-Feldt (de Lower bound wordt sowieso al door meerdere auteurs afgeraden vanwege te weinig power). Algina & Keselman melden dat in hun simulaties Huynh-Feldt in het algemeen een grotere power had. Dan zou die te prefereren zijn. Dit wordt ook gesteld door Tabachnick & Fidell (2001a).

In het geval van designs met een treatmentgroep en een controlegroep en een voormeting en een nameting, kan men stellen dat er nog een methode is om de data te analyseren: een ANCOVA waarbij de voormeting wordt gebruikt als covariaat, de groep als between-subjectfactor, en de nameting als afhankelijke variabele. Ook deze analyse is goed te verdedigen, en kan resultaten produceren die substantieel afwijken van een repeated-measures-(M)ANOVA. In een quasi-experiment is niet uit te maken welke methode beter is. In een experiment, als de factor Groep is gerandomiseerd, is een ANCOVA beter dan een repeated-measures-(M)ANOVA vanwege een grotere power (Maris, 1998).

6.10 Opgaven

Designs met een within- en een between-subjectfactor

Opgave 6.1 (voorbereiding van computeropgaven)

a Wat hebben de begrippen 'longitudinaal' en 'cross-sectioneel' te maken met de hier behandelde designs?
b Wat is een contrast? Welke contrasten zijn er voor een within-subjectfactor met vier niveaus?
c Waarom leiden within-subjectfactoren tot multivariate toetsen?

Opgave 6.2 (voorbereiding van computeropgaven)

Deze data zijn uit het scriptieonderzoek van Mark Boitelle (Arbeids- en Organisatiepsychologie, KUN 1998). Een groep managers kreeg een training, een andere groep kreeg dat niet. Op drie verschillende sessies (voor, na, follow-up) werd onder meer gemeten hoeveel zij piekerden. De data, voorzover hier relevant, zien er schematisch als in tabel 6.26 uit.

Tabel 6.26

Subject	Groep	Pieker1	Pieker2	Pieker3
1	1	1	0	0
2	1	2	1	2
3	2	5	4	4
...	...	...	...	...

Op deze data werd een repeated-measures-MANOVA gedaan met GLM. De volledige output staat in figuur 6.13 tot en met figuur 6.23, inclusief de onderdelen die je mag negeren (natuurlijk had ik alvast een selectie kunnen maken, maar het selecteren van relevante output is nou eenmaal iets dat je moet leren)

a Waar staat de indeling van de metingen? (SPSS gebruikt de term 'Dependent variable' voor wat wij 'meting' noemen, en 'Measure' voor wat wij 'afhankelijke variabele' noemen. Het probleem is dat ik de termen in dit boek consistent wil gebruiken, terwijl SPSS dat niet doet. In de (algemeen gangbare) term 'Repeated measures' heeft 'measure' bijvoorbeeld wel degelijk de betekenis van 'meting'.)
b Maak een elementair rapport. Licht de conclusies toe met de gemiddelden.
c Naar welk effect moet je kijken om te beoordelen of het piekeren vermindert *tijdens* de training?
d Naar welk effect moet je kijken om te beoordelen of het piekeren vermindert *door* de training? (Dit is een andere vraag dan (**b**)!)

e Heeft de training het beoogde causale effect? Hoe zeker ben je van je conclusie? Betrek bij die laatste vraag de hoogte van de p-waarden van de multivariate en de univariate toetsen (ook als dat tegen de regels is). Wat zou je de onderzoeker aanraden om te veranderen in dit onderzoek?

General Linear Model

Within-Subjects Factors

Measure: MEASURE_1

SESSIE	Dependent Variable
1	PIEKER1
2	PIEKER2
3	PIEKER3

Between-Subjects Factors

		N
GROEP	1,00	12
	2,00	13

Multivariate Tests[b]

Effect		Value	F	Hypothesis df	Error df	Sig.	Eta Squared
SESSIE	Pillai's Trace	,096	1,169[a]	2,000	22,000	,329	,096
	Wilks' Lambda	,904	1,169[a]	2,000	22,000	,329	,096
	Hotelling's Trace	,106	1,169[a]	2,000	22,000	,329	,096
	Roy's Largest Root	,106	1,169[a]	2,000	22,000	,329	,096
SESSIE * GROEP	Pillai's Trace	,216	3,037[a]	2,000	22,000	,068	,216
	Wilks' Lambda	,784	3,037[a]	2,000	22,000	,068	,216
	Hotelling's Trace	,276	3,037[a]	2,000	22,000	,068	,216
	Roy's Largest Root	,276	3,037[a]	2,000	22,000	,068	,216

a. Exact statistic
b. Design: Intercept+GROEP
   Within Subjects Design: SESSIE

Mauchly's Test of Sphericity[b]

Measure: MEASURE_1

Within Subjects Effect	Mauchly's W	Approx. Chi-Square	df	Sig.	Epsilon[a]		
					Greenhouse-Geisser	Huynh-Feldt	Lower-bound
SESSIE	,933	1,528	2	,466	,937	1,000	,500

Tests the null hypothesis that the error covariance matrix of the orthonormalized transformed dependent variables is proportional to an identity matrix.

a. May be used to adjust the degrees of freedom for the averaged tests of significance. Corrected tests are displayed in the Tests of Within-Subjects Effects table.
b. Design: Intercept+GROEP
   Within Subjects Design: SESSIE

Figuren 6.13-6.16

Tests of Within-Subjects Effects

Measure: MEASURE_1

Source		Type III Sum of Squares	df	Mean Square	F	Sig.	Eta Squared
SESSIE	Sphericity Assumed	4,494	2	2,247	1,378	,262	,057
	Greenhouse-Geisser	4,494	1,874	2,398	1,378	,262	,057
	Huynh-Feldt	4,494	2,000	2,247	1,378	,262	,057
	Lower-bound	4,494	1,000	4,494	1,378	,252	,057
SESSIE * GROEP	Sphericity Assumed	9,614	2	4,807	2,947	,062	,114
	Greenhouse-Geisser	9,614	1,874	5,130	2,947	,066	,114
	Huynh-Feldt	9,614	2,000	4,807	2,947	,062	,114
	Lower-bound	9,614	1,000	9,614	2,947	,099	,114
Error(SESSIE)	Sphericity Assumed	75,026	46	1,631			
	Greenhouse-Geisser	75,026	43,107	1,740			
	Huynh-Feldt	75,026	46,000	1,631			
	Lower-bound	75,026	23,000	3,262			

Tests of Within-Subjects Contrasts

Measure: MEASURE_1

Source	SESSIE	Type III Sum of Squares	df	Mean Square	F	Sig.	Eta Squared
SESSIE	Level 2 vs. Level 1	3,816	1	3,816	1,494	,234	,061
	Level 3 vs. Level 1	8,681	1	8,681	2,162	,155	,086
SESSIE * GROEP	Level 2 vs. Level 1	15,016	1	15,016	5,879	,024	,204
	Level 3 vs. Level 1	13,801	1	13,801	3,437	,077	,130
Error(SESSIE)	Level 2 vs. Level 1	58,744	23	2,554			
	Level 3 vs. Level 1	92,359	23	4,016			

Tests of Between-Subjects Effects

Measure: MEASURE_1
Transformed Variable: Average

Source	Type III Sum of Squares	df	Mean Square	F	Sig.	Eta Squared
Intercept	161,650	1	161,650	56,975	,000	,712
GROEP	2,077	1	2,077	,732	,401	,031
Error	65,256	23	2,837			

Estimated Marginal Means

1. GROEP

Measure: MEASURE_1

GROEP	Mean	Std. Error	95% Confidence Interval	
			Lower Bound	Upper Bound
1,00	2,833	,486	1,827	3,839
2,00	2,256	,467	1,290	3,223

Figuren 6.17-6.20

2. SESSIE

Measure: MEASURE_1

SESSIE	Mean	Std. Error	95% Confidence Interval	
			Lower Bound	Upper Bound
1	2,872	,449	1,944	3,800
2	2,481	,364	1,727	3,235
3	2,282	,371	1,515	3,049

3. GROEP * SESSIE

Measure: MEASURE_1

GROEP	SESSIE	Mean	Std. Error	95% Confidence Interval	
				Lower Bound	Upper Bound
1,00	1	3,667	,647	2,328	5,005
	2	2,500	,526	1,413	3,587
	3	2,333	,535	1,227	3,440
2,00	1	2,077	,622	,791	3,363
	2	2,462	,505	1,417	3,506
	3	2,231	,514	1,168	3,294

Figuren 6.21-6.22

Profile Plots

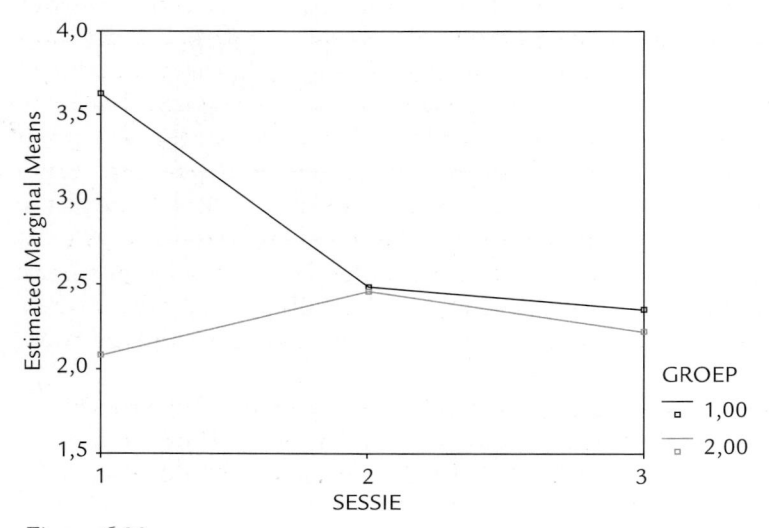

Figuur 6.23

Opgave 6.3 (computeropgave)

Open de data van het stemmingmakerijonderzoek in file *stemming.sav* (data: Nine Veltman, Klinische psychologie, KUN). Selecteer met *Data > Select Cases > If condition is satisfied* de subjecten met Bdv ≥ 10 en Bdv ≤ 25 (het symbool voor '≥' is '>=', het symbool voor '≤' is '<=', het symbool voor 'en' is '*and*' of '&'). De onderzoekshypothese gaat namelijk alleen over die subjecten.

a *Herhaal* hiermee de in dit hoofdstuk (paragraaf 6.4.8) gerapporteerde analyse van het stemmingmakerijonderzoek, met BDI als afhankelijke variabele. Controleer of de in die paragraaf vermelde resultaten overeenstemmen met die van jou.

b Houd dezelfde selectie van subjecten. Bereken met *Transform > Compute* achtereenvolgens deze variabelen: Contr1 = Bdn - Bdv, Contr2 = Bdf - Bdv, Som = Bdv + Bdn + Bdf. Gebruik Contr1 en Contr2 als afhankelijke variabelen in GLM-**Multivariate**. Neem als fixed factor de variabele Groep. Doe daarna een analyse met GLM-**Univariate** waar Som de afhankelijke variabele is en Groep de factor. Neem de output van (**a**) en (**b**) mee.

Opgave 6.4 (computeropgave)

Open het bestand *ketamine.sav* (data: Natasja de Bruin, Vergelijkende en Fysiologische psychologie, KUN). Deze data hebben betrekking op ratten die ketamine krijgen, waarvan ze vermoedelijk gaan hallucineren. De ratten zijn random ingedeeld in drie groepen, die verschillende doses ketamine krijgen. In de variabele Dose staat in welke groep de rat zit. Dat wil zeggen: hoeveel ketamine hij kreeg (zie de labels van die variabele om de betekenis van 1, 2, 3 te achterhalen). De ratten kregen tijdens het experiment bij 40 trials een stimulus van 120 dB te horen, waarvan ze zich uiteraard lam schrikken (120 dB is vergelijkbaar met een scheepshoorn). Hoe hard ze schrikken, wordt gemeten met een accelerometer, die de totale lichaamsbeweging detecteert. Op sommige trials (waarvan de volgorde is gerandomiseerd) wordt 100 ms voorafgaande aan de stimulus een prepulse gegeven van 73, 75 of 80 dB. Dan schrikken de ratten wat minder hard. Dit verschijnsel, dat de ratten minder hard schrikken door een prepulse, noemt men *inhibitie*. In de variabelen *p120*, *pp3*, *pp5* en *pp10* staat respectievelijk hoe hard de rat gemiddeld schrikt met een prepulse van 0 dB (= geen), 73 dB, 75 dB en 80 dB. Uit deze variabelen is de inhibitie berekend als de percentuele vermindering in schrik, namelijk:

$$\begin{aligned}
Inhib3 &= 100 - (pp3/p120) * 100 & &= \text{inhibitie bij 73 dB prepulse} \\
Inhib5 &= 100 - (pp5/p120) * 100 & &= \text{inhibitie bij 75 dB prepulse} \\
Inhib10 &= 100 - (pp10/p120) * 100 & &= \text{inhibitie bij 80 dB prepulse}
\end{aligned}$$

Neem **inhibitie** als afhankelijke variabele, niet de schrik zelf. De theorie is nu dat de inhibitie groter is naarmate de prepulse luider is, en dat ketamine de inhibitie vermindert.

a Veel studenten hebben moeite met deze opgave. Dat komt denk ik doordat zij paragraaf 1.2 over within-subjectfactoren en/of de tekst van deze opgave te oppervlakkig lezen. Daarom dit inleidend onderdeel. Als de rest van de opgave niet lukt, moet je dit onderdeel wat serieuzer maken. Zoek met de Data Editor van SPSS waar de variabelen pp3, pp5, pp10, Inhib3, Inhib5 en Inhib10 staan. Lees bovenstaande tekst goed. Wat is het verschil tussen prepulse en inhibitie? Wat is het verschil tussen de pp-variabelen en de inhib-variabelen? Wat is het verschil tussen prepulse en de pp-variabelen? Lees paragraaf 1.2. Leg uit waarom prepulse in dit bestand geen variabele kan zijn. Leg uit waarom men kan stellen dat de pp-variabelen een misleidende naam hebben voor oppervlakkige lezers. Ben je het nog steeds eens met je eerdere antwoord over het verschil tussen prepulse en pp? Hoeveel niveaus heeft prepulse bij deze vraag?

(handschrift in marge: ↳ bij verplichte tentamenopdracht met 0 als eindcijfer: F(Dose) = 4,038)

b Toets de theorie met GLM. Zorg dat *beide* hypothesen worden getoetst! Je moet onder andere vinden $F(Dose) = 4.175$.

c Laat de celgemiddelden berekenen. Neem de output van (b) en (c) mee.

Opgave 6.5 (verwerking van computeropgaven)

a Zie opgave 6.3. Maak voor alledrie de analyses een Toetsingstabel met F- en p-waarden. Neem in de Toetsingstabel van de GLM-Multivariate ook het Intercept op als bron. Leg de tabel van (a) naast de tabellen van (b). Vergelijk welke uitkomsten van (b) terug zijn te vinden in de tabel van (a). Maak hier een overzicht van. Leg uit hoe het mogelijk is dat iets wat bij de ene analyse een hoofdeffect is, bij de andere analyse een interactie-effect wordt genoemd.

b Zie verder de output van opgave 6.4. Maak een elementair rapport.

c Licht de conclusies toe met de celgemiddelden.

d Schrijf een beknopt rapport.

e Naar welk effect moet je kijken voor de vraag of ketamine de inhibitie vermindert? En wat is je conclusie daarover?

Designs met meerdere within-subjectfactoren

Opgave 6.6 (voorbereiding van computeropgaven)

Maak een specificatie van het design van de data in tabel 6.27. Geef ook aan welke algemene hypothesen er zijn (laat de contrasten buiten beschouwing). Er zijn twee treatments, die aan verschillende subjecten worden gegeven die elk man of vrouw zijn, zoals gewoonlijk. Er is ook een controlegroep. Er is een voormeting, een nameting en een follow-upmeting. In elk van deze fasen wordt het subject op vijf verschillende uren gemeten. De scores staan in de cellen.

Tabel 6.27

Treatment	Gender	Subject	Pretest 1	2	3	4	5	Posttest 1	2	3	4	5	Follow-up 1	2	3	4	5
Control	Male	1	1	2	4	2	1	3	2	5	3	2	2	3	2	4	4
		2	4	4	5	3	4	2	2	3	5	3	4	5	6	4	1
		3	5	6	5	7	7	4	5	7	5	4	7	6	9	7	6
	Female	4	5	4	7	5	4	2	2	3	5	3	4	4	5	3	4
		5	3	4	6	4	3	6	7	8	6	3	4	3	6	4	3
A	Male	6	7	8	7	9	9	9	9	10	8	9	9	10	11	9	6
		7	5	5	6	4	5	7	7	8	10	8	8	9	11	9	8
	Female	8	2	3	5	3	2	2	4	8	6	5	6	6	7	5	6
		9	3	3	4	6	4	4	5	6	4	1	5	4	7	5	4
B	Male	10	4	4	5	3	4	6	7	6	8	8	8	8	9	7	8
		11	3	3	4	2	3	5	4	7	5	4	5	6	8	6	5
		12	6	7	8	6	3	9	10	11	9	6	8	7	10	8	7
	Female	13	5	5	6	8	6	4	6	6	8	6	8	8	9	7	8
		14	2	2	3	1	2	5	6	7	5	2	7	6	8	6	3
		15	2	2	3	4	4	6	6	7	9	7	7	7	8	6	7
		16	4	5	7	5	4	7	7	8	6	7	7	8	10	8	7

Opgave 6.7 (computeropgave)

Open de data van opgave 6.6. Deze staan in de file *veel.sav*. Doe een GLM-analyse met de factoren Sessie (voor, na, follow-up), Uur (1, 2, 3, 4, 5), Geslacht, Treatment. Doe ook een analyse met slechts de factoren Uur en Treatment. Bewaar de output voor de volgende opgave.

Opgave 6.8 (verwerking van computeropgaven)

Bestudeer de output van opgave 6.7. Negeer de within-subjectcontrasten. Schrijf een beknopt rapport.

7 GLM met within-subjectfactoren en meerdere afhankelijke variabelen

7.1 Inleiding

Achtergrond
In hoofdstuk 4 hebben we designs besproken met één afhankelijke variabele, zonder within-subjectfactoren. In hoofdstuk 5 hebben we designs besproken met meerdere afhankelijke variabelen, zonder within-subjectfactoren. In hoofdstuk 6 hebben we designs besproken met within-subjectfactoren, maar slechts één afhankelijke variabele. En wat denk je dat we nu gaan doen? Juist.

In dit hoofdstuk wordt GLM behandeld voor designs **met within-subjectfactoren *en* meerdere afhankelijke variabelen**. De betreffende rekenprocedure is GLM-Repeated Measures in SPSS, waarbij je in het eerste dialoogvenster op de knop **Measures >>** moet klikken.

Doel
Na bestudering van dit hoofdstuk en het maken van de opgaven kun je, gegeven de data en de vraagstelling, met behulp van SPSS *GLM-Repeated Measures*:
- een **elementair rapport** maken van de GLM-analyse;
- een **beknopt rapport** maken van de GLM-analyse;
- de betekenis van de hypothesen of beslissingen **toelichten** met behulp van de geaggregeerde data;
- de analyse beschrijven en uitvoeren met behulp van een **eenvoudiger analyse**, namelijk GLM-Repeated Measures met GLM-Multivariate.

Een elementair rapport bevat, net als eerdere analyses: **design**, mate van controle, geaggregeerde data (gemiddelden en correlaties), **hypothesen, toetsing, beslissingen, causale interpretatie**. Op het tentamen is waarschijnlijk SPSS-output gegeven en hoef je niet een volledig elementair rapport te maken, maar slechts enkele onderdelen daarvan; met name de vetgedrukte. (Dat is althans wat ik veronderstel bij het schrijven van dit boek. Check dit bij jouw cursus.)

Een beknopt rapport is een lopend verhaal en bevat: het design, de gekozen analyse, de belangrijkste elementen van de toetsing en de beslissingen.

Toelichten met behulp van de geaggregeerde data wil zeggen dat je de **steekproefwaarden noemt** van de gemiddelden waar de hypothese iets over zegt. Ook moet je desgevraagd kunnen aangeven **wat** de hypothese daar dan over zegt.

7.2 Samenvatting

We beschouwen hier designs met:
- **meerdere kwantitatieve, afhankelijke variabelen**;
- **één of meer within-subjectfactoren**;
- eventueel between-subjectfactoren;
- eventueel covariaten.

De meeste aandacht zal uitgaan naar designs met meerdere afhankelijke variabelen, één within-subjectfactor, één between-subjectfactor en geen covariaten.

De SPSS-procedure voor al deze designs is GLM-**Repeated measures**, waarbij moet worden aangegeven dat er sprake is van meerdere 'measures' (afhankelijke variabelen). In het rapporteren wordt deze analyse aangeduid als een **dubbel multivariate repeated-measures-ANOVA**.

Als er meerdere afhankelijke variabelen zijn, zijn er meerdere metingen per subject verricht. Als er een within-subjectfactor is, zijn er ook meerdere metingen per subject verricht. Wat is het verschil daartussen? Metingen van verschillende afhankelijke variabelen worden niet met elkaar vergeleken. Zij hebben meestal een ander soort uitkomstmaat (bijvoorbeeld 'duur' en 'frequentie' van een gedrag) of een andere dimensie (bijvoorbeeld 'depressiviteit' en 'sociale steun') waardoor het onzin zou zijn te kijken of hun scores verschillend zijn. Metingen bij verschillende niveaus van een within-subjectfactor worden wel met elkaar vergeleken. Zij hebben meestal hetzelfde soort uitkomstmaat en dezelfde dimensie (bijvoorbeeld 'depressiviteit gemeten met de BDI') en zijn alleen gemeten onder verschillende condities (zoals Bdv, Bdn en Bdf).

De algemene nulhypothesen zijn: er is geen hoofdeffect van Tijd, er is geen Tijd × Groep-interactie-effect, er is geen hoofdeffect van Groep, enzovoort. Deze nulhypothesen zeggen steeds dat de betreffende bron op **geen enkele afhankelijke variabele effect** heeft. De specifieke nulhypothesen zijn hetzelfde als bij een gewone repeated-measures-MANOVA, voor elke afhankelijke variabele apart.

De algemene nulhypothesen worden multivariaat getoetst. De specifieke nulhypothesen worden univariaat getoetst.

7.3 Kort voorbeeld van een dubbel multivariate repeated-measures-ANOVA

In het onderzoekje van paragraaf 6.3 is het logisch niet alleen Eenzaamheid op vier tijdstippen te meten, maar ook Openheid en Non-conformisme. De vier eenzaamheidsscores moeten met elkaar worden vergeleken, en de vier openheidsscores moeten met elkaar worden vergeleken, enzovoort. **Maar de eenzaamheidsscores moeten niet worden vergeleken met de openheidsscores,** enzovoort. Er is dan weer één within-subjectfactor, maar bovendien zijn er meerdere afhankelijke variabelen (**measures** in SPSS). Zulke data kunnen eveneens met GLM-**Repeated** worden geanalyseerd, zij het dat je dan duidelijk moet maken dat er drie measures zijn: Eenzaamheid, Openheid en Non-conformisme. Ook moet je opgeven wat hun metingen zijn, zoals in tabel 7.1. Hier zijn eenzaam1 tot en met nonconf4 de SPSS-namen voor de metingen.

Tabel 7.1

Afhankelijke variabele	Tijd			
	Niveau 1	Niveau 2	Niveau 3	Niveau 4
Eenzaamheid	eenzaam1	eenzaam2	eenzaam3	eenzaam4
Openheid	open1	open2	open2	open4
Non-conformisme	nonconf1	nonconf2	nonconf3	nonconf4

Er worden dan univariate analyses gedaan voor de verschilscores en opgevoerde meting van Eenzaamheid; soortgelijke analyses voor Openheid; en soortgelijke analyses voor Non-conformisme. Bovendien worden deze analyses gecombineerd tot multivariate toetsen voor alledrie de afhankelijke variabelen tegelijk. Een 'beknopt' rapport daarover is dus nog altijd een heel verhaal.

De tabel met toetsen die je moet rapporteren heeft in principe de structuur van tabel 7.2.

Tabel 7.2

Afhankelijke variabele	Contrast	Nationaliteit	Tijd	Tijd × Nationaliteit
Eenzaamheid	Gemiddeld over Tijd	F, p, eta^2		
	Tijd 2 vs. 1		F, p, eta^2	F, p, eta^2
	Tijd 3 vs. 1		F, p, eta^2	F, p, eta^2
	Tijd 4 vs. 1		F, p, eta^2	F, p, eta^2
Openheid	Gemiddeld over Tijd	F, p, eta^2		
	Tijd 2 vs. 1		F, p, eta^2	F, p, eta^2
	Tijd 3 vs. 1		F, p, eta^2	F, p, eta^2
	Tijd 4 vs. 1		F, p, eta^2	F, p, eta^2
Non-conformisme	Gemiddeld over Tijd	F, p, eta^2		
	Tijd 2 vs. 1		F, p, eta^2	F, p, eta^2
	Tijd 3 vs. 1		F, p, eta^2	F, p, eta^2
	Tijd 4 vs. 1		F, p, eta^2	F, p, eta^2
	Multivariaat	**F, p**	**F, p**	**F, p**

7.4 Elementair rapport van een dubbel multivariate repeated-measures-ANOVA

Doorlopend voorbeeld

Als voorbeeld nemen we weer het stemmingmakerijonderzoek. We hebben de gegevens met betrekking tot de depressiviteit (BDI) al geanalyseerd. In het onderzoek werd echter ook voor elk subject 'automatische negatieve gedachten' gemeten. Dit geschiedde met de ATQ (zie deel 1 van deze serie). Ook deze test werd tijdens de voormeting, de nameting en de follow-up afgenomen. Ook voor deze test is de onderzoekshypothese dat de training er effect op zou hebben. De training was namelijk zo opgezet dat hij met name automatische negatieve gedachten zou verminderen, en als gevolg daarvan hopelijk ook de depressiviteit. De data zien er schematisch uit als tabel 7.3.

Tabel 7.3

Subject	Groep	Bdv	Bdn	Bdf	Atqv	Atqn	Atqf
1	1	22	4	3	73	71	67
2	1	13	3	2	66	65	65
3	1	15	4	2	88	70	75
...	...	...	...	...	...	...	...
5	2	11	5	7	66	68	72
6	2	13	0	3	82	71	77

7.4.1 Design

Bij de indeling van de metingen moet weer voor elke meting worden gespecificeerd bij welke conditie van de within-subjectfactoren hij hoort. Daarnaast moet nu echter ook worden aangegeven bij welke afhankelijke variabele de meting hoort.

Voorbeeld

   afhankelijke variabele 1 = BDI (kwantitatief)
   afhankelijke variabele 2 = ATQ (kwantitatief)
   within-subjectfactor = Tijd (voor, na, follow-up)
   between-subjectfactor = Groep (treatment, controle)

   indeling van metingen = (zie tabel 7.4)

Afhankelijke variabele	Tijd	Meting
BDI	Voor	Bdv
	Na	Bdn
	Follow-up	Bdv
ATQ	Voor	Atqv
	Na	Atqn
	Follow-up	Atqf

Dit design houdt het volgende in.
- De gemiddelden van Bdv, Bdn en Bdf worden met elkaar vergeleken (zij horen bij dezelfde afhankelijke variabele).
- De gemiddelden van Atqv, Atqn en Atqf worden met elkaar vergeleken (zij horen bij dezelfde afhankelijke variabele).
- Maar **de gemiddelden van Bdv, Bdn en Bdf worden NIET vergeleken met de gemiddelden van Atqv, Atqn en Atqf** (zij horen bij verschillende afhankelijke variabelen).

7.4.2 Mate van controle

Voorbeeld
Dit is een quasi-experiment (zie paragrafen 6.4.2 en 6.4.7).

7.4.3 Geaggregeerde data

De geaggregeerde data zijn de celgemiddelden voor elke afhankelijke variabele.

Voorbeeld

Tabel 7.5 Celgemiddelden van BDI en ATQ (1)

Afhankelijke variabele	Groep	Voor	Na	Follow-up	**Gemiddeld**
BDI	treatment	15.98	11.14	8.24	**11.79**
	controle	13.78	10.08	10.63	**11.49**
	gemiddeld	**14.88**	**10.61**	**9.43**	
ATQ	treatment	75.29	62.90	55.40	**64.53**
	controle	62.38	57.33	59.33	**59.68**
	gemiddeld	**68.83**	**60.11**	**57.36**	

7.4.4 Hypothesen

Voor elke bron is de algemene nulhypothese dat de bron op **geen enkele afhankelijke variabele** effect heeft. De bronnen zijn daarbij hetzelfde als wanneer er maar één afhankelijke variabele zou zijn.

De specifieke nulhypothesen gaan steeds over één afhankelijke variabele bij één within-subjectcontrast. Alle combinaties daarvan worden getoetst.

Voorbeeld

Tabel 7.6 Nulhypothesen (1)

Afhankelijke variabele	Contrast	Groep	Tijd	Tijd × Groep
BDI	Voor + Na + Flup	$\mu_{Treat \bullet \bullet} = \mu_{Cont \bullet \bullet}$		
	Na vs. Voor		$\mu_{\bullet Voor} = \mu_{\bullet Na}$	$\mu_{Treat\,Na} - \mu_{Treat\,Voor} = \mu_{Cont\,Na} - \mu_{Cont\,Voor}$
	Flup vs. Voor		$\mu_{\bullet Voor} = \mu_{\bullet Flup}$	$\mu_{Treat\,Flup} - \mu_{Treat\,Voor} = \mu_{Cont\,Flup} - \mu_{Cont\,Voor}$
	Algemeen	Bovenstaande nulhypothese is waar.	Bovenstaande nulhypothesen zijn beide waar.	Bovenstaande nulhypothesen zijn beide waar.
ATQ	Voor + Na + Flup	$\mu_{Treat \bullet \bullet} = \mu_{Cont \bullet \bullet}$		
	Na vs. Voor		$\mu_{\bullet Voor} = \mu_{\bullet Na}$	$\mu_{Treat\,Na} - \mu_{Treat\,Voor} = \mu_{Cont\,Na} - \mu_{Cont\,Voor}$
	Flup vs. Voor		$\mu_{\bullet Voor} = \mu_{\bullet Flup}$	$\mu_{Treat\,Flup} - \mu_{Treat\,Voor} = \mu_{Cont\,Flup} - \mu_{Cont\,Voor}$
	Algemeen	Bovenstaande nulhypothese is waar.	Bovenstaande nulhypothesen zijn beide waar.	Bovenstaande nulhypothesen zijn beide waar.
BDI **en** ATQ	**Dubbel ALGEMEEN**	**Bovenstaande nulhypothesen zijn alle waar.**	**Bovenstaande nulhypothesen zijn alle waar.**	**Bovenstaande nulhypothesen zijn alle waar.**

In hoofdstuk 6 beschouwden we wat de algemene nulhypothesen zijn als alleen BDI de afhankelijke variabele is. Analoog zijn de algemene nulhypothesen als alleen ATQ de afhankelijke variabele is. Nu worden zij gecombineerd:

H_0(geen hoofdeffect van Groep):
H_0(geen hoofdeffect van Groep op BDI)   **en**
H_0(geen hoofdeffect van Groep op ATQ)   zijn beide waar

GLM met een within-subjectfactor en meerdere afhankelijke variabelen

H_0(geen hoofdeffect van Tijd):
    H_0(geen hoofdeffect van Tijd op BDI)   **en**
    H_0(geen hoofdeffect van Tijd op ATQ)   zijn beide waar

H_0(geen Tijd × Groep-interactie):
    H_0(geen Tijd × Groep-interactie voor BDI)   **en**
    H_0(geen Tijd × Groep-interactie voor ATQ)   zijn beide waar

De specifieke nulhypothesen zijn de specifieke nulhypothesen voor BDI, alsmede de specifieke nulhypothesen voor ATQ.

De in de grijze rijen gegeven hypothesen worden door SPSS GLM-Repeated getoetst als je alleen de BDI analyseert, respectievelijk als je alleen de ATQ analyseert, maar niet als je beide tegelijk analyseert (wat een beetje vreemd is).

In tabel 7.7 zijn de celgemiddelden opnieuw weergegeven, met daarbij de nulhypothesen voor de hoofdeffecten van Groep en Tijd.

Tabel 7.7 Celgemiddelden van BDI en ATQ (2)

Afhankelijke variabele	Groep	Voor	Na	Follow-up	**Gemiddeld**
BDI	treatment	15.98	11.14	8.24	**11.79**
	controle	13.78	10.08	10.63	**11.49**
	gemiddeld	**14.88**	**10.61**	**9.43**	
ATQ	treatment	75.29	62.90	55.40	**64.53**
	controle	62.38	57.33	59.33	**59.68**
	gemiddeld	**68.83**	**60.11**	**57.36**	

H_0(geen hoofdeffect van Tijd op BDI)
H_0(geen hoofdeffect van Tijd op ATQ)
H_0(geen hoofdeffect van Groep op BDI)
H_0(geen hoofdeffect van Groep op ATQ)
H_0(geen hoofdeffect van Tijd)
H_0(geen hoofdeffect van Groep)

7.4.5 Toetsing

Voor elk van de afhankelijke variabelen worden de contrasten berekend, zoals in paragraaf 6.4.5. De algemene nulhypothesen worden daarmee multivariaat getoetst. De specifieke nulhypothesen worden daarmee univariaat getoetst. De tabel met toetsresultaten bevat de F, dfs, p voor elke toets, en ook eta^2 (of R^2) voor elke univariate toets.

Voorbeeld
In het eerste deel van de tabel 7.8 staan precies de toetsingsresultaten die we al hadden verkregen toen we de BDI apart analyseerden (paragraaf 6.4.5). In het tweede deel van de tabel staan de soortgelijke toetsingsresultaten voor het geval de ATQ apart wordt geanalyseerd. Het derde deel van de tabel is de meerwaarde van de huidige analyse: de toetsingsresultaten van BDI en ATQ samen.

De in de grijze rijen gegeven resultaten zijn verkregen door BDI en ATQ apart te analyseren. Deze resultaten zijn hier vermeld om de relatie met een gewone repeated-measures-MANOVA te verduidelijken. Zij mogen worden weggelaten omdat ze door SPSS niet worden gegeven bij een *dubbel multivariate* repeated-measures-ANOVA.

Tabel 7.8 Toetsing (3)

Afhankelijke variabele	Contrast	Groep	Tijd	Tijd × Groep
BDI	Bdv + Bdn + Bdf	$F(1,80) = 0.073$ $eta^2 = .001$		
	Bdn - Bdv		$F(1,80) = 38.597***$ $eta^2 = .325$	$F(1,80) = 0.681$ $eta^2 = .008$
	Bdf - Bdv		$F(1,80) = 36.571***$ $eta^2 = .314$	$F(1,80) = 6.494*$ $eta^2 = .075$
	Multivariaat	(idem)	$F(2,79) = 25.375***$	$F(2,79) = 3.285*$
ATQ	Atqv + Atqn + Atqf	$F(1,80) = 1.899$ $eta^2 = .023$		
	Atqn - Atqv		$F(1,80) = 26.057***$ $eta^2 = .246$	$F(1,80) = 4.609*$ $eta^2 = .054$
	Atqf - Atqv		$F(1,80) = 24.874***$ $eta^2 = .237$	$F(1,80) = 13.400***$ $eta^2 = .143$
	Multivariaat	(idem)	$F(2,79) = 16.591***$	$F(2,79) = 6.661**$
BDI en ATQ	**Dubbel multivariaat**	$F(2,79) = 1.672$	$F(4,77) = 13.177***$	$F(4,77) = 3.356*$

$* p < .05; ** p < .01; *** p < .001$

7.4.6 Beslissingen

In de beslissingen worden de conclusies over de hypothesen beschreven.
1 Ook hier moeten de **algemene hypothesen eerst** worden geëvalueerd. Alleen als zij significant zijn, worden de bijbehorende univariate toetsen besproken.
2 **Verwoord** de conclusies in termen van het onderzoek. Benoem dus de afhankelijke en de onafhankelijke variabelen.

3 Beoordeel de **sterkte** van elk significant univariaat effect met R^2 of eta^2. Doe dat niet voor non-significante effecten.
4 Waarschuw bij een niet-significant effect met een matige of grote R^2 voor de **kleine N**.

Voorbeeld

Tabel 7.9 Beslissingen (1)

Afhankelijke variabele	Contrast	Groep	Tijd	Tijd × Groep
BDI	Voor + Na + Flup	-		
	Na vs. Voor		Significant, sterk	Non-significant
	Flup vs. Voor		Significant, sterk	Significant, zwak
	Multivariaat	(idem)	Significant	Significant
ATQ	Voor + Na + Flup	-		
	Na vs. Voor		Significant, sterk	Significant, zwak
	Flup vs. Voor		Significant, sterk	Significant, matig
	Multivariaat	(idem)	Significant	Significant
BDI **en** ATQ	**Dubbel multivariaat**	**Non-significant**	**Significant**	**Significant**

7.4.7 Causale interpratie

Hiervoor gelden dezelfde opmerkingen als voor een gewone repeated-measures-ANOVA.

Voorbeeld
Dit was een quasi-experiment, daarom kan op grond van de Tijd × Groep-interacties redelijkerwijs worden geconcludeerd dat de training effect heeft op depressiviteit (BDI) en automatische negatieve gedachten (ATQ). Uit de Tijd × Groep-interactie blijkt dat de ATQ al bij de nameting is beïnvloed door de training, terwijl het effect op de BDI zich pas doet gelden bij de follow-up. Dit stemt overeen met de theorie dat depressiviteit het gevolg is van automatische negatieve gedachten.

7.4.8 Samenvatting: elementair rapport van een dubbel multivariate repeated-measures-ANOVA

Design: afhankelijke variabele 1 = BDI (kwantitatief)
afhankelijke variabele 2 = ATQ (kwantitatief)
within-subjectfactor = Tijd (voor, na, follow-up)
between-subjectfactor = Groep (treatment, controle)

indeling van metingen = (zie tabel 7.10)

Tabel 7.10

Afhankelijke variabele	Tijd	Meting
BDI	Voor	Bdv
	Na	Bdn
	Follow-up	Bdv
ATQ	Voor	Atqv
	Na	Atqn
	Follow-up	Atqf

Mate van controle: Dit is een quasi-experiment.

Geaggregeerde data:

Tabel 7.11 Celgemiddelden van BDI en ATQ (3)

Afhankelijke variabele	Groep	Voor	Na	Follow-up	**Gemiddeld**
BDI	treatment	15.98	11.14	8.24	**11.79**
	controle	13.78	10.08	10.63	**11.49**
	gemiddeld	**14.88**	**10.61**	**9.43**	
ATQ	treatment	75.29	62.90	55.40	**64.53**
	controle	62.38	57.33	59.33	**59.68**
	gemiddeld	**68.83**	**60.11**	**57.36**	

Tabel 7.12 Nulhypothesen (2)

Afhankelijke variabele	Contrast	Groep	Tijd	Tijd × Groep
BDI	Voor + Na + Flup	$\mu_{Treat\bullet} = \mu_{Cont\bullet}$		
	Na vs. Voor		$\mu_{\bullet Voor} = \mu_{\bullet Na}$	$\mu_{Treat\,Na} - \mu_{Treat\,Voor} = \mu_{Cont\,Na} - \mu_{Cont\,Voor}$
	Flup vs. Voor		$\mu_{\bullet Voor} = \mu_{\bullet Flup}$	$\mu_{Treat\,Flup} - \mu_{Treat\,Voor} = \mu_{Cont\,Flup} - \mu_{Cont\,Voor}$
	Algemeen			
ATQ	Voor + Na + Flup	$\mu_{Treat\bullet} = \mu_{Cont\bullet}$		
	Na vs. Voor		$\mu_{\bullet Voor} = \mu_{\bullet Na}$	$\mu_{Treat\,Na} - \mu_{Treat\,Voor} = \mu_{Cont\,Na} - \mu_{Cont\,Voor}$
	Flup vs. Voor		$\mu_{\bullet Voor} = \mu_{\bullet Flup}$	$\mu_{Treat\,Flup} - \mu_{Treat\,Voor} = \mu_{Cont\,Flup} - \mu_{Cont\,Voor}$
	Algemeen			
BDI **en** ATQ	**Dubbel** ALGEMEEN	Bovenstaande nulhypothesen zijn alle waar.	Bovenstaande nulhypothesen zijn alle waar.	Bovenstaande nulhypothesen zijn alle waar.

Tabel 7.13 Toetsing (4)

Afhankelijke variabele	Contrast	Groep	Tijd	Tijd × Groep
BDI	Bdv + Bdn + Bdf	$F(1,80) = 0.073$ $eta^2 = .001$		
	Bdn - Bdv		$F(1,80) = 38.597^{***}$ $eta^2 = .325$	$F(1,80) = 0.681$ $eta^2 = .008$
	Bdf - Bdv		$F(1,80) = 36.571^{***}$ $eta^2 = .314$	$F(1,80) = 6.494^{*}$ $eta^2 = .075$
	Multivariaat			
ATQ	Atqv + Atqn + Atqf	$F(1,80) = 1.899$ $eta^2 = .023$		
	Atqn - Atqv		$F(1,80) = 26.057^{***}$ $eta^2 = .246$	$F(1,80) = 4.609^{*}$ $eta^2 = .054$
	Atqf - Atqv		$F(1,80) = 24.874^{***}$ $eta^2 = .237$	$F(1,80) = 13.400^{***}$ $eta^2 = .143$
	Multivariaat			
BDI **en** ATQ	**Dubbel multivariaat**	$F(2,79) = 1.672$	$F(4,77) = 13.177^{***}$	$F(4,77) = 3.356^{*}$

* $p < .05$; ** $p < .01$; *** $p < .001$

Tabel 7.14 Beslissingen (2)

Afhankelijke variabele	Contrast	Groep	Tijd	Tijd × Groep
BDI	Voor + Na + Flup Na vs. Voor Flup vs. Voor	- 	 Significant, sterk Significant, sterk	 Non-significant Significant, zwak
	Multivariaat	(idem)	Significant	Significant
ATQ	Voor + Na + Flup Na vs. Voor Flup vs. Voor	- 	 Significant, sterk Significant, sterk	 Significant, zwak Significant, matig
	Multivariaat	(idem)	Significant	Significant
BDI **en** ATQ	**Dubbel multivariaat**	Non-significant	Significant	Significant

Causale interpretatie: Dit was een quasi-experiment, daarom kan op grond van de Tijd × Groep-interacties redelijkerwijs worden geconcludeerd dat de training effect heeft op depressiviteit (BDI) en automatische negatieve gedachten (ATQ). Uit de Tijd × Groep-interactie blijkt dat de ATQ al bij de nameting is beïnvloed door de training, terwijl het effect op de BDI zich pas doet gelden bij de follow-up. Dit stemt overeen met de theorie dat depressiviteit het gevolg is van automatische negatieve gedachten.

7.5 Beknopt rapport van een dubbel multivariate repeated-measures-ANOVA

Een beknopt rapport is een lopend verhaal met daarin:
- het design;
- de naam van de analyse;
- de toetsing (F, df's, en p-waarden; R^2 of eta^2);
- de beslissingen;
- eventueel, of als gevraagd, toelichting van specifieke beslissingen met de cel- of randgemiddelden.

Bij een quasi-experiment mag de bespreking worden beperkt tot de Tijd × Groep-interactie. Bij andere onderzoeken moeten gewoon alle effecten worden besproken.

De naam van de analyse is in dit geval: *dubbel multivariate repeated-measures-ANOVA* of *multivariate variantieanalyse met meervoudige, herhaalde metingen.*

Voorbeeld
(De gedeelten toelichting zijn gecursiveerd.)
Er werd een 2 (Groep: treatment, controle) x 3 (Tijd: voor, na, follow-up) dubbel multivariate repeated-measures-ANOVA gedaan met Groep als between-subjectfactor en Tijd als within-subjectfactor. De afhankelijke variabelen waren depressiviteit (gemeten met de BDI) en automatische negatieve gedachten (gemeten met de ATQ). Alleen de Tijd × Groep-interactie is relevant voor de vraag of de treatment effect had. Dit effect was significant: $F(4,77) = 3.356$, $p = .014$. De daarop volgende univariate toetsen voor de within-subjectcontrasten van deze interactie waren als volgt.

Depressiviteit
De interactie was niet-significant voor de vooruitgang tussen voor- en nameting ($F(1,80) = 0.681$) maar wel voor de vooruitgang tussen voor- en follow-upmeting ($F(1,80) = 6.494$, $p < .05$). Dit effect is zwak te noemen ($eta^2 = .075$). *Uit de gemiddelden blijkt dat de treatmentgroep in aanvang depressiever was ($M = 15.98$) dan de controlegroep ($M = 13.78$), maar dat dit ten tijde van de follow-up was omgedraaid ($M = 8.24$ en 10.63). Er kan worden geconcludeerd dat ten gevolge van de training na enige tijd de depressiviteit sterker vermindert dan zonder training.*

Automatische negatieve gedachten
De interactie was significant voor de vooruitgang tussen voor-en nameting ($F(1,80) = 4.609$, $p = .035$) en voor de vooruitgang tussen voormeting en follow-up ($F(1,80) = 13.400$, $p < .001$). Deze effecten zijn respectievelijk 'zwak' en 'matig' te noemen ($eta^2 = .054$ en $.143$). *Uit de gemiddelden blijkt dat de treatmentgroep in aanvang hoger scoorde ($M = 75.29$) dan de controlegroep ($M = 62.38$), maar dat dit ten tijde van de follow-up was omgedraaid (respectievelijk $M = 55.40$ en $M = 59.33$).*

7.6 Aansturen van SPSS GLM-*Repeated Measures*

Zeggen dat je een analyse met within-subjectfactoren wilt doen:
1 Kies **A**nalyze > **G**eneral Linear Model > **R**epeated Measures …

Vertellen wat die within-subjectfactoren zijn:
2 Typ naast **Within-subjectfactor Name:** de naam van de eerste within-subjectfactor.
3 Typ naast **Number of Levels:** het aantal niveaus van die factor.
4 Klik op **Add**. De naam wordt in de box ernaast gezet.
5 Herhaal dit voor de andere within-subjectfactoren.

Vertellen wat de afhankelijke variabelen zijn (een afhankelijke variabele heet in SPSS een **measure**):
6   Klik op **Measure >>**
7   Typ in hoe je de eerste afhankelijke variabele wilt noemen.
8   Klik op **Add**.
9   Herhaal dit voor de andere afhankelijke variabelen.
10 Klik op **Define**.

Vertellen wat de indeling van de metingen is:
11 Kijk onder **Within-Subjects Variables** wat de eerste meting is die moet worden ingedeeld (bijvoorbeeld _?_ [1, depres] staat voor meting 1 van de afhankelijke variabele 'depres').
12 Selecteer links de naam van de meting die moet worden ingedeeld.
13 Klik tussen de twee boxen op ▶. Het vraagteken wordt vervangen door de naam van de meting.
14 Herhaal dit voor de andere metingen die moeten worden ingedeeld.

Vertellen wat de between-subjectfactor is:
15 Selecteer links de naam van de factor.
16 Klik naast **Between-Subjects Factor(s):** op ▶.

Ervoor zorgen dat de contrasten eenvoudig zijn:
17 Klik op **Contrasts**.
18 Selecteer bij **Factors:** de within-subjectfactor.
19 Selecteer bij **Change Contrast** de mogelijkheid **Simple**.
20 Selecteer bij **Reference category** de optie **First**.
21 Klik op **Change**.
22 Klik op Continue.

Opties en Plots als in vorig hoofdstuk. Laten starten van het rekenen: klik op OK tot je je zin krijgt.

Voorbeeld
We gaan hier uit van het design:

afhankelijke variabele 1	= BDI (kwantitatief)
afhankelijke variabele 2	= ATQ (kwantitatief)
within-subjectfactor	= Tijd (voor, na, follow-up)
between-subjectfactor	= Groep (treatment, controle)
indeling van metingen	= (zie tabel 7.15)

GLM met een within-subjectfactor en meerdere afhankelijke variabelen   219

Tabel 7.15

Afhankelijke variabele	Tijd	Meting
BDI	Voor	Bdv
	Na	Bdn
	Follow-up	Bdv
ATQ	Voor	Atqv
	Na	Atqn
	Follow-up	Atqf

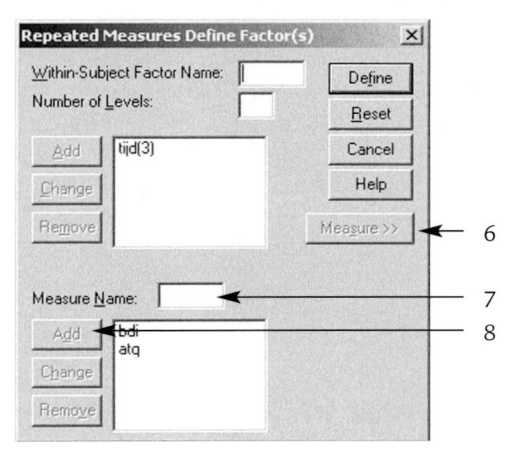

Figuur 7.1 Hier moet je intypen welke naam je aan een afhankelijke variabele wilt geven. 'Measure' is in SPSS een afhankelijke variabele.

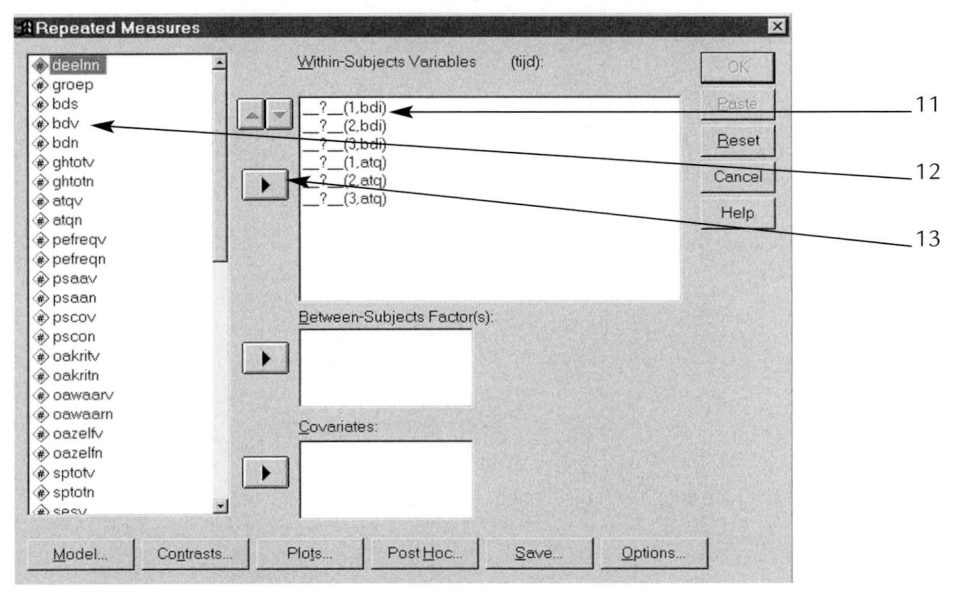

Figuur 7.2 Dit krijg je te zien nadat je op Define hebt geklikt

Statistiek voor de psychologie deel 4

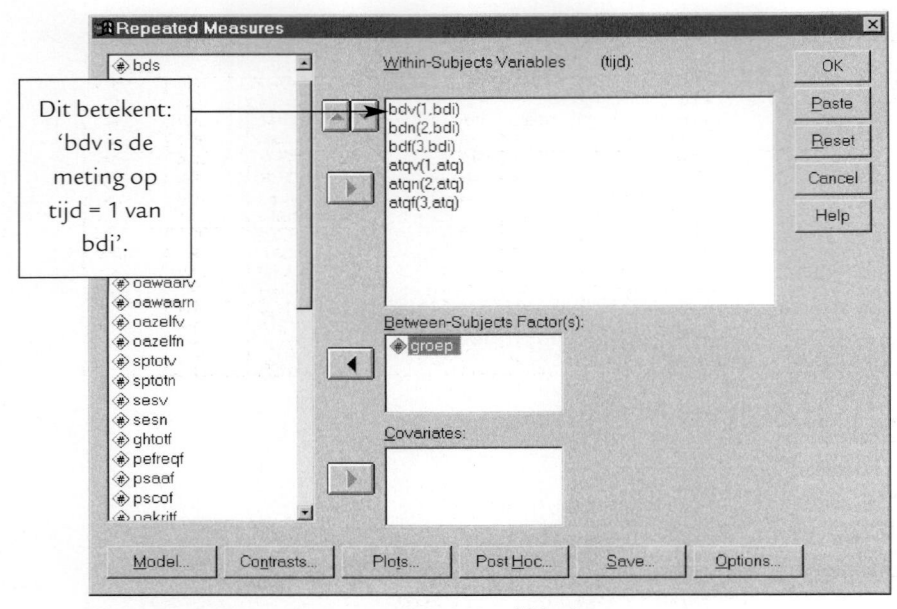

Dit betekent: 'bdv is de meting op tijd = 1 van bdi'.

Figuur 7.3 Dit moet je zien voor je op OK klikt (2)

7.7 Output van SPSS GLM-*Repeated Measures* (selectie)

General Linear Model

Within-Subjects Factors

Measure	TIJD	Dependent Variable
BDI	1	BDV
	2	BDN
	3	BDF
ATQ	1	ATQV
	2	ATQN
	3	ATQF

Between-Subjects Factors

		N
GROEP	1,00	42
	2,00	40

Figuren 7.4-7.5

GLM met een within-subjectfactor en meerdere afhankelijke variabelen

Multivariate Tests[b]

Effect			Value	F	Hypothesis df	Error df	Sig.	Eta Squared
Between Subjects	Intercept	Pillai's Trace	,943	650,516[a]	2,000	79,000	,000	,943
		Wilks' Lambda	,057	650,516[a]	2,000	79,000	,000	,943
		Hotelling's Trace	16,469	650,516[a]	2,000	79,000	,000	,943
		Roy's Largest Root	16,469	650,516[a]	2,000	79,000	,000	,943
	GROEP	Pillai's Trace	,041	1,672[a]	2,000	79,000	,194	,041
		Wilks' Lambda	,959	1,672[a]	2,000	79,000	,194	,041
		Hotelling's Trace	,042	1,672[a]	2,000	79,000	,194	,041
		Roy's Largest Root	,042	1,672[a]	2,000	79,000	,194	,041
Within Subjects	TIJD	Pillai's Trace	,406	13,177[a]	4,000	77,000	,000	,406
		Wilks' Lambda	,594	13,177[a]	4,000	77,000	,000	,406
		Hotelling's Trace	,685	13,177[a]	4,000	77,000	,000	,406
		Roy's Largest Root	,685	13,177[a]	4,000	77,000	,000	,406
	TIJD * GROEP	Pillai's Trace	,148	3,356[a]	4,000	77,000	,014	,148
		Wilks' Lambda	,852	3,356[a]	4,000	77,000	,014	,148
		Hotelling's Trace	,174	3,356[a]	4,000	77,000	,014	,148
		Roy's Largest Root	,174	3,356[a]	4,000	77,000	,014	,148

a. Exact statistic
b. Design: Intercept+GROEP
Within Subjects Design: TIJD

Tests of Within-Subjects Contrasts

Source	Measure	TIJD	Type III Sum of Squares	df	Mean Square	F	Sig.	Eta Squared
TIJD	BDI	Level 2 vs. Level 1	1491,876	1	1491,876	38,597	,000	,325
		Level 3 vs. Level 1	2428,842	1	2428,842	36,571	,000	,314
	ATQ	Level 2 vs. Level 1	6224,976	1	6224,976	26,057	,000	,246
		Level 3 vs. Level 1	10773,07	1	10773,07	24,874	,000	,237
TIJD * GROEP	BDI	Level 2 vs. Level 1	26,315	1	26,315	,681	,412	,008
		Level 3 vs. Level 1	431,281	1	431,281	6,494	,013	,075
	ATQ	Level 2 vs. Level 1	1101,073	1	1101,073	4,609	,035	,054
		Level 3 vs. Level 1	5803,805	1	5803,805	13,400	,000	,143
Error(TIJD)	BDI	Level 2 vs. Level 1	3092,233	80	38,653			
		Level 3 vs. Level 1	5313,219	80	66,415			
	ATQ	Level 2 vs. Level 1	19111,80	80	238,898			
		Level 3 vs. Level 1	34648,30	80	433,104			

Tests of Between-Subjects Effects

Transformed Variable: Average

Source	Measure	Type III Sum of Squares	df	Mean Square	F	Sig.	Eta Squared
Intercept	BDI	11101,04	1	11101,04	457,732	,000	,851
	ATQ	316071,8	1	316071,8	1242,142	,000	,939
GROEP	BDI	1,771	1	1,771	,073	,788	,001
	ATQ	483,266	1	483,266	1,899	,172	,023
Error	BDI	1940,180	80	24,252			
	ATQ	20356,57	80	254,457			

Figuren 7.6-7.8

7.8 Betekenis van de output van GLM-*Repeated Measures*

De enige tabellen die voor ons van belang zijn, zijn:
- Within-Subjects Factors en Between-Subjects Factors;
- Multivariate Tests;
- Tests of Within-Subjects Contrasts;
- Tests of Between-Subjects Effects.

De eerste twee tabellen bevatten het **design,** waaronder de **indeling van metingen.** Uit het feit dat er meerdere measures worden genoemd, blijkt dat deze analyse *dubbel* multivariaat is. Verder lijkt de output veel op die van paragraaf 6.7. De belangrijkste verschillen zijn dat er nu ook een multivariate toets voor Groep is, en dat alle univariate toetsen er nu voor zowel BDI als ATQ zijn. De toetsen kunnen zoals in tabel 7.16 worden samengevat (= onderdeel Toetsing van een elementair rapport). De *p*-waarden mogen worden vervangen door sterretjes.

Tabel 7.16

Afhankelijke variabele	Contrast	Groep	Tijd	Tijd × Groep
BDI	Bdv + Bdn + Bdf	$F(1,80) = 0.073$ $p = .788$ $eta^2 = .001$		
	Bdn - Bdv		$F(1,80) = 38.597$ $p = .000$ $eta^2 = .325$	$F(1,80) = 0.681$ $p = .421$ $eta^2 = .008$
	Bdf - Bdv		$F(1,80) = 36.571$ $p = .000$ $eta^2 = .314$	$F(1,80) = 6.494$ $p = .013$ $eta^2 = .075$
ATQ	Atqv + Atqn + Atqf	$F(1,80) = 1.899$ $p = .172$ $eta^2 = .023$		
	Atqn - Atqv		$F(1,80) = 26.057$ $p = .000$ $eta^2 = .246$	$F(1,80) = 4.609$ $p = .035$ $eta^2 = .054$
	Atqf - Atqv		$F(1,80) = 24.874$ $p = .000$ $eta^2 = .237$	$F(1,80) = 13.400$ $p = .000$ $eta^2 = .143$
BDI **en** ATQ	**Dubbel multivariaat**	$F(2,79) = 1.672$ $p = .194$	$F(4,77) = 13.177$ $p = .000$	$F(4,77) = 3.356$ $p = .014$

7.9 Opgaven

Opgave 7.1 (computeropgave)

Open de data van het stemmingmakerijonderzoek in file s*temming.sav* (data: Nine Veltman, Klinische psychologie, KUN). Selecteer met *Data > Select Cases > If condition is satisfied* de subjecten met Bdv ≥ 10 en Bdv ≤ 25. De onderzoekshypothese gaat namelijk alleen over die subjecten. *Herhaal* hiermee de in dit hoofdstuk (paragraaf 7.4.8) gerapporteerde analyse van het stemmingmakerijonderzoek, met BDI en ATQ als afhankelijke variabelen. *Controleer* of de in de in die paragraaf vermelde resultaten overeenstemmen met die van jou.

De data werden geïntroduceerd in deel 1 van deze serie. Toen begrepen de meesten al dat je, om het treatment effect te evalueren, moet kijken of de deelnemers tussen voormeting en follow-up gemiddeld meer vooruitgaan dan de niet-deelnemers. De vraag was alleen nog of je dat naar de populatie mag generaliseren. Nu ben je dan eindelijk in staat die vraag geheel volgens de regels der kunst te beantwoorden.

Opgave 7.2 (computeropgave)

Open de file *taal.sav*. Deze data zijn al besproken in hoofdstuk 1. Doe een GLM-analyse waarbij je Read, Write en Listen opvat als *verschillende afhankelijke variabelen*. Gebruik alleen Treatment en Sessie als factoren. Beperk je tot de variabelen van sessies 1 en 2, anders gaat het je te veel tijd kosten. Laat door GLM *plots* maken (door op de knop met de naam Plots te klikken) waarbij Sessie op de horizontale as staat en de lijnen zijn gescheiden door Treatment. Laat ook de gemiddelden berekenen die nodig zijn voor het toelichten van de beslissingen. Bewaar de output voor de volgende opgave.

Opgave 7.3 (verwerking van computeropgaven)

a Maak het onderdeel Toetsing voor het elementaire rapport van opgave 7.2.
b Licht elke toets voor Read toe met de gemiddelden(zie paragraaf 1.7.2).
c Leg van elke toets voor Read uit wat hij zegt over de plots.
d Schrijf een beknopt rapport, waarbij je je beperkt tot de toetsen die relevant zijn voor de beslissingen over Read.

Opgave 7.4 (verwerking van computeropgaven)

Schets schematisch de tabel *Toetsing* voor het onderzoek uit opgave 6.2 als naast Piekeren ook de kwantitatieve variabelen Drinken en SCL90 (= Klachten) waren gemeten op elke sessie. Kruis aan welke cellen je kunt invullen op grond van de output in 6.2. Hoeveel relevante (dubbel) multivariate toetsen zijn er in de output?

8 Non-parametrische toetsen

8.1 Inleiding

Achtergrond
Tot nu toe hebben we alleen aandacht besteedt aan designs met kwantitatieve, afhankelijke variabelen. De analyses daarvoor zijn het verst ontwikkeld en worden verreweg het meest gebruikt. Toch is dat jammer, want er zijn genoeg belangwekkende zaken die moeilijk te kwantificeren zijn. Daarom besteden we in dit hoofdstuk enige aandacht aan ordinale en kwalitatieve (categoriale) variabelen.

Iets wat in deze serie tot nu toe weinig aandacht heeft gekregen, is dat alle behandelde toetsen ervan uitgaan dat de afhankelijke variabele in elke cel normaal verdeeld is. Eigenlijk mag je deze toetsen alleen gebruiken als aan die voorwaarde is voldaan. Dat zou je dus steeds moeten controleren. Maar wat moet je doen als die voorwaarde is geschonden? Een goede oplossing is dan om de afhankelijke variabele te transformeren in een ordinale of kwalitatieve variabele.

In hoofdstuk 1 is een overzicht gegeven van analyses voor ordinale en kwalitatieve afhankelijke variabelen (figuren 1.2 en 1.3). Veel van die toetsen worden **non-parametrisch** genoemd. Het zou te ver gaan om al die analyses hier te behandelen. Dat is ook niet nodig, want zij lijken veel op hun GLM-zusjes. Daarom beperken we ons tot twee prototypische en veelgebruikte toetsen:
- de Mann-Whitney U-toets;
- de χ^2-toets (chi-kwadraattoets).

De eerste toets werkt met **ordinale data** en toetst een hypothese over centrale tendentie bij twee groepen. De tweede toets is voor **kwalitatieve gegevens** en toetst een hypothese over samenhang.

Doel
Na bestudering van dit hoofdstuk en het maken van de opgaven kun je, gegeven de beschrijving van een onderzoek en de data:
- beredeneren of, en welke, non-parametrische toets geschikt is;
- de toets laten berekenen met SPSS;
- de output omzetten in een elementair rapport;
- bij de Mann-Whitneytoets en de χ^2-toets zelf de geaggregeerde data berekenen;
- het gedrag van χ^2 beredeneren.

8.1.1 Wat zijn non-parametrische toetsen?

Non-parametrische toetsen zijn toetsen waarbij **geen veronderstelling** wordt gedaan over de **verdeling** van de afhankelijke variabele. In het bijzonder is het niet nodig dat de afhankelijke variabele normaal verdeeld is.

8.1.2 Wanneer een non-parametrische toets?

Een non-parametrische toets gebruik je:
- als de afhankelijke variabele kwalitatief is of uit rangscores bestaat (zie onder), **of**
- als de onderzoeker vindt dat de scores slechts ordinale betekenis hebben (zie onder), **of**
- als verdeling van de afhankelijke variabele in een cel sterk afwijkt van een normaalverdeling en bovendien N klein is (N < 30).

8.1.3 Waarom een non-parametrische toets?

Als de afhankelijke variabele kwalitatief is, zou het stompzinnig zijn om gemiddelde en variantie te berekenen, zoals bij t-toetsen en ANOVA's gebeurt.

Als de afhankelijke variabele slechts ordinale betekenis heeft, moet je hem omzetten naar rangscores (zie de toelichting). Als de afhankelijke variabele uit rangscores bestaat, dan is hij niet normaal verdeeld.

Als de verdeling van de afhankelijke variabele niet normaal is en N klein is, dan mogen t-toetsen en ANOVA's niet zonder meer worden toegepast. De p-waarde die je berekent, is dan onjuist. De kans op een type I-fout (H_0 ten onrechte verwerpen) kan daardoor hoger zijn dan de beoogde 5%, zonder dat je dat ziet. Bij non-parametrische toetsen daarentegen is de kans op een type I-fout altijd maximaal 5%, maar soms kleiner. Een ander voordeel is dat non-parametrische toetsen een hogere power kunnen hebben, wat betekent dat de kans op een type II-fout (H_0 ten onrechte behouden) kleiner is. Nu zul je je misschien afvragen: waarom gebruiken we dan niet altijd een non-parametrische toets? Wel, als de afhankelijke variabele wel normaal verdeeld is, dan hebben t-toetsen en ANOVA's juist een grotere power.

Toelichting
1 Wat zijn rangscores?
Rangscores zijn scores die slechts een ordening aanbrengen tussen de subjecten. Stel dat we bijvoorbeeld onderzoek doen naar sociale dominantie bij apen. In principe krijgt elke aap dan een score: 1 = minst dominant, ..., N = meest dominant. Dat zijn rangscores.

2 Transformaties naar rangscores
Als de scores oorspronkelijk geen rangscores zijn, dan kunnen ze nog altijd een-

voudig worden omgezet naar rangscores. We noemen dit een **transformatie**. Dit gaat als volgt in zijn werk. De ruwe scores worden geordend van laag naar hoog. Dan worden van laag naar hoog rangscores toegekend. De laagste score krijgt rang 1, de op een na laagste rang 2, enzovoort. De hoogste rang is altijd gelijk aan het totaal aantal scores.

Het kan gebeuren dat een bepaalde score meerdere keren voorkomt. In dat geval krijgen al deze scores als rang het gemiddelde van de opeenvolgende rangen die deze scores gehad zouden hebben wanneer ze net iets verschilden. Wanneer in een dataset dus bijvoorbeeld de laagste score drie keer voorkomt, zouden deze drie scores eigenlijk de rangen 1, 2 en 3 krijgen, maar wordt dat dus voor alledrie de gemiddelde rang: 2.

Voorbeeld
Stel, we hebben de in tabel 8.1 vermelde ruwe scores geobserveerd en we willen daar rangscores aan toekennen.

Tabel 8.1

pp.	1	2	3	4	5	6	7	8	9	10	11	12	13	14	15
score	18	24	21	17	18	12	19	22	24	18	15	26	14	28	13

De eerste stap is dan het ordenen van de scores van laag naar hoog, zoals in tabel 8.2.

Tabel 8.2

pp.	6	15	13	11	4	1	5	10	7	3	8	2	9	12	14
score	12	13	14	15	17	18	18	18	19	21	22	24	24	26	28

Vervolgens kennen we de rangscores toe, dus de laagste score (12) krijgt rangscore 1, de op één na laagste score (13) krijgt rangscore 2, enzovoort.

De zesde, zevende en achtste score zijn alledrie hetzelfde. Deze krijgen dus als rangscore het gemiddelde van de opeenvolgende rangscores die ze eigenlijk hadden moeten krijgen. De drie scores gebruiken samen rang 6, 7 en 8. Het gemiddelde van deze drie rangscores is: (6 + 7 + 8) / 3 = 7.

Zoals je ziet in tabel 8.3, gaan we na de drie rangscores van 7 verder met rangscore 9. Rangscore 8 hebben we immers al gebruikt. Vervolgens komen we even later opnieuw gelijke scores tegen (twee keer 24). Het gemiddelde van de rangscores is (12 + 13) / 2 = 12.5. Dit wordt de rangscore voor beide personen.

Tabel 8.3

pp.	6	15	13	11	4	1	5	10	7	3	8	2	9	12	14
score	12	13	14	15	17	18	18	18	19	21	22	24	24	26	28
rang	1	2	3	4	5	7	7	7	9	10	11	12.5	12.5	14	15

Ter controle kun je nagaan dat de hoogste rang gelijk is aan het aantal scores (15).

3 Scores met slechts ordinale betekenis
'Ordinaal' betekent dat het voor de onderzoeksvraag alleen zinvol is om te zeggen dat de ene persoon hoger scoort dan de andere, maar dat je de scores niet kan gebruiken om te zeggen *hoeveel* hoger hij scoort. Beschouw bijvoorbeeld de schaal Geheugenstoornissen van de GIP. Deze bevat onder meer de volgende items, die door verplegend personeel worden ingevuld over een bewoner in een psychogeriatrisch verzorgingshuis:
• Lijkt te vergeten waar hij of zij mee bezig is.
• Kent andere patiënten bij naam.
• Kent eigen naam.
• Kent naaste familieleden bij naam.

Als we ons beperken tot deze items, zijn er twee clusters items. Enerzijds zijn er een paar items waar je hoog op kunt scoren zonder dat je veel geheugenstoornissen hebt. Vergeten waar je mee bezig bent, dat doe ik zelf ook vaak. Anderzijds zijn er items waar je toch wel behoorlijk geheugengestoord voor moet zijn om er hoog op te scoren, bijvoorbeeld je eigen naam niet meer weten. Zelfs ik weet dat nog wel. De relatie tussen het onderliggende construct 'geheugenstoornissen' en de testscores kan dus best zijn als in figuur 8.1.

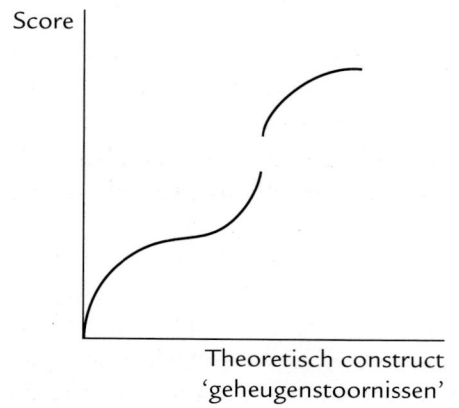

Figuur 8.1

Het verschil tussen een persoon met score 2 en iemand met score 3 kan dus op een veel groter onderliggend verschil duiden dan het verschil tussen iemand met score 1 en iemand met score 2. Alleen: dat weet je niet, misschien is het wel andersom. Dat feit wordt vaak gezien als reden om slechts naar de rangscores (vergelijkbaar met percentielscores, zie deel 1 van deze serie) te kijken. Als dat zo is, moet je een non-parametrische toets doen.

8.2 Elementair rapport van een Mann-Whitney U-toets

Doorlopend voorbeeld
Bij de bespreking van de Mann-Whitney U-toets zullen we een en ander illustreren aan de hand van het volgende voorbeeld.

Een onderzoeker wil het effect bepalen van het milieu waarin ratten opgegroeid zijn op de hoeveelheid voedsel die ratten consumeren. Daartoe neemt hij twee groepen van tien ratten. De eerste groep laat hij opgroeien in een stimulusrijk milieu, de tweede groep in een stimulusarm milieu. De onderzoeker meet van de volwassen ratten de hoeveelheid voedsel (in grammen) die elke rat in een week naar binnen werkt. In tabel 8.4 staan de gegevens die worden verkregen.

Tabel 8.4

stimulusrijk	stimulusarm
210	230
225	210
195	245
200	235
210	215
230	220
190	250
205	240
220	245
220	220

Omdat uit de biologie bekend is dat ratten niet normaalverdeeld eten, besluit de onderzoeker het verschil tussen beide groepen ratten te toetsen met behulp van een non-parametrische toets.

8.2.1 Design

De Mann-Whitney U-toets wordt gebruikt wanneer we beschikken over twee onafhankelijke steekproeven waarin elke persoon één keer wordt gemeten op ordinaal niveau, een **between-subjectdesign met twee groepen** dus. Deze toets is de non-parametrische tegenhanger van de *t*-toets voor onafhankelijke steekproeven. Onder het datadesign vallen de volgende gegevens.

Wat betreft de afhankelijke variabele:
- de naam van de afhankelijke variabele;
- de reden om non-parametrisch te toetsen.

Wat betreft de onafhankelijke variabele:
- de naam van de onafhankelijke variabele en zijn niveaus;
- het domein (between-subject).

Voorbeeld
In het bovenstaande voorbeeld ziet het design er als volgt uit:

afhankelijke variabele	= Hoeveelheid geconsumeerd voedsel (niet normaal verdeeld)
between-subjectfactor	= Milieu (stimulusrijk, stimulusarm)

8.2.2 Mate van controle

Net zoals dat het geval is bij bijvoorbeeld de 1-weg-ANOVA, spreken we pas van een experimenteel design wanneer de subjecten random toegewezen zijn aan de verschillende condities.

Voorbeeld
De ratten zijn random toegewezen aan de stimulusrijke en de stimulusarme omgeving, zodat er sprake is van een experimenteel design.

8.2.3 Hypothesen

De nulhypothese van de Mann-Whitney U-toets stelt dat de gemiddelde rangscore in beide groepen in de populatie gelijk is. Deze hypothese wordt getoetst onder de veronderstelling dat de verdelingen in de populatie voor beide groepen dezelfde vorm hebben. Deze vorm hoeft niet noodzakelijk een normaalverdeling te zijn. De alternatieve hypothese zegt dat deze verschillen. Wanneer er in de ene groep hoger wordt gescoord dan in de andere groep, zal hier de gemiddelde rangscore hoger liggen.

Voorbeeld

H_0: De gemiddelde rangscores van de hoeveelheid voedsel zijn in de populatie voor beide groepen ratten gelijk.

H_a: De gemiddelde rangscores van de hoeveelheid voedsel zijn in de populatie voor beide groepen ratten verschillend.

8.2.4 Geaggregeerde Data

De geaggregeerde data bestaan voor de Mann-Whitney U-toets uit het aantal subjecten per groep en de gemiddelde rangscores per groep. Hiervoor moeten de gegevens (als dit geen rangscores zijn) dus eerst getransformeerd worden tot rangscores. Dit wordt gedaan door de scores van **beide groepen samen** te nemen en te ordenen van laag naar hoog. (Geef van elke score aan uit welke groep hij komt!) Als dat gedaan is, wordt aan elke score een rang toegekend. Ten slotte wordt **per groep** het **gemiddelde van de rangscores** berekend. Het resultaat wordt gepresenteerd in een tabel waar behalve de gemiddelden van de rangscores ook de groottes van de groepen in staan. Aangezien dit erg simpel is, vinden we dat je het zelf ook moet kunnen. Daaruit zal blijken of je snapt waar de hypothesen over gaan.

Voorbeeld

Tabel 8.5

milieu	A	A	A	A	B	A	A	B	A	B
score	190	195	200	205	210	210	210	215	220	220
rang	1	2	3	4	6	6	6	8	10.5	10.5
milieu	A	B	A	B	A	B	B	B	B	B
score	220	220	225	230	230	235	240	245	245	250
rang	10.5	10.5	13	14.5	14.5	16	17	18.5	18.5	20

Gemiddelde rangen:

stimulusrijk (A): (1 + 2 + 3 + 4 + 6 + 6 + 10.5 + 10.5 + 13 + 14.5) / 10 = 7.05
stimulusarm (B): (6 + 8 + 10.5 + 10.5 + 14.5 + 16 + 17 + 18.5 + 18.5 + 20) / 10 = 13.95

In tabelvorm krijg je tabel 8.6.

Tabel 8.6

groep	gem. rangscore	n
stimulusrijk	7.05	10
stimulusarm	13.95	10

8.2.5 Toetsingsgrootheid en *p*-waarde

Om een uitspraak te doen over een verschil tussen de beide groepen, kijken we naar de gemiddelden van de rangen van elk van de groepen. Het idee is dan dat wanneer de verdelingen hetzelfde zijn, deze sommen ongeveer even groot zullen zijn.

De toetsingsgrootheid van de Mann-Whitney U-toets heet 'U', en hangt af van de gemiddelde rangen in de groepen. De exacte wijze van berekenen lijkt op het berekenen van een *t*-waarde, maar is binnen het kader van de cursus niet verschrikkelijk relevant, daar hebben we immers een computer voor. In de praktijk wordt de toets met behulp van statistische software (bijvoorbeeld SPSS) uitgevoerd. In de output vindt je behalve de toetsingsgrootheid **diverse *p*-waarden**. Kies de beste (zie de paragraaf over SPSS-ouput), en schrijf er de gebruikte methode bij.

Voorbeeld
In ons voorbeeld:

$U = 15.5$
$p = .0070$ (exacte methode; zie uitvoer SPSS)

8.2.6 Beslissing

Wanneer de gevonden *p*-waarde kleiner is dan .05, wordt de nulhypothese verworpen. Dit betekent dan dat de gemiddelde rangscore significant verschilt tussen beide groepen.

Voorbeeld
De gemiddelde rangscore van de geconsumeerde hoeveelheid voedsel verschilt significant ($p = .0070$) tussen beide groepen.

8.2.7 Causale interpretatie

Bij de causale interpretatie speelt de mate van controle een belangrijke rol. Als het onderzoek experimenteel is, noem je de primaire verklaring voor de gevonden resultaten: de factor heeft oorzakelijk invloed op de afhankelijke variabele (of juist niet, als het verschil niet-significant is). Als het onderzoek passief-observerend is, noem je daarnaast een alternatieve verklaring. Deze dient uit te gaan van een ander causaal model dan de primaire verklaring.

Voorbeeld
In ons voorbeeld hebben we te maken met een experimenteel onderzoek (zie 'Mate van controle'). Er is dus maar één verklaring: milieu heeft invloed op de hoeveelheid geconsumeerd voedsel.

8.2.8 Samenvatting

Design: afhankelijke variabele = Hoeveelheid geconsumeerd voedsel (niet normaal verdeeld)
between-subjectfactor = Milieu (stimulusrijk, stimulusarm)

Mate van controle: Experimenteel.

Hypothesen:
H_0: De gemiddelde rangscores van de hoeveelheid voedsel zijn in de populatie voor beide groepen ratten gelijk.
H_a: De gemiddelde rangscores van de hoeveelheid voedsel zijn in de populatie voor beide groepen ratten verschillend.

Geaggregeerde data:

Tabel 8.7

groep	gem. rangscore	n
stimulusrijk	7.05	10
stimulusarm	13.95	10

Toetsingsgrootheid en p-waarde:
U = 15.5
p = 0.0070   (exacte methode)

Beslissing: De gemiddelde rangscore van de geconsumeerde hoeveelheid voedsel verschilt significant tussen beide groepen.

Causale interpretatie: Experimenteel onderzoek, dus de primaire verklaring luidt dat milieu een oorzakelijke invloed heeft op de hoeveelheid voedsel.

8.2.9 De aansturing van SPSS

De Mann-Whitney U-toets vindt je in SPSS onder **Analyze > Nonparametric Tests > 2 Independent Samples**. In het dialoogvenster dat je dan krijgt (zie figuur 8.2), moet je de volgende informatie opgeven:
- Test Variable List: de afhankelijke variabele
- Grouping Variable: de onafhankelijke variabele
- Test Type: kies de Mann-Whitney U-test

Bij de Grouping Variable moet je ook de niveaus van de onafhankelijke variabele definiëren. Dit doe je via de knop '**Define Groups ...**'.

Klik bij kleine steekproeven ook op de knop **Exact**. Daar kun je kiezen met welke methode de *p*-waarde wordt berekend. Dat zijn de drie methoden die in deel 2 van deze serie zijn behandeld. '**Exact**' betekent dat wordt *berekend* wat de *p*-waarde is als *alle* steekproeven worden uitgeschreven. '**Monte Carlo**' betekent dat de *p*-waarde wordt *geschat* op grond van een groot aantal *gesimuleerde* steekproeven. '**Asymptotisch**' betekent dat de *p*-waarde wordt *benaderd* met een formule waarvan is beredeneerd dat hij voor *grote* steekproeven (N $\to \infty$) juist is. Kies Asymptotisch als N > 30. Kies anders Exact of, als dat te lang duurt, Monte Carlo.

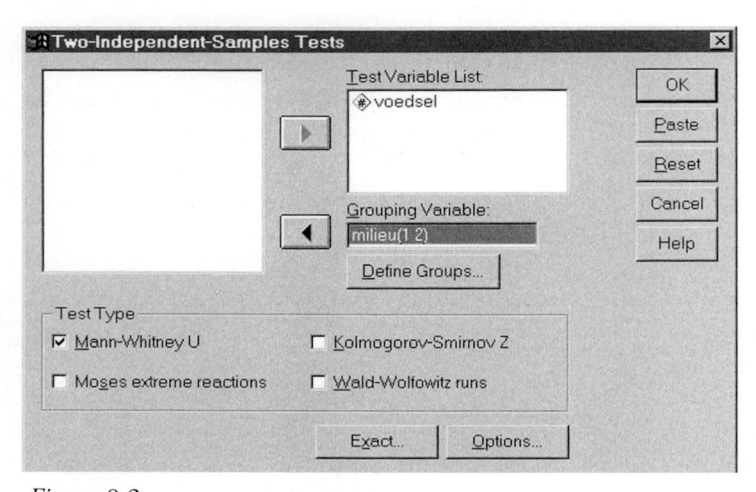

Figuur 8.2

8.2.10 De uitvoer van SPSS

In het voorbeeld vind je met de asymptotische methode (Asymp. Sig.) dat $p = .0087$, met de exacte methode (Exact Sig.) dat $p = .0070$. Deze laatste methode is beter.

8.3 Elementair rapport van een χ^2-toets

Doorlopend voorbeeld
Als voorbeeld voor de χ^2-toets nemen we opnieuw de vraagstelling rond de hongerige ratten. We verwerken de gegevens echter nu op een iets andere manier. We nemen ratten uit drie milieus: stimulusrijk, stimulusarm en neutraal. De hoeveelheid geconsumeerd voedsel meten we echter niet in grammen, maar we geven slechts aan of de rat 'veel' of 'weinig' gegeten heeft in een week. De vraag die we stellen is of er samenhang bestaat tussen het milieu en de hoeveelheid geconsumeerd voedsel. De gegevens staan in tabel 8.8.

Tabel 8.8

stimulusrijk	stimulusarm	neutraal
weinig	veel	weinig
veel	weinig	weinig
weinig	veel	weinig
weinig	veel	weinig
weinig	veel	weinig
veel	veel	weinig
weinig	veel	weinig
weinig	veel	weinig
veel	veel	veel
veel	veel	weinig

8.3.1 Design

De χ^2-toets wordt gebruikt wanneer we de **samenhang** willen onderzoeken tussen **twee kwalitatieve variabelen**. Onder het datadesign dienen de volgende gegevens vermeld te worden:

Wat betreft de afhankelijke variabele:
- de naam van de afhankelijke variabele;
- de reden om non-parametrisch te toetsen (kwalitatieve data).

Wat betreft de onafhankelijke variabele:
- de naam van de onafhankelijke variabele en zijn niveaus;
- het domein (between-subject).

Voorbeeld
In het bovenstaande voorbeeld ziet het datadesign er als volgt uit:

  afhankelijke variabele = Hoeveelheid geconsumeerd voedsel (kwalitatieve data: veel, weinig)
  between-subjectfactor = Milieu (stimulusrijk, stimulusarm, neutraal)

8.3.2 Mate van controle

We spreken van een experimenteel design wanneer de subjecten at random over de niveaus van de onafhankelijke variabele zijn verdeeld.

Voorbeeld
Opnieuw zijn de ratten random aan de milieus toegewezen. Het onderzoek is dus experimenteel.

8.3.3 Hypothesen

De nulhypothese van de χ^2-toets zegt dat er in de populatie **geen samenhang** is tussen de afhankelijke en de onafhankelijke variabele. Volgens de alternatieve hypothese is er wel samenhang.

Voorbeeld

H_0: Er is geen samenhang in de populatie tussen milieu en de hoeveelheid geconsumeerd voedsel.

H_a: Er is wel samenhang in de populatie tussen milieu en de hoeveelheid geconsumeerd voedsel.

Toelichting

'Er is geen samenhang tussen 'Milieu' en 'Voedselconsumptie',' betekent dat het percentage ratten dat 'veel' voedsel eet in het ene milieu even groot is als in het andere milieu. Dit betekent dat de frequenties gelijke **verhoudingen** moeten hebben in elke rij van de kruistabel. Het betekent *niet* dat de celfrequenties gelijk moeten zijn. Er mogen dus best meer ratten uit een stimulusrijk milieu komen dan uit een stimulusarm milieu, en meer ratten 'veel' eten dan 'weinig'. Zie deel 1B.

Voorbeelden

Geen samenhang:

Tabel 8.9

	stimulusrijk	stimulusarm	neutraal
veel	20	30	40
weinig	40	60	80

Wel samenhang:

Tabel 8.10

	stimulusrijk	stimulusarm	neutraal
veel	20	20	20
weinig	40	60	80

8.3.4 Geaggregeerde data

De geaggregeerde data bestaan voor de χ^2-toets uit een kruistabel waarin de afhankelijke en de onafhankelijke variabele tegen elkaar staan uitgezet, en waarin zowel de **geobserveerde** als de **verwachte celfrequenties** staan gegeven. De geobserveerde celfrequentie (O) is het aantal subjecten met de betreffende combinatie van afhankelijke en onafhankelijke variabele. De verwachte celfrequentie (E) is voor elke cel:

E = rijtotaal * kolomtotaal / N

Dit is de celfrequentie zoals die zou zijn wanneer er geen samenhang bestond tussen de onafhankelijke en de afhankelijke variabele.

Voorbeeld
De geobserveerde celfrequenties zijn in ons voorbeeld als hieronder weergegeven. Wanneer we deze berekend hebben, kunnen we ook de rijtotalen en de kolomtotalen berekenen zoals in tabel 8.11.

Tabel 8.11

	stimulusrijk	stimulusarm	neutraal	rijtotaal
weinig	6	1	9	16
veel	4	9	1	14
kolomtotaal	10	10	10	N = 30

Op basis van deze gegevens berekenen we de verwachte celfrequenties:

E_{11} = 10 * 16 / 30 = 5.33
E_{12} = 10 * 16 / 30 = 5.33
E_{13} = 10 * 16 / 30 = 5.33
E_{21} = 10 * 14 / 30 = 4.67
E_{22} = 10 * 14 / 30 = 4.67
E_{23} = 10 * 14 / 30 = 4.67

Uiteindelijk zien de geaggregeerde data er uit als in tabel 8.12.

Tabel 8.12

	stimulusrijk	stimulusarm	neutraal	rijtotaal
weinig	O = 6 E = 5.33	O = 1 E = 5.33	O = 9 E = 5.33	16
veel	O = 4 E = 4.67	O = 9 E = 4.67	O = 1 E = 4.67	14
kolomtotaal	10	10	10	N = 30

8.3.5 Toetsingsgrootheid, *df* en *p*-waarde

De toetsingsgrootheid van de χ^2-toets heet, heel toepasselijk, χ^2, en hangt af van het verschil tussen de geobserveerde en de verwachte celfrequenties. We hebben immers gezien dat de verwachte celfrequenties de celfrequenties zijn zoals ze zouden zijn als er geen samenhang was. Wanneer de geobserveerde celfrequenties hier niet noemenswaardig van verschillen, mag je aannemen dat er inderdaad geen samenhang is. Als de geobserveerde en verwachte celfrequenties gelijk zijn, is χ^2 gelijk aan nul. Naarmate de verschillen tussen geobserveerde en verwachte celfrequenties groter worden, wordt χ^2 ook groter. Als H_0 waar is, zal naar verwachting $\chi^2 \approx df =$ (rijen - 1) * (kolommen - 1). Vermeld daarom ook altijd *df* tussen haakjes. De berekening van χ^2 is eenvoudig, zeker als SPSS het doet. Voor de berekening van de *p*-waarde bestaan drie methoden (zie de paragraaf over SPSS). Kies de beste en schrijf erbij welke dat is.

Toelichting
Als beide variabelen twee niveaus hebben, is het ook mogelijk de correlatie tussen hen te berekenen. Deze correlatie wordt meestal aangeduid met ϕ (de Griekse letter phi) in plaats van *r*. De relatie tussen χ^2 en ϕ is:

$$\chi^2 = N \phi^2$$

Dus χ^2 is evenredig met de proportie-verklaarde variantie. Cohen (1988) hanteert voor ϕ dezelfde conventies als voor een gewone correlatie: .10 = klein, .30 = medium en .50 = groot.

Als χ^2 eenmaal is berekend, kan men de correlatie dus berekenen als $\phi = \sqrt{(\chi^2 / N)}$. Deze formule kan worden gegeneraliseerd naar variabelen met meer dan twee niveaus. De resulterende coëfficiënt staat bekend als Cramers ϕ of Cramers V:

$$\phi = \sqrt{\frac{\chi^2}{N * d_s}}$$

Hierbij is d_S het aantal vrijheidsgraden van de variabele met het kleinste aantal niveaus (dus d_S = dat aantal niveaus - 1). Deze ϕ is een maat voor de sterkte van de samenhang. Bij $d_S > 1$ gelden echter andere conventies over wat 'groot' is en wat 'klein' is (zie Aron & Aron, 1994).

Voorbeeld

$\chi^2(2)$ = 13.125 (onder H_0 zou je verwachten dat dit ongeveer 2 is)
p = .00176 (exacte methode)

Als je daarnaast ook wilt weten hoe sterk het effect is, en dat zou je moeten willen, bereken je ϕ^2 = 13.125 / 30 = .4375, dus ϕ = .6614. Deze berekening kun je natuurlijk ook door SPSS laten doen. Gezien de hoge waarde van ϕ mag het effect sterk genoemd worden.

8.3.6 Beslissing

Wanneer de gevonden *p*-waarde kleiner is dan .05, wordt de nulhypothese verworpen. Dit betekent dan dat de twee variabelen in de populatie samenhangen.

Voorbeeld
Er is een significante samenhang tussen het milieu en de hoeveelheid geconsumeerd voedsel.

8.3.7 Causale interpretatie

De causale interpretatie hangt weer af van de mate van controle. Als het onderzoek experimenteel is, noem je de primaire verklaring voor de gevonden resultaten: de onafhankelijke variabele heeft oorzakelijk invloed op de afhankelijke variabele (of juist niet, als er geen significante samenhang is). Als het onderzoek passief-observerend is, noem je daarnaast een alternatieve verklaring.

Voorbeeld
In ons voorbeeld hebben we te maken met een experimenteel onderzoek (zie 'Mate van controle'). Er is dus maar één verklaring: milieu heeft invloed op de hoeveelheid geconsumeerd voedsel.

8.3.8 Samenvatting

Design: afhankelijke variabele = Hoeveelheid geconsumeerd voedsel (kwalitatieve data: veel, weinig)

between-subjectfactor = Milieu (stimulusrijk, stimulusarm, neutraal)

Mate van controle: Experimenteel onderzoek.

Hypothesen: H_0: Er is geen samenhang in de populatie tussen milieu en de hoeveelheid geconsumeerd voedsel.
H_a: Er is wel samenhang in de populatie tussen milieu en de hoeveelheid geconsumeerd voedsel.

Geaggregeerde data:

Tabel 8.13

	stimulusrijk	stimulusarm	neutraal	rijtotaal
weinig	O = 6 E = 5.33	O = 1 E = 5.33	O = 9 E = 5.33	16
veel	O = 4 E = 4.67	O = 9 E = 4.67	O = 1 E = 4.67	14
kolomtotaal	10	10	10	N = 30

Toetsingsgrootheid, df *en* p-*waarde:*

$\chi^2(2)$ = 13.125
p = .00176   (exacte methode)

Beslissing: Er is een significante samenhang tussen het milieu en de hoeveelheid geconsumeerd voedsel.

Causale interpretatie: Experimenteel onderzoek, dus de primaire verklaring luidt dat het milieu een oorzakelijke invloed heeft op de hoeveelheid voedsel.

8.3.9 Aansturing van SPSS

De χ^2-toets vindt je in SPSS **niet** bij de non-parametrische toetsen, maar als optie onder de functie **Analyze > Descriptive Statistics > Crosstabs**. In het dialoogvenster dat je dan krijgt, moet je de volgende informatie opgeven:
- **Rows/Column(s)**: In elk van de twee een variabele, welke waar maakt niet uit.
- **Statistics**: In dit submenu kun je (onder andere) aangeven dat χ^2 (chi square) berekend moet worden.
- **Cells**: Hier geef je aan dat je behalve de geobserveerde ook de verwachte celfrequenties weergegeven wilt zien in de kruistabel.

Klik bij kleine steekproeven ook op de knop **Exact**. Daar kun je kiezen met welke methode de *p*-waarde wordt berekend. Dat zijn de drie methoden die in deel 2 van deze serie zijn behandeld. '**Exact**' betekent dat wordt *berekend* wat de *p*-waarde is als *alle* steekproeven worden uitgeschreven. '**Monte Carlo**' betekent dat de *p*-waarde wordt *geschat* op grond van een groot aantal *gesimuleerde* steekproeven. '**Asymptotisch**' betekent dat de *p*-waarde wordt *benaderd* met een formule waarvan is beredeneerd dat hij voor *grote* steekproeven (N $\rightarrow \infty$) juist is. Kies in de eerste plaats Asymptotisch. Als bij de uitvoer blijkt dat er verwachtte frequenties kleiner dan 5 zijn, kies dan Exact of, als dat te lang duurt, Monte Carlo.

(De bovenstaande regels zullen in dit boek worden gehanteerd, maar er is wel enige discussie over mogelijk. De eis dat E >5 is het meest gebruikt, maar er zijn onderzoeken die zeggen dat E >1 ook al goed is (zie Aron & Aron, 1994, voor een korte samenvatting van deze discussie). Verder berust de berekening van de exacte p-waarde op de aanname dat de randfrequenties fixed zijn, en dat is in de meeste onderzoeken niet zo. De power kan dan onnodig klein zijn.)

8.3.10 De uitvoer van SPSS

Onder het kopje 'Statistics' in de uitvoer van CROSSTABS vindt je achter '**Pearson**' de toetsingsgrootheid χ^2. Op diezelfde regel staat ook de bijbehorende p-waarde. Deze is normaal gesproken met de asymptotische methode berekend. Als voetnoot wordt vermeld of er verwachtte frequenties kleiner dan 5 waren. Zo ja, dan levert de asymptotische methode geen goede benadering van de p-waarde. Je moet de analyse dan opnieuw doen en de Exacte of Monte Carlo-methode gebruiken.

Voorbeeld
In het voorbeeld zijn sommige verwachtte frequenties iets kleiner dan 5. Strikt genomen moeten we dus de exacte methode gebruiken. Dat maakt in dit geval niet veel uit:

p = .00141 (asymptotische methode)
p = .00176 (exacte methode)

De exacte p-waarde is natuurlijk beter.

8.4 Opgaven

Opgave 8.1 (voorbereiding van computeropgaven)

Lees de te maken computeropgaven en bedenk hoe je ze gaat doen. Bijvoorbeeld bij opgave 8.2: wat is de datamatrix? Bij opgave 8.4: welke toets ga je gebruiken?

Opgave 8.2 (computeropgave)

In deel 1 van deze serie beschouwden we de volgende kruistabel, tabel 8.14:

Tabel 8.14

		Studie	
		Student	Niet-student
Café	De Fuik	3	0
	Sjors & Sjimmie	1	2

We concludeerden toen dat er 'samenhang' was tussen Café en Studie, maar moesten het voorbehoud maken dat de steekproef wel erg klein was. Toets dit nu met SPSS. Voer dus eerst de data in. Dat zijn *niet* de getallen uit de bovenstaande tabel, want dat is een kruistabel, geen datamatrix. Je moet dus eerst bedenken hoe de datamatrix er uit heeft gezien. Voer hem dan in. Doe de juiste toets, en gebruik daarbij de knop *Exact*. Baseer je bij de conclusies op chi-kwadraat. Wat is de asymptotische p-waarde? Wat is de juiste p-waarde? Waarom is het verschil tussen die twee zo groot? En zo geven we de finishing touch aan deel 1 van deze serie met behulp van de theorie uit deel 2 van deze serie.

Opgave 8.3 (computeropgave)

a Open *psywel.sav*. Gebruik *Transform > Recode > Into different variables* om een variabele Npsywel te maken, die de waarde 1 heeft als Psywel < 47 en 2 als Psywel ≥ 47. In plaats daarvan kun je ook *Transform > Categorize variables* gebruiken en daar Psywel met twee categorieën opgeven.

b Doe twee keer een analyse om de samenhang tussen Positie en Npsywel te toetsen. Laat de eerste keer de p-waarde exact berekenen. Laat de tweede keer de p-waarde schatten door middel van simuleren. Noteer van deze analyses de tweezijdige p-waarden die zijn gebaseerd op chi-kwadraat: de exacte p-waarde, de gesimuleerde p-waarde en de asymptotische p-waarde.

c Welke p-waarde is het beste? Waarom krijg je bij simuleren ook een ondergrens en een bovengrens voor de p-waarde? Wat moet je in de simulatie veranderen om ervoor te zorgen dat die onder- en bovengrens dichter bij elkaar komen te

liggen? Probeer dat, observeer het gedrag van je computer en kijk of het werkt.
d Met welke GLM is deze analyse qua vraagstelling vergelijkbaar? Welke afhankelijke en onafhankelijke variabele(n) zou je daarvoor gebruiken?

Opgave 8.4 (computeropgave)

Open de data van het stemmingmakerijonderzoek (*stemming.sav*). Selecteer met *Data > Select Cases* de subjecten met Bdv ≥ 10 en Bdv ≤ 25.
a Bereken met *Transform > Compute* de variabele Diff = Bdf - Bdv. Laat vervolgens een boxplot maken van Diff.
b Onderzoek of het verschil tussen deelnemers (groep = 1) en controlegroep (groep = 2) op de variabele Diff significant is. Gebruik een non-parametrische toets. Controle: p = .007. Bewaar de output voor opgave 8.6.

Opgave 8.5 (computeropgave)

Handhaaf de selectie van subjecten uit opgave 8.4. Selecteer daarvan bovendien slechts de subjecten met Diff ≤ 15. Als het goed is, zijn er dan slechts drie subjecten minder.
a Herhaal de GLM-Repeated measures van hoofdstuk 6 om het effect van deelname (= groep) op BDI te onderzoeken.
b Herhaal de toets die je in opgave 8.4 hebt gedaan met deze selectie van subjecten.

Opgave 8.6 (verwerking van computeropgaven)

a Schrijf een elementair rapport voor opgave 8.4.
b Bereken de verwachtte frequenties bij de kruistabel van opgave 8.2.

Opgave 8.7 (verwerking van computeropgaven)

Vergelijk de uitkomsten van opgave 8.4 met de within-subjectcontrasttoetsen van GLM zoals je die eerder hebt gevonden en die ook in dit boek staan. In feite heb je twee manieren om dezelfde vraag te onderzoeken (als je bereid bent de nameting te negeren). Leiden ze tot dezelfde conclusie? Betrek nu de uitkomsten van 8.5 erbij.

9 Leerdoelen en zelftoetsen

9.1 Leerdoelen

Hieronder staat een overzicht van de belangrijkste dingen die je moet kunnen na bestudering van dit boek. Hierbij moet je bedenken dat elke docent nog zijn eigen aanvullende eisen zal hebben. Zo kijk *ik* bij de beoordeling van tentamens tevens naar formulering en leesbaarheid.

Multiple-regressieanalyse
Gegeven: De beschrijving van een onderzoek, de data en SPSS-output exclusief de ANOVA-tabel, maar wel de *b*-gewichten.

Gevraagd:
- Onderdelen van een elementair rapport (de **ANOVA-tabel zelf berekenen**).
- Een beknopt rapport van de MRA.
- De definities van verklaarde variantie en R^2.
- Relaties tussen de nulhypothesen van R^2 en de *b*-gewichten.
- Vul een getoond dialoogvenster goed in.

Varianten van MRA
- Definitie, voor- en nadelen van *bèta*-gewichten kunnen toepassen.
- Gegeven de data van een 1-factorieel design: **creëer de dummyvariabelen**.
- Hoe maak je hier via Regression een ANOVA-tabel mee.

GLM
Gegeven: De beschrijving van een onderzoek, de data en SPSS-output.

Gevraagd:
- Onderdelen van een elementair rapport (met name **design**, hypothesen, **toetsing, beslissingen** en causale interpretatie).
- Een **beknopt rapport**.
- De hypothesen of conclusies **toelichten** met de geaggregeerde data.
- De analyse beschrijven met behulp van een eenvoudiger analyse.
- Hoeveel/welke toetsen er zijn na uitbreiding van het design.
- Vul een getoond dialoogvenster goed in.

Non-parametrische toetsen
Gegeven: De beschrijving van een onderzoek, de data en SPSS-output.

Gevraagd:
- Waarom is een non-parametrische toets hier geschikt.
- Een elementair rapport, of onderdelen daarvan.
- Bereken zelf de geaggregeerde data voor de Mann-Whitneytoets, of de χ^2-toets.
- Beredeneer of χ^2 groot of klein is.
- Kies de beste methode voor de p-waarde.

9.2 Zelftoets 1

Opgave 1

In de plaats Z is onder hulpverleners van diverse instellingen een protocol ingevoerd dat regelt hoe men dient om te gaan met suïcidepogingen (wie moet er worden gewaarschuwd, enzovoort). Niet alle hulpverleners houden zich echter even streng aan het protocol. Een studente klinische psychologie onderzocht dit. De vraag was waar naleving van het protocol van afhangt. Door een aantal hulpverleners te interviewen, was zij in staat elk van hen te scoren op onder meer de volgende variabelen.
1 *Naleven* = in hoeverre overeenkomstig de afspraken wordt gehandeld
2 *Attitude* = de attitude ten aanzien van het protocol
3 *Informeren* = in hoeverre nieuwe werknemers geïnformeerd worden over het protocol
4 *Controle* = in hoeverre naleving van het protocol wordt gecontroleerd

De scores staan in de datamatrix in tabel 9.1. Hiermee werd een regressieanalyse uitgevoerd met Naleven als criterium en de overige variabelen als predictoren. De ongestandaardiseerde regressiecoëfficiënten (b-gewichten) waren:

$b_{Constant}$ = -.167
$b_{Attitude}$ = .833
$b_{Informeren}$ = .167
$b_{Controle}$ = 3.011E-17

Hiermee zijn enkele voorspelde scores berekend. Ook deze staan in de datamatrix.
a Maak een elementair rapport met uitzondering van geaggregeerde data en p-waarden van de b-gewichten.
b Waarom hebben subject 2 en 3 dezelfde voorspelde score?
c Verklaar waarom het in een onderzoekje als dit goed mogelijk is om een hoge verklaarde variantie te vinden die niet-significant is.

Tabel 9.1

Naleven	Attitude	Informeren	Controle	pre_1
1	2	1	2	
2	2	3	1	2.000
2	2	3	3	2.000
3	4	3	2	
3	3	4	3	3.000
4	3	2	2	2.667

Opgave 2

Zie opgave 1.

a Hoe groot zou het b-gewicht van Attitude zijn als alle scores daarvan vijf keer zo groot waren?
b De standaardafwijking van Attitude is 0.8165. De standaardafwijking van Naleven is 1. Bereken het $bèta$-gewicht van Attitude.
c Kan men in dit voorbeeld beter gestandaardiseerde, dan wel ongestandaardiseerde regressiegewichten rapporteren? Leg uit.
d Los van het voorgaande: maak een dummycodering voor de factor Groep in datamatrix in tabel 9.2.

Tabel 9.2

Subject	Groep	Snelheid	Leeftijd
1	A	4	18
2	A	5	26
3	B	5	12
4	C	6	9
5	A	8	23

e Vul het dialoogvenster van figuur 9.1 in zoals het er uit moet zien om met de door jou in (d) gedefinieerde dummycodering het effect van Groep op Snelheid te onderzoeken.
f Stel dat men de effecten van Groep en Leeftijd op Snelheid onderzoekt. Formuleer de nulhypothesen.

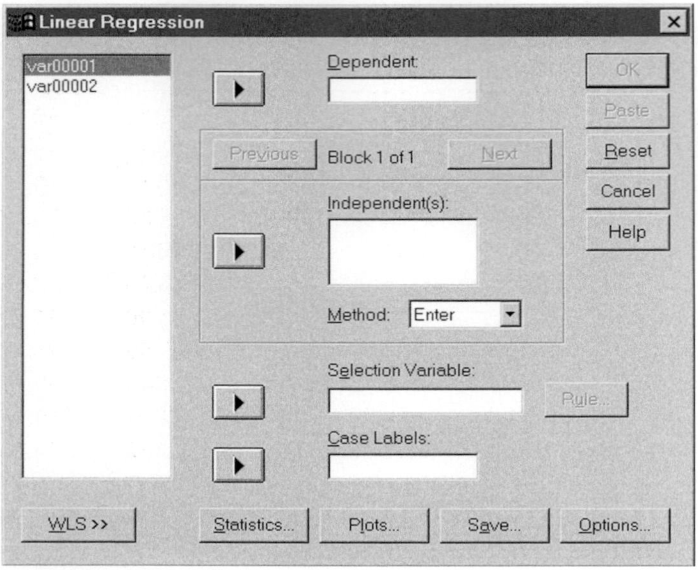

Figuur 9.1

Opgave 3

Geslachtsrolidentificatie is gedefinieerd door de twee schalen van de Bem Sex Role Inventory (Bem, 1974). Dit zijn de schalen *masculiniteit* en *femininiteit*. Ieder van deze schalen is gesplitst op de mediaan, zodat er twee niveaus van masculiniteit zijn (hoog = 1, laag = 0) en twee niveaus van femininiteit (idem). Aldus ontstaan vier groepen: ongedifferentieerd (laag masculien, laag feminien), masculien (hoog masculien, laag feminien), feminien (laag masculien, hoog feminien) en androgyn (hoog masculien, hoog feminien). Anders dan je misschien zou verwachten, kan iemand dus zowel erg 'mannelijk' als erg 'vrouwelijk' zijn. Bij elk van de personen zijn nog deze variabelen gemeten: self-esteem (Esteem), interne versus externe locus of control (Control), attitude ten aanzien van vrouwelijke rollen (Attrole), introversie-extraversie (Intext) en neuroticisme (Neurotic). De vraag is of deze variabelen samenhangen met geslachtsrolidentificatie.

a Specificeer het design voor dit onderzoek.
b Geef op basis van de output in tabel 9.4 en 9.5 een beknopt rapport van het Masculin × Feminine-interactie-effect en het hoofdeffect van Feminine. Je hoeft deze keer echter geen R^2 of eta^2 te vermelden.
c Licht voorzover mogelijk de conclusies van (b) toe met de gemiddelden van Esteem in de steekproef, die je zelf moet berekenen met de selectie van data in tabel 9.3.
d Bereken op grond van de output de R^2 voor het effect van Feminine op Control.
e Intext en Neurotic zijn factoren van de Big Five (de vijf belangrijkste persoonlijkheidsfactoren). Bespreek waarom je ze ook als onafhankelijke variabelen zou kunnen opvatten en specificeer het design dat dan ontstaat.

Tabel 9.3

Subject	Masculien	Feminien	Esteem	Control	Attrole	Intext	Neurotic
1.00	1.00	.00	14.50	4.00	20.00	30.50	19.50
2.00	1.00	1.00	29.50	35.50	30.50	36.50	42.50
3.00	1.00	.00	3.50	7.00	5.50	9.50	18.00
4.00	.00	1.00	14.50	29.50	19.50	24.50	39.50
5.00	.00	1.00	19.50	29.50	19.75	24.50	39.50
6.00	.00	.00	9.25	5.50	9.28	9.50	7.50
7.00	1.00	.00	7.50	4.00	9.00	16.00	9.00
8.00	.00	1.00	13.50	20.50	18.50	25.00	29.00
9.00	1.00	1.00	19.50	23.00	29.45	39.50	24.50
10.00	1.00	.00	6.50	7.00	9.50	19.50	14.50
11.00	.00	.00	3.50	2.50	5.50	11.50	10.50

Tabel 9.4 Multivariate Tests(c)

Multivariate Tests(c)

Effect		Value	F	Hypothesis df	Error df	Sig.	Noncent. Parameter	Observed Power(a)
Intercept	Pillai's Trace	.990	56.702 (b)	5.000	3.000	.004	283.511	1.000
	Wilks' Lambda	.010	56.702 (b)	5.000	3.000	.004	283.511	1.000
	Hotelling's Trace	94.504	56.702 (b)	5.000	3.000	.004	283.511	1.000
	Roy's Largest Root	94.504	56.702 (b)	5.000	3.000	.004	283.511	1.000
MASCULIN	Pillai's Trace	.747	1.768(b)	5.000	3.000	.339	8.838	.180
	Wilks' Lambda	.253	1.768(b)	5.000	3.000	.339	8.838	.180
	Hotelling's Trace	2.946	1.768(b)	5.000	3.000	.339	8.838	.180
	Roy's Largest Root	2.946	1.768(b)	5.000	3.000	.339	8.838	.180
FEMININE	Pillai's Trace	.976	24.281 (b)	5.000	3.000	.012	121.407	.953
	Wilks' Lambda	.024	24.281 (b)	5.000	3.000	.012	121.407	.953
	Hotelling's Trace	40.469	24.281 (b)	5.000	3.000	.012	121.407	.953
	Roy's Largest Root	40.469	24.281 (b)	5.000	3.000	.012	121.407	.953
MASCULIN * FEMININE	Pillai's Trace	.655	1.141(b)	5.000	3.000	.488	5.704	.133
	Wilks' Lambda	.345	1.141(b)	5.000	3.000	.488	5.704	.133
	Hotelling's Trace	1.901	1.141(b)	5.000	3.000	.488	5.704	.133
	Roy's Largest Root	1.901	1.141(b)	5.000	3.000	.488	5.704	.133

a Computed using alpha = .05
b Exact statistic
c Design: Intercept+MASCULIN+FEMININE+MASCULIN * FEMININE

Tabel 9.5 Tests of Between-Subjects Effects (2)

Tests of Between-Subjects Effects

Source	Dependent Variable	Type III Sum of Squares	df	Mean Square	F	Sig.	Noncent. Parameter	Observed Power(a)
Corrected Model	ESTEEM	670.619(b)	3	223.540	12.414	.003	37.241	.977
	CONTROL	1405.057(c)	3	468.352	22.513	.001	67.539	1.000
	ATTROLE	476.086(d)	3	158.695	7.299	.015	21.897	.849
	INTEXT	835.055(e)	3	278.352	8.175	.011	24.524	.888
	NEUROTIC	1359.659(f)	3	453.220	10.393	.006	31.180	.950
Intercept	ESTEEM	2887.232	1	2887.232	160.336	.000	160.336	1.000
	CONTROL	2688.987	1	2688.987	129.256	.000	129.256	1.000
	ATTROLE	1890.317	1	1890.317	86.941	.000	86.941	1.000
	INTEXT	5350.527	1	5350.527	157.135	.000	157.135	1.000
	NEUROTIC	5550.987	1	5550.987	127.295	.000	127.295	1.000
MASCULIN	ESTEEM	129.830	1	129.830	7.210	.031	7.210	.636
	CONTROL	11.408	1	11.408	.548	.483	.548	.099
	ATTROLE	66.896	1	66.896	3.077	.123	3.077	.329
	INTEXT	297.633	1	297.633	8.741	.021	8.741	.718
	NEUROTIC	8.882	1	8.882	.204	.665	.204	.068
FEMININE	ESTEEM	600.601	1	600.601	33.353	.001	33.353	.998
	CONTROL	1350.987	1	1350.987	64.940	.000	64.940	1.000
	ATTROLE	425.580	1	425.580	19.574	.003	19.574	.964
	INTEXT	700.001	1	700.001	20.558	.003	20.558	.971
	NEUROTIC	1293.197	1	1293.197	29.656	.001	29.656	.996
MASCULIN * FEMININE	ESTEEM	31.950	1	31.950	1.774	.225	1.774	.211
	CONTROL	.987	1	.987	.047	.834	.047	.054
	ATTROLE	31.317	1	31.317	1.440	.269	1.440	.180
	INTEXT	15.527	1	15.527	.456	.521	.456	.090
	NEUROTIC	48.355	1	48.355	1.109	.327	1.109	.150
Error	ESTEEM	126.052	7	18.007				
	CONTROL	145.625	7	20.804				
	ATTROLE	152.198	7	21.743				
	INTEXT	238.354	7	34.051				
	NEUROTIC	305.250	7	43.607				
Total	ESTEEM	3627.891	11					
	CONTROL	4116.500	11					
	ATTROLE	2442.063	11					
	INTEXT	6597.250	11					
	NEUROTIC	7530.000	11					
Corrected Total	ESTEEM	796.670	10					
	CONTROL	1550.682	10					
	ATTROLE	628.284	10					
	INTEXT	1073.409	10					
	NEUROTIC	1664.909	10					

b R Squared = .842 (Adjusted R Squared = .774)
c R Squared = .906 (Adjusted R Squared = .866)
d R Squared = .758 (Adjusted R Squared = .654)
e R Squared = .778 (Adjusted R Squared = .683)
f R Squared = .817 (Adjusted R Squared = .738)

Opgave 4

Vijftien proefpersonen van drie verschillende beroepen doen mee aan vier vrijetijdsactiviteiten en moeten op een schaal van 1 tot 10 aangeven hoe leuk ze het vinden. Noem de betreffende variabelen Leukd, Leukl, Leukt en Leuks, waarbij de laatste letter de activiteit aangeeft. De data staan in tabel 9.6. Men wil de beroepen met elkaar vergelijken, en men wil de activiteiten met elkaar vergelijken.

a Geef een specificatie van het design.
b Geef de namen van alle nulhypothesen die multivariaat getoetst zullen worden in GLM. Geef vervolgens hun formele formulering (met μ).
c Bereken alle contrastscores voor het eerste subject.
d Hoeveel univariate within-subjectcontrasttoetsen zullen er worden gedaan?
e Bedenk namen voor de contrastscores. Beschrijf hoe je met GLM-Multivariate de algemene nulhypothese voor Groep × Activiteit-interactie kan toetsen: wat geef je op als afhankelijke variabele(n), wat als between-subjectfactor(en), naar welke toets kijk je in de output?
f Licht de nulhypothese voor het hoofdeffect van Groep toe met de gemiddelden in deze steekproef.
g Stel dat men de activiteiten niet met elkaar wil vergelijken. Geef opnieuw een specificatie van het design. Licht alle univariate nulhypothesen voor het (hoofd)effect van Groep toe met de in tabel 9.6 gegeven steekproefgemiddelden.
h Los van de rest van deze opgave: wat is het voordeel van quasi-experimenteel onderzoek in vergelijking met zuiver passief-observerend onderzoek?

Tabel 9.6

Groep	Subject no	Activiteit				Gecom-bineerd
		Lezen	Dansen	Tv	Ski	
Buikdansers	1	7	10	6	5	7.00
	2	8	9	5	7	7.25
	3	5	10	5	8	7.00
	4	6	10	6	8	7.50
	5	7	8	7	9	7.75
gemiddeld		6.60	9.40	5.80	7.40	7.30
Politici	6	4	4	4	4	4.00
	7	6	4	5	3	4.50
	8	5	5	5	6	5.25
	9	6	6	6	7	6.25
	10	4	5	6	5	5.00
gemiddeld		5.00	4.80	5.20	5.00	5.00

Statistici	11	3	1	1	2	1.75
	12	5	3	1	5	3.50
	13	4	2	2	5	3.25
	14	7	1	2	4	3.50
	15	6	3	3	3	3.75
gemiddeld		5.00	2.00	1.80	3.80	3.15
Algeheel gemiddelde		5.53	5.40	4.27	5.40	5.15

Opgave 5

Zie de data van de vorige opgave.

a Men wil een non-parametrische toets doen om te bepalen of politici meer van lezen houden dan statistici. Welke toets is daarvoor geschikt en wat is daar de H_0?

b Bepaal de rangscores waarop de toets van (a) gebaseerd zal zijn. Geef ze overzichtelijk weer.

c Stel dat de waarderingscijfers worden gesplitst in 'laag' (≤ 5) en 'hoog' (> 5). Bereken onder de nulhypothese van onafhankelijkheid tussen beroep en 'waardering voor lezen' de verwachtte frequentie van politici die veel van lezen houden ('hoog' dus).

d In figuur 9.2 en 9.3 staat een deel van de output van twee analyses op dezelfde data. Wat is de beste p-waarde voor een chi-kwadraattoets? Wat is de op één na beste?

Chi-Square

	Value	df	Asymp. Sig. (2-	Sig.	Monte Carlo Sig. (2-	
					99% Interval	
					Lower Boun	Uppe Boun
Pearson Chi-	4,140[a]	2	,126	,210[b]	,200	,220
Likelihood	5,635	2	,060	,210[b]	,200	,220
Fisher's Exact	3,391			,372[b]	,360	,385
Linear-by-Associatio	,267[c]	1	,606	,685[b]	,673	,697
N of Valid	9					

a. 6 cells (100,0%) have expected count less than 5. The minimum expected
b. Based on 10000 sampled tables with starting seed
c. The standardized statistic is

Figuur 9.2

Chi-Square Tests

	Value	df	Asymp. Sig. (2-sided)	Exact Sig. (2-sided)	Exact Sig. (1-sided)	Point Probability
Pearson Chi-Square	4,140[a]	2	,126	,206		
Likelihood Ratio	5,635	2	,060	,206		
Fisher's Exact Test	3,391			,365		
Linear-by-Linear Association	,267[b]	1	,606	,683	,437	,238
N of Valid Cases	9					

a. 6 cells (100,0%) have expected count less than 5. The minimum expected count is ,89.
b. The standardized statistic is ,516.

Figuur 9.3

9.3 Uitwerkingen van zelftoets 1

Opgave 1

a

Design: criterium: Naleven (kwantitatief)
        predictor 1:   Attitude (kwantitatief)
        predictor 2:   Informeren (kwantitatief)
        predictor 3:   Controle (kwantitatief)

Mate van Controle: Passief-observerend.

Geaggregeerde data: Hoeft niet.

Schatters – regressiegewichten:
$b_{Constant} = -.167$
$b_{Attitude} = .833$
$b_{Informeren} = .167$
$b_{Controle} = .000$

Hypothesen:

Algemene hypothesen: H_0: $\beta_{Attitude} = \beta_{Informeren} = \beta_{Controle} = 0$
                     H_a: Deze H_0 is onwaar.

Specifieke hypothesen: H_0(Attitude): $\beta_{Attitude} = 0$
                        H_0(Informeren): $\beta_{Informeren} = 0$
                        H_0(Controle): $\beta_{Controle} = 0$

Toetsing: ANOVA summary table tabel 9.7.

Tabel 9.7

Bron	df	SS	MS	F	p	R^2
Regressie	3	2.833	0.944	0.708	>.05	.5151
Residu	2	2.667	1.334			
Totaal	5	5.5				

Toetsing – *p*-waarden *b*-gewichten: Hoeft niet.

Beslissingen: De multiple correlatie voor het voorspellen van Naleven uit attitude, informeren en controleren is niet significant groter dan 0. In de steekproef werd echter gevonden dat $R^2 = .5151$, wat een sterk verband suggereert. Kennelijk is het aantal subjecten te klein om hier een betrouwbare conclusie te trekken.

Causale interpretatie: Dit was een passief-observerend onderzoek, dus er zijn meerdere verklaringen mogelijk voor het gevonden resultaat. Primaire verklaring: bijvoorbeeld Attitude heeft geen invloed op Naleven. Alternatieve verklaring: de Attitude heeft wel invloed op Naleven, maar mensen met een positieve Attitude zijn meestal mensen met wat minder ervaring, waardoor ze meer fouten maken en dus het protocol minder naleven.

b
Omdat ze dezelfde score hebben op Attitude en Informeren. Controle doet er niet zo toe, want die heeft een *b*-gewicht van nagenoeg 0.

c
We hebben te maken met heel weinig proefpersonen. Hoe kleiner het aantal proefpersonen, hoe moeilijker het is om een significant resultaat te vinden. Ook als we in de steekproef een sterk effect (een hoge R^2 dus) vinden.

Opgave 2

a
Vijf keer zo klein ($b_{\text{Attitude}} = 0.166$)

b
Bèta = $b \, (s_{\text{Attitude}} / s_{\text{Naleven}}) = 0.833 \, (0.8165 / 1) = .6801$. (Hier is gebruikgemaakt van de formule in paragraaf 3.1.4.)

c
Gestandaardiseerde. Het is de bedoeling om vast te stellen welke predictor de grootste bijdrage levert in de voorspelling van het criterium.

d
Tabel 9.8

Subject	G1	G2
1.	1	0
2.	1	0
3.	0	1
4.	0	0
5.	1	0

e
Independent(s):   G1, G2
Dependent: snelheid

f
Bij de regressievergelijking voorspelde snelheid = $\beta_0 + \beta_1 G1 + \beta_2 G2 + \beta_3 \text{leeftijd}$ zijn de nulhypothesen:

H_0(Algemeen)   : $\beta_1 = \beta_2 = \beta_3 = 0$
H_0(Groep)   : $\beta_1 = \beta_2 = 0$
H_0(Leeftijd)   : $\beta_3 = 0$

Opgave 3

a
Afhankelijke variabele 1:   Esteem (kwantitatief)
Afhankelijke variabele 2:   Controle (kwantitatief)
Afhankelijke variabele 3:   Attrole (kwantitatief)
Afhankelijke variabele 4:   Intext (kwantitatief)
Afhankelijke variabele 5:   Neurotic (kwantitatief)

Between-subjectfactor 1:   Masculin (kwalitatief, hoog/laag)
Between-subjectfactor 2:   Feminine (kwalitatief, hoog/laag)

b
Er is een MANOVA gedaan met Self-Esteem, Interne versus Externe Locus of Control, Attitude ten aanzien van Vrouwelijke Rollen, Intraversie-Extraversie en Neuroticisme als afhankelijke variabelen en Masculiniteit (hoog, laag) en Feminiteit (hoog, laag) als between-subjectfactoren. Het interactie-effect van Masculiniteit en Feminiteit was niet-significant (multivariate $F(5,3) = 1.141$, $p = .488$). Het hoofdeffect van Feminiteit was wel significant (multivariate $F(5,3) = 24.281$, $p = .012$). Feminiteit had een significant effect op Self-Esteem ($F(1,7) = 33.353$, $p = .001$), Interne versus Externe Locus of Control ($F(1,7) = 64.940$, $p = .000$), Attitude ten aanzien van Vrouwelijke Rollen ($F(1,7) = 19.574$, $p = .003$), Intraversie-Extraversie ($F(1,7) = 20.558$, $p = .003$) en Neuroticisme ($F(1,7) = 29.656$, $p = .001$).

c
Tabel 9.9

		Feminine		Gemiddeld
		hoog	laag	
Masculine	hoog	24.5 N = 2	8.0 N = 4	16.25
	laag	15.83 N = 3	6.375 N = 2	11.1025
Gemiddeld		20.165	7.1875	13.67625

(Hier zijn de ongewogen gemiddelden gebruikt)

Interactie-effect: Het effect van Masculin bij hoge Feminine is 24.5 - 15.83 = 8.67. Bij lage Feminine is het effect van Masculin gelijk aan 8.0 - 6.375 = 1.625. Blijkbaar geldt '8.67 = 1.625' in de populatie.

Feminine: Er geldt '20.165 ≠ 7.1875' in de populatie.

d
$R^2 = 0.871$

e
Het kan ook interessant zijn om het effect van Masculin, Feminine, Neurotic en Intext op Esteem, Attrole en Control te onderzoeken. Neurotic en Control zijn immers stabiele persoonsvariabelen, en je kunt je afvragen wat het effect van deze twee variabelen is op de andere variabelen. In dat geval worden Neurotic en Intext covariaten, de rest van het design blijft gelijk.

Opgave 4

a

Design: afhankelijke variabele: Waardering (kwantitatief)
         within-subjectfactor: Activiteit (kwalitatief, lezen/dansen/tv/ski)
         between-subjectfactor: Groep (kwalitatief, buikdansers/politici/statistici)

indeling van de metingen: (zie tabel 9.10)

Tabel 9.10

Niveau van 'activiteit'	Meting
lezen	Leukl
dansen	Leukd
tv	Leukt
ski	Leuks

Het is hier niet mogelijk om Leukl, enzovoort, als meerdere afhankelijke variabelen op te vatten, omdat men de activiteiten met elkaar wil vergelijken blijkens de vraagstelling.

b

Maak drie contrasten:
Contrast_1 = Leukd - Leukl
Contrast_2 = Leukt - Leukl
Contrast_3 = Leuks - Leukl

H_0 (Activiteit): $(\mu_{Contrast\_1\,|buikdansers} + \mu_{Contrast\_1\,|politici} + \mu_{Contrast\_1\,|statistici} = 0)$ &
$(\mu_{Contrast\_2\,|buikdansers} + \mu_{Contrast\_2\,|politici} + \mu_{Contrast\_2\,|statistici} = 0)$ &
$(\mu_{Contrast\_3\,|buikdansers} + \mu_{Contrast\_3\,|politici} + \mu_{Contrast\_3\,|statistici} = 0)$

H_0 (Interactie): $(\mu_{Contrast\_1\,|buikdansers} = \mu_{Contrast\_1\,|politici} = \mu_{Contrast\_1\,|statistici})$ &
$(\mu_{Contrast\_2\,|buikdansers} = \mu_{Contrast\_2\,|politici} = \mu_{Contrast\_2\,|statistici})$ &
$(\mu_{Contrast\_3\,|buikdansers} = \mu_{Contrast\_3\,|politici} = \mu_{Contrast\_3\,|statistici})$

c

Som   = 28
Contrast_1 = 3
Contrast_2 = -1
Contrast_3 = -2

d
Zes. Drie voor het within-subjecteffect en drie voor het interactie-effect.

e
Namen, zie (c). Je kunt de Groep × Activiteit-interactie toetsen door met Contrast_1, Contrast_2 en Contrast_3 als afhankelijke variabelen een GLM-Multivariate te doen met 'Groep' als between-subjectfactor. Je moet dan in de output naar de multivariate toets voor 'Groep' kijken.

f
'7.30 = 5.00 = 3.15' in de populatie.

g
Design: afhankelijke variabele 1: Waardering lezen (kwantitatief)
afhankelijke variabele 2: Waardering dansen (kwantitatief)
afhankelijke variabele 3: Waardering tv (kwantitatief)
afhankelijke variabele 4: Waardering ski (kwantitatief)
between-subjectfactor: Groep (kwalitatief, buikdansers/politie/statistici)

Lezen: '6.60 = 5.00 = 5.00'   mdidp
Dansen: '9.40 = 4.80 = 2.00'   ,,
TV: '5.80 = 5.20 = 1.80'   ,,
Ski: '7.40' = 5.00 = 3.80' ,,

h
Bij een quasi-experimenteel onderzoek heb je een voor- en een nameting, wat selectiebias en autonome rijping als alternatieve verklaring uitsluit en het design dus sterker maakt.

Opgave 5

a
De Mann-Whitney.

H_0: De gemiddelde rangscore voor politici is gelijk aan die voor statistici in de populatie.

b
Tabel 9.11

Beroep	S	P	P	S	P	S	P	P	P	S
score	3	4	4	4	5	5	6	6	6	7
rangscore	1	3	3	3	5.5	5.5	8	8	8	10

c
Tabel 9.12

		Waardering		Totaal
		Hoog	Laag	
Beroep	Politicus	2	3	5
	Statisticus	2	3	5
Totaal		4	6	10

De verwachte frequentie is hier gelijk aan de geobserveerde frequentie (de verhoudingen tussen de celfrequenties zijn gelijk).

d
Exact Sig. (2-sided): $p = .206$.
Monte Carlo Sig. (2-sided): $p = .210$.

9.4   Zelftoets 2

De volgende zelftoets bevat vier van de vijf opgaven die werden gebruikt in de deeltoets over deze stof in de cursus Statistiek II van de opleiding Psychologie van de KUN. Er konden 100 punten gescoord worden. Elk onderdeel was 5 punten waard; behalve de onderdelen 1b en 2b, die waren elk 10 punten waard. Het enige wat ik hiermee wil zeggen, is dat dit vragen van het door mij beoogde tentamenniveau zijn. Uiteraard kan een tentamen in jouw cursus een heel andere vorm en nadruk hebben. *Informeer jezelf daarover!*

Opgave 1

Het is bij voetbalclub 'FC Bal door het raam van de kantine' al jarenlang traditie om na het seizoen de 'speler van het jaar' te kiezen. Elk lid van de supportersclub mag hierbij een stem uitbrengen op een van de zestien spelers uit de selectie van het eerste team. De trainer, tevens een geoefend statisticus, is erg geïnteresseerd geraakt in de vraag waarvan het aantal stemmen dat een speler krijgt nu eigenlijk afhangt.

Om hier achter te komen verzamelt hij van elk van de zestien spelers een aantal gegevens, te weten:
- Minuten: het aantal minuten dat hij speelt in een seizoen (maximaal 26 wedstrijden à 90 minuten);
- Goals: het aantal doelpunten dat hij scoort;
- Dominantie: de score op een vragenlijst, die hij heeft moeten invullen (deze vragenlijst is een meting van 'het op de voorgrond treden', zeg maar een soort dominantievragenlijst);

- Stemmen: het aantal stemmen dat hij krijgt bij de verkiezingen.

a Beschrijf het design en vermeld alle nulhypothesen, je mag zelf kiezen of je de hypothesen in symbolen of in woorden formuleert.

Gegeven is tabel 9.13.

Tabel 9.13

predictor	b	bèta
constant	43.5490	.000
minuten	.0069	.350
goals	1.6260	.504
dominantie	-.7200	-.306

Verder is bekend dat: Var (Y') = 234.4357.

b Complementeer de ANOVA-tabel (vul hem dus verder in). Als je een getal niet weet, vul dan in ieder geval zelf een realistische waarde in, zodat je door kunt rekenen. Neem het resultaat over op je antwoordvel!

Tabel 9.14

BRON	df	SS	MS	F	p	R^2
Regressie					.005	
Residual						
Totaal		5489.00				

c Waarom is het *b*-gewicht van minuten zo klein in vergelijking met het *bèta*-gewicht?

Opgave 2

Een student-assistent bij Statistiek II is jarig en nodigt een aantal van zijn werkgroepstudenten uit op zijn verjaardagsfeestje. Een nogal haatdragende studente, die overigens niet uitgenodigd is, vermoedt dat de student-assistent zijn beoordeling van het Statistiek II-tentamen op andere gronden dan alleen het getoonde inzicht baseert. Zij klimt in een boom en bespioneert de feestgangers door het raam. Zij houdt van iedere feestganger bij: het geslacht (0 = man, 1 = vrouw), het soort verjaardagscadeau (1 = boek, 2 = cd, 3 = drank, 4 = anders), en het aantal geconsumeerde glazen alcohol. Ook bepaalt zij de volgende dag de prijs van ieder gegeven cadeau. Als het tentamen is nagekeken, bepaalt ze van iedere persoon ook

nog eens de cijfers op deeltoets 1 en deeltoets 2 van Statistiek II. De resultaten van dit onderzoek staan in tabel 9.15 gegeven voor een deel van de subjecten.
a Geef een beschrijving van het design van dit onderzoek.
b Zie de output in figuur 9.4 en 9.5. Schrijf een beknopt rapport van dit onderzoek.
c In de ANOVA-tabel van de SPSS-output hoeven de SS-en niet altijd op te tellen tot SS_{Totaal}. Wanneer tellen ze wel op?

Tabel 9.15

persoon	soort cadeau	geslacht	prijs van het cadeau	aantal glazen alcohol	cijfer deeltoets I	cijfer deeltoets II
1	2	0	25.95	5	6.5	5.6
2	1	1	21.85	8	5.5	3.4
3	1	1	19.95	10	8.1	7.8
4	3	0	10.25	2	6.2	6.4
5	2	1	32.75	6	7.2	6.5
6	4	0	0.00	3	6.7	7.1
7	2	0	23.95	15	4.6	4.8
8	2	1	26.45	9	8.3	9.0
9	1	1	12.50	4	7.4	6.9
10	2	1	21.15	0	6.0	5.8
11	4	0	14.25	6	8.8	7.6
12	1	0	26.50	7	6.9	7.2
13	1	1	14.30	5	5.8	5.5
14	3	1	22.00	2	7.2	6.0

Multivariate Tests [d]

Effect		Value	F	Hypothesis df	Error df	Sig.	Noncent. Parameter	Observed Power [a]
Intercept	Pillai's Trace	.558	3.786[b]	2.000	6.000	.086	7.572	.464
	Wilks' Lambda	.442	3.786[b]	2.000	6.000	.086	7.572	.464
	Hotelling's Trace	1.262	3.786[b]	2.000	6.000	.086	7.572	.464
	Roy's Largest Root	1.262	3.786[b]	2.000	6.000	.086	7.572	.464
ALCOHOL	Pillai's Trace	.681	6.405[b]	2.000	6.000	.032	12.811	.690
	Wilks' Lambda	.319	6.405[b]	2.000	6.000	.032	12.811	.690
	Hotelling's Trace	2.135	6.405[b]	2.000	6.000	.032	12.811	.690
	Roy's Largest Root	2.135	6.405[b]	2.000	6.000	.032	12.811	.690
PRIJS	Pillai's Trace	.307	1.327[b]	2.000	6.000	.333	2.653	.191
	Wilks' Lambda	.693	1.327[b]	2.000	6.000	.333	2.653	.191
	Hotelling's Trace	.442	1.327[b]	2.000	6.000	.333	2.653	.191
	Roy's Largest Root	.442	1.327[b]	2.000	6.000	.333	2.653	.191
GESLACHT	Pillai's Trace	.018	.054[b]	2.000	6.000	.948	.108	.055
	Wilks' Lambda	.982	.054[b]	2.000	6.000	.948	.108	.055
	Hotelling's Trace	.018	.054[b]	2.000	6.000	.948	.108	.055
	Roy's Largest Root	.018	.054[b]	2.000	6.000	.948	.108	.055
SOORT	Pillai's Trace	.911	1.952	6.000	14.000	.142	11.710	.517
	Wilks' Lambda	.196	2.516[b]	6.000	12.000	.082	15.096	.610
	Hotelling's Trace	3.553	2.961	6.000	10.000	.063	17.764	.648
	Roy's Largest Root	3.392	7.914[c]	3.000	7.000	.012	23.743	.878
GESLACHT * SOORT	Pillai's Trace	.484	1.118	4.000	14.000	.387	4.470	.263
	Wilks' Lambda	.516	1.176[b]	4.000	12.000	.370	4.702	.264
	Hotelling's Trace	.937	1.171	4.000	10.000	.380	4.684	.247
	Roy's Largest Root	.936	3.277[c]	2.000	7.000	.099	6.553	.438

a. Computed using alpha = .05
b. Exact statistic
c. The statistic is an upper bound on F that yields a lower bound on the significance level.
d. Design: Intercept+ALCOHOL+PRIJS+GESLACHT+SOORT+GESLACHT * SOORT

Figuur 9.4

Tests of Between-Subjects Effects

Source	Dependent Variable	Type III Sum of Squares	df	Mean Square	F	Sig.	Noncent. Parameter	Observed Power[a]
Corrected Model	CIJFER1	62.825[b]	8	7.853	6.760	.010	54.080	.926
	CIJFER2	42.817[c]	8	5.352	3.246	.069	25.972	.620
Intercept	CIJFER1	7.226	1	7.226	6.220	.041	6.220	.574
	CIJFER2	12.138	1	12.138	7.363	.030	7.363	.645
ALCOHOL	CIJFER1	16.833	1	16.833	14.489	.007	14.489	.902
	CIJFER2	11.471	1	11.471	6.958	.034	6.958	.621
PRIJS	CIJFER1	3.049	1	3.049	2.625	.149	2.625	.289
	CIJFER2	3.501	1	3.501	2.124	.188	2.124	.243
GESLACHT	CIJFER1	9.899E-02	1	9.899E-02	.085	.779	.085	.057
	CIJFER2	2.126E-04	1	2.126E-04	.000	.991	.000	.050
SOORT	CIJFER1	25.883	3	8.628	7.427	.014	22.280	.856
	CIJFER2	22.250	3	7.417	4.499	.046	13.496	.638
GESLACHT * SOORT	CIJFER1	7.475	2	3.738	3.217	.102	6.435	.431
	CIJFER2	1.966	2	.983	.596	.577	1.192	.114
Error	CIJFER1	8.132	7	1.162				
	CIJFER2	11.540	7	1.649				
Total	CIJFER1	566.020	16					
	CIJFER2	523.080	16					
Corrected Total	CIJFER1	70.958	15					
	CIJFER2	54.357	15					

[a.] Computed using alpha = .05
[b.] R Squared = .885 (Adjusted R Squared = .754)

Figuur 9.5

Opgave 3

In een behandelcentrum voor specifieke angststoornissen worden onder andere cliënten behandeld die leiden aan arachnafobie (angst voor spinnen). Er worden twee soorten behandelingen gegeven. In de eerste behandelingsvorm wordt de confrontatiemethode toegepast: cliënten worden tijdens de sessie blootgesteld aan oplopende aantallen spinnen. De tweede behandelingsvorm bestaat uit cognitieve therapie. De nadruk ligt erop cliënten duidelijk te maken dat de gemiddelde Nederlandse spin niet levensbedreigend is, en dat derhalve de angst van de cliënt ongegrond is.

Een medewerker van het behandelcentrum wilde het effect van beide behandelingsvormen onderzoeken. De cliënten die zich in januari 1997 hebben aangemeld (goede voornemens), werden op basis van hun eigen keuze verdeeld in twee groepen. Groep 1 werd behandeld volgens de confrontatiemethode, groep 2 onderging de cognitieve therapie. Van elke cliënt werd zowel voor als na de behandelperiode de angst voor spinnen gemeten. Dit werd gedaan door de cliënt te confronteren met een videofilm waarop grote hoeveelheden spinnen rondrenden, en vervolgens de mate waarin de cliënt transpireerde te meten. Behalve voor en na de behandelperiode werd deze meting ook gedaan halverwege de behandelperiode, en nogmaals enkele maanden na de behandelperiode.

a SPSS leverde onder andere de output zoals die in de figuren 9.6 tot en met 9.9 is terug te vinden. Welke van de in de tabel vermelde p-waarden geeft een antwoord op de vraag van de onderzoeker, en hoe luidt dit antwoord?

b In de output vind je behalve de GLM ook de celgemiddelden terug, uitgesplitst naar groep en tijdstip. Beschrijf wat de H_0 van de univariate test van Tijd * Groep voor contrast 2 zegt over deze celgemiddelden. Stel hierbij voor het gemak de steekproef gelijk aan de populatie.

c Stel dat bij elke meting behalve de mate van transpireren ook de hartslag voor elke cliënt gemeten zou zijn. Specificeer het design.

d Hoeveel nulhypothesen zullen in de bij (d) bedoelde analyse worden getoetst in de tabellen 'Multivariate Tests', 'Tests of Within-subject Contrasts' en 'Tests of Between-Subject Effects'?

Multivariate Tests

Effect		Value	F	Hypothesis df	Error df	Sig.	Noncent. Parameter	Observed Power[a]
TIJD	Pillai's Trace	.925	393.060 [b]	3.000	96.000	.000	1179.179	1.000
	Wilks' Lambda	.075	393.060 [b]	3.000	96.000	.000	1179.179	1.000
	Hotelling's Trace	12.283	393.060 [b]	3.000	96.000	.000	1179.179	1.000
	Roy's Largest Root	12.283	393.060 [b]	3.000	96.000	.000	1179.179	1.000
TIJD * GROEP	Pillai's Trace	.540	37.598 [b]	3.000	96.000	.000	112.794	1.000
	Wilks' Lambda	.460	37.598 [b]	3.000	96.000	.000	112.794	1.000
	Hotelling's Trace	1.175	37.598 [b]	3.000	96.000	.000	112.794	1.000
	Roy's Largest Root	1.175	37.598 [b]	3.000	96.000	.000	112.794	1.000

a. Computed using alpha = .05
b. Exact statistic
c. Design: Intercept+GROEP
   Within Subjects Design: TIJD

Figuur 9.6

Tests of Within-Subjects Contrasts

Measure: MEASURE_1

Source	Transformed Variable	Type III Sum of Squares	df	Mean Square	F	Sig.	Noncent. Parameter	Observed Power[a]
TIJD	TIJD_1	0583.016	1	110583.016	684.511	.000	684.511	1.000
	TIJD_2	2131.466	1	202131.466	1116.358	.000	1116.358	1.000
	TIJD_3	0052.976	1	100052.976	424.358	.000	424.358	1.000
TIJD * GROEP	TIJD_1	9019.878	1	9019.878	55.833	.000	55.833	1.000
	TIJD_2	9361.556	1	9361.556	51.703	.000	51.703	1.000
	TIJD_3	23.014	1	23.014	.098	.755	.098	.061
Error(TIJD)	TIJD_1	5831.938	98	161.550				
	TIJD_2	7744.209	98	181.063				
	TIJD_3	3105.960	98	235.775				

a. Computed using alpha = .05

Figuur 9.7

Tests of Between-Subjects Effects

Measure: MEASURE_1
Transformed Variable: Average

Source	Type III Sum of Squares	df	Mean Square	F	Sig.	Noncent. Parameter	Observed Power[a]
Intercept	4040.506	1	204040.506	8058.683	.000	8058.683	1.000
GROEP	1709.976	1	1709.976	67.536	.000	67.536	1.000
Error	2481.295	98	25.319				

a. Computed using alpha = .05

Figuur 9.8

MEANS

Report

treatmentgroep		VOOR	TIJDENS	NA	FOLLOWUP
confrontatie-methode	Mean	63.5836	39.8269	28.3001	32.4321
	N	50	50	50	50
	Std. Deviation	9.5409	7.8240	7.9917	9.5365
cognitieve therapie	Mean	81.6802	38.9289	27.0457	49.5693
	N	50	50	50	50
	Std. Deviation	11.2409	10.2536	8.5930	11.3370
Total	Mean	72.6319	39.3779	27.6729	41.0007
	N	100	100	100	100
	Std. Deviation	13.7947	9.0851	8.2798	13.5200

Figuur 9.9

Opgave 4

Michael is vastberaden om een vooroordeel dat vooral onder zijn vrienden heerst voor eens en voor altijd uit de wereld te helpen. Zij zijn ervan overtuigd dat marihuanagebruik iets te maken heeft met een voorkeur voor blues muziek.

Michael stelt: 'Blues en marihuana hebben niets met elkaar te maken.' In een vlaag van ongekende energie – weet je wel – houdt Michael een onderzoek bij zijn 171 'allerbeste vrienden'.

a Formuleer de nulhypothese en schrijf op basis van de output in figuur 9.10 en 9.11 een conclusie.

Blues * marihuana-gebruik: ja of nee? Crosstabulation

Count

		marihuana-gebruik: ja of nee?		Total
		ja	nee	
Blues	is te gek	29	67	96
	zegt mij nix	20	19	39
	vind ik afschuwelijk	5	31	36
Total		54	117	171

Figuur 9.10

Chi-Square Tests

	Value	df	Asymp. Sig. (2-sided)
Pearson Chi-Square	12.305 [a]	2	.002
Likelihood Ratio	12.615	2	.002
Linear-by-Linear Association	1.059	1	.304
N of Valid Cases	171		

a. 0 cells (.0%) have expected count less than 5. The minimum expected count is 11.37.

Figuur 9.11

b Wat gebeurt er met de chi-kwadraat (χ^2) als de geobserveerde en verwachte celfrequenties exact gelijk zouden zijn?

Michael begint zich steeds meer te ergeren aan de opmerkingen van zijn vrienden, die nu ook nog eens beweren dat bluesliefhebbers en blueshaters verschillen qua leeftijd.

c De onderstaande frequentietabel (tabel 9.16) geeft de geobserveerde leeftijden van veertien individuen, waarvan zeven tot de bluesliefhebbers behoren en zeven tot de blueshaters. Ken rangscores toe en bereken de gemiddelde rangscore voor beide groepen.

Tabel 9.16

Subject	Blues	Leeftijd
1	vind ik afschuwelijk	33
2	is te gek	40
3	vind ik afschuwelijk	42
4	is te gek	70
5	vind ik afschuwelijk	33
6	vind ik afschuwelijk	25
7	is te gek	53
8	is te gek	60
9	vind ik afschuwelijk	19
10	vind ik afschuwelijk	33
11	vind ik afschuwelijk	40
12	is te gek	65
13	is te gek	53
14	is te gek	62

d Formuleer een conclusie op basis van de *p*-waarde in figuur 9.12 en betrek hierbij de gemiddelde rangscores die je eerder hebt berekend.

Test Statistics[b]

	LEEFTIJD
Mann-Whitney U	1.500
Wilcoxon W	29.500
Z	-2.958
Asymp. Sig. (2-tailed)	.003
Exact Sig. [2*(1-tailed Sig.)]	.001 [a]

a. Not corrected for ties.
b. Grouping Variable: Blues

Figuur 9.12

9.5 Uitwerkingen van zelftoets 2

Opgave 1

a

Design: criterium: Stemmen (kwantitatief)
            predictor 1:   Minuten (kwantitatief)
            predictor 2:   Goals (kwantitatief)
            predictor 3:   Dominantie (kwantitatief)

Hypothesen:
Algemene H_0: $\beta_{Minuten} = \beta_{Goals} = \beta_{Dominantie} = 0$
H_0(Minuten): $\beta_{Minuten} = 0$
H_0(Goals): $\beta_{Goals} = 0$
H_0(Dominantie): $\beta_{Dominantie} = 0$

Tabel 9.17

Bron	df	SS	MS	F	p	R^2
Regressie	3	3516.5355	1172.1785	7.1313	.005	.64
Residu	12	1972.4645	164.371			
Totaal	15	5489.0000				

c

Het b-gewicht is afhankelijk van de meeteenheid, het *bèta*-gewicht niet. De spreiding van Minuten zal erg groot zijn vergeleken met de spreiding van Stemmen, daardoor zal het b-gewicht juist klein zijn.

Opgave 2

a

Design: afhankelijke variabele 1: Cijfer deeltoets 1 (kwantitatief)
            afhankelijke variabele 2: Cijfer deeltoets 2 (kwantitatief)
            between-subjectfactor 1:   Soort kado (kwalitatief, boek/cd/drank/anders)
            between-subjectfactor 2:   Geslacht (kwalitatief, man/vrouw)
            covariaat 1:   Prijs van het kado (kwantitatief)
            covariaat 2:   Aantal glazen alcohol (kwantitatief)

Er zijn meer antwoorden mogelijk, maar gegeven de output is alleen het bovenstaande juist. Cijfer deeltoets 1 kan eventueel ook op worden gevat als covariaat of als voormeting (alhoewel dit voor (**b**) weinig goeds voorspeld, gegeven de output), maar alleen als de verjaardag tussen de twee deeltoetsen in valt.

b
Er is een GLM-Multivariate gedaan met Cijfer deeltoets 1 en Cijfer deeltoets 2 als afhankelijke variabelen, Soort kado (boek, cd, drank, anders) en Geslacht (man, vrouw) als between-subjectfactoren en Prijs van het kado en Aantal glazen alcohol als covariaat. Alcohol bleek een significant effect te hebben (multivariate $F(2,6)$ = 6.405, p = .032) en verder was geen enkele toets significant (Prijs: multivariate $F(2,6)$ = 1.327, p = .333; Geslacht: multivariate $F(2,6)$ = .054, p = .948; Soort: multivariate $F(6,12)$ = 2.516, p = .082; Geslacht × Soort: multivariate $F(4,12)$ = 1.176, p = .370). Alcohol had een significant effect op zowel Cijfer1 ($F(1,7)$ = 14.489, p =.007) als op Cijfer2 ($F(1,7)$ = 6.958, p = .034).

c
Als de bronnen alleen een eigen, uniek gedeelte van de variantie verklaren. De bronnen zijn dan onafhankelijk, oftewel ongecorreleerd.

Opgave 3

a
Multivariate Tests, Tijd * Groep. p = .000, dus het interactie-effect Tijd × Groep is significant. De confrontatiegroep is op een andere manier veranderd in de loop van de tijd dan de cognitieve-therapiegroep.

b
'28.3001 - 63.5836 = 27.0457 - '81.6802'

c
Design: afhankelijke variabele 1:   Transpiratie (kwantitatief)
           afhankelijke variabele 2:   Hartslag (kwantitatief)
           within-subjectfactor: Tijd (kwalitatief, voor/tijdens/na/follow-up)
           between-subjectfactor: Groep (kwalitatief, cognitief/confrontatie)

indeling van de metingen: (zie tabel 9.18)

Tabel 9.18

tijdstip	hartslag	transpiratie
voor	Hart1	Trans1
tijdens	Hart2	Trans2
na	Hart3	Trans3
follow-up	Hart4	Trans4

Statistiek voor de psychologie deel 4

d

'Multivariate Tests': drie, voor Tijd, Groep en Interactie (eventueel zeven als je de enkel multivariate toetsen ook meerekent).

'Tests of Within-subject Contrasts': Tijd: drie voor hartslag, drie voor transpiratie
Tijd × Groep: drie voor hartslag, drie voor transpiratie

'Tests of Between-Subject Effects': Groep: één voor hartslag, één voor transpiratie

In totaal worden er dus 17 toetsen gedaan (of 21 als je de enkel multivariate toetsen meerekent).

Opgave 4

a

H_0: Er is in de populatie geen samenhang tussen bluesliefhebberij en marihuanagebruik.

Conclusie: $p < .002$, dus H_0 wordt verworpen. Er is een verband tussen bluesliefhebberij en marihuanagebruik in de populatie.

b
Dan is chi-kwadraat gelijk aan 0.

c
Tabel 9.19

groep	H	H	H	H	H	H	L	H	L	L	L	L	L	L
rang	1	2	4	4	4	6.5	6.5	8	9.5	9.5	11	12	13	14
leeftijd	19	25	33	33	33	40	40	42	53	53	60	62	65	70

H: blueshaters
L: bluesliefhebbers

gem. Rangscore blueshaters = 4.21
gem. Rangscore bluesliefhebbers = 10.79

d
$p < .05$ dus verwerp H_0: de gemiddelde rangscore voor leeftijd is bij bluesliefhebbers hoger dan bij blueshaters.

Appendix Overzicht van elementaire en beknopte rapporten

A.1 Elementair rapport MRA

Design: criterium = Psychisch welbevinden (kwantitatief)
predictor 1 = Onzekerheid (kwantitatief)
predictor 2 = Steun (kwantitatief)

Mate van controle: Passief-observerend.

Geaggregeerde data:

Tabel A.1 Correlaties, gemiddelden en standaardafwijkingen (3)

	Psychisch welbevinden	Onzekerheid	Steun
Psychisch welbevinden			
Onzekerheid	-.32		
Steun	.39	-.23	
gemiddelde	50	50	50
standaardafw.	10.33	10.33	10.33

Schatters – regressiegewichten: (zie tabel A.3 met *b*-gewichten en *p*-waarden)

Hypothesen:
Algemene nulhypothese: $H_0: \beta_{Onzekerheid} = \beta_{Steun} = 0$

Specifieke nulhypothesen: $H_0(Onzekerheid): \beta_{Onzekerheid} = 0$
$H_0(Steun): \beta_{Steun} = 0$

Toetsing:

Tabel A.2 ANOVA *summary table voor Psychisch welbevinden (3)*

Bron	df	SS	MS	F	p	R^2
Regressie	2	332.91	166.46	1.708	.2195	.2081
Onzekerheid						
Steun						
Residu	13	1266.85	97.45			
Totaal	15	1599.76				

Tabel A.3 b-*gewichten en hun* p-*waarden*

	b	p
Intercept	45.4616772	.04098222
Onzekerheid	-0.2432128	.35501948
Steun	0.33398535	.21058004

Beslissingen: De multiple correlatie voor het voorspellen van Psychisch welbevinden uit Onzekerheid en Steun is niet significant groter dan 0. In de steekproef werd echter gevonden dat R^2 = .2081, wat een sterk verband suggereert. Kennelijk is het aantal subjecten te klein om een betrouwbare conclusie te trekken (N = 16).

(Omdat de algemene nulhypothese wordt behouden, moeten ook de specifieke nulhypothesen worden behouden. Omdat dit volgt uit de eerdere beslissing, hoeft het niet apart te worden besproken.)

Causale interpretatie: Het onderzoek was passief-observerend, dus als de multiple correlatie 0 is in de populatie (waar we niet zeker van zijn, gezien de kleine N), zijn daar meerdere verklaringen voor mogelijk. De primaire verklaring met betrekking tot Onzekerheid is dat dit geen invloed heeft op Psychisch welbevinden. Een alternatieve verklaring is dat die invloed wel bestaat, maar dat het wordt gecompenseerd door een storende variabele. Zo'n storende variabele zou 'emotionele stabiliteit' (het omgekeerde van neuroticisme) kunnen zijn. Het is denkbaar dat emotioneel stabiele personen vaker solliciteren op arbeidsplaatsen met een hoge onzekerheid, omdat zij weten daar niet wakker van te zullen liggen. Aangenomen dat emotioneel stabiele personen in aanvang een hoger psychisch welbevinden hebben, kan dit per saldo het negatieve effect van onzekerheid gecompenseerd hebben in de data.

A.2 Beknopt rapport MRA

Er werd een regressieanalyse gedaan waarbij Psychisch welbevinden werd voorspeld uit Onzekerheid over de arbeidsplaats en Steun. Het bleek dat de verklaarde variantie (R^2 = .21) niet-significant was ($F(2,13)$ = 1.708, p = .22). Dat het verband in de steekproef niettemin behoorlijk sterk was, suggereert dat dit non-significante resultaat een gevolg kan zijn van een te kleine steekproef (N = 16).

Bij N = 311 zou het beknopte rapport (met cursieve toelichting) zijn geweest:

Er werd een regressieanalyse gedaan waarbij Psychisch welbevinden werd voorspeld uit Onzekerheid over de arbeidsplaats en Steun. Het bleek dat de proportie-verklaarde variantie (R^2 = .21) significant groter dan nul was ($F(2,308)$ = 40.469, p = .000). De regressiegewichten van Onzekerheid en Steun waren beide significant (respectievelijk $t(308)$ = -4.668, p = .000 en $t(308)$ = 6.410, p = .000). *Uit de regressiegewichten blijkt dat een toename in Onzekerheid bij gelijkblijvende Steun samengaat met een afname in Psychisch welbevinden (b = -0.24). Een toename in Steun bij gelijkblijvende Onzekerheid gaat samen met een toename in Psychisch welbevinden (b = 0.33).*

A.3 Elementair rapport van een ANCOVA

Design: afhankelijke variabele = Psychisch welbevinden (kwantitatief)
between-subjectfactor = Positie (hoog, midden, laag)
covariaat 1 = Onzekerheid (kwantitatief)
covariaat 2 = Steun (kwantitatief)

Mate van controle: Alle onafhankelijke variabelen zijn passief-geobserveerd.

Geaggregeerde data:

Tabel A.4 Celgemiddelden en celfrequenties van afhankelijke variabele en covariaten

	Positie		
	hoog	midden	laag
Psychisch welbevinden	46.38	41.95	56.39
Onzekerheid	53.12	54.16	46.23
Steun	45.36	45.43	54.59
n	3	5	8

Tabel A.5 Correlaties van afhankelijke variabele met de covariaten (3)

	Psychisch welbevinden
Onzekerheid	-.32
Steun	.39

Hypothesen:
Bij de regressievergelijking

$$\text{voorspeld Psychisch welbevinden} = \beta_0 + \beta_1 * Positie1 + \beta_2 * Positie2 + \beta_3 * Onzekerheid + \beta_4 * Steun$$

zijn de nulhypothesen:

H_0(Model): $\beta_1 = \beta_2 = \beta_3 = \beta_4 = 0$
H_0(Positie): $\beta_1 = \beta_2 = 0$
H_0(Onzekerheid): $\beta_3 = 0$
H_0(Steun): $\beta_4 = 0$

Toetsing:

Tabel A.6

Bron	df	SS	MS	F	p	R^2
Onzekerheid	1	8.380	8.380	.105	.753	.01
Steun	1	17.166	17.166	.214	.653	.01
Positie	2	384.767	192.383	2.399	.137	.24
Model	4	717.685	179.421	2.237	.131	.45
Residu	11	882.083	80.189			
Totaal	15	1599.768	106.651			

Beslissingen: De onafhankelijke variabelen Positie, Onzekerheid en Steun hebben samen geen significant voorspellende waarde voor Psychisch welbevinden (p = .131). In de steekproef geldt echter R^2 = .45, wat een sterk effect suggereert. Vermoedelijk is de steekproef te klein voor een betrouwbare conclusie over R^2.

Causale interpretatie: Het onderzoek was geheel passief-observerend, dus er zijn meerdere verklaringen mogelijk. Aangenomen dat R^2 = 0 in de populatie (wat we echter niet goed weten omdat N te klein was) kan dat komen doordat Positie, Onzekerheid en Steun geen invloed hebben op Psychisch welbevinden. Dat is de primaire verklaring. Een alternatieve verklaring is echter dat (bijvoorbeeld) Positie wel een effect heeft, in de zin dat een hogere positie leidt tot lager Psychisch welbevinden, maar dat dit teniet wordt gedaan doordat in hogere Posities slechts mensen worden aangenomen die laag scoren op neuroticisme, wat op zichzelf tot een hoger Psychisch welbevinden leidt.

A.4 Beknopt rapport van een ANCOVA

Er werd een ANCOVA gedaan met Psychisch welbevinden als afhankelijke variabele, Positie (laag, midden, hoog) als between-subjectfactor, en Onzekerheid en Steun als covariaten. Hieruit bleek dat de onafhankelijke variabelen samen geen significant effect hebben op Psychisch welbevinden ($F(4,11)$ = 2.237, p = .131). In de steekproef geldt echter R^2 = .45, wat een sterk effect suggereert. Vermoedelijk is de steekproef te klein voor een betrouwbare conclusie over R^2.

Bij N = 311 zou het beknopte rapport (toelichting is cursief) zijn geweest:

Er werd een ANCOVA gedaan met Psychisch welbevinden als afhankelijke variabele, Positie (laag, midden, hoog) als between-subjectfactor, en Onzekerheid en Steun als covariaten. Hieruit bleek dat de onafhankelijke variabelen samen een significant effect hebben op Psychisch welbevinden ($F(4,299)$ = 60.818, p = .000). Dit effect is sterk (R^2 = .45). Positie had een significant effect ($F(2,299)$ = 65.212, p = .000) en dit effect was sterk gezien de waarde van eta^2 (.304). *De gecorrigeerde celgemiddelden van Psychisch welbevinden, bij respectievelijk Positie = laag, midden en hoog, waren 47.16, 42.81 en 55.56. Bij gelijkblijven van (of: na correctie voor verschillen in) Onzekerheid en Steun hebben degenen met een midden Positie dus gemiddeld* het laagste Psychisch welbevinden, terwijl degenen met een hoge Positie gemiddeld het hoogste Psychisch welbevinden hebben. Ook Steun had een significant effect ($t(299)$ = 5.819, p = .016), dat echter slechts zwak was gezien de waarde van eta^2 (.019). *Bij gelijkblijven van Positie en Onzekerheid blijkt een toename in Steun samen te gaan met een toename in Psychisch welbevinden (b = 0.117).* Onzekerheid had geen significant effect ($t(299)$ = 2.841, p = .093).

A.5 Elementair rapport van een MANOVA

Design: afhankelijke variabele 1   = Hesitant (kwantitatief)
afhankelijke variabele 2   = Sociable (kwantitatief)
afhankelijke variabele 3   = Difficult (kwantitatief)
between-subjectfactor 1   = Culture (American, German, Swedish, Indonesian)
between-subjectfactor 2   = Gender (boy, girl)

Mate van controle: De factoren Culture en Gender zijn beide passief-geobserveerd.

Geaggregeerde data (celgemiddelden; randgemiddelden zijn weggelaten):

Tabel A.7

	Gender	Culture				Total
		American	German	Swedish	Indonesian	
Hesitant	Boy	12.67	13.00	11.47	12.67	
	Girl	11.93	12.26	12.20	14.53	
	total					
Sociable	Boy	7.93	6.00	7.00	8.26	
	Girl	7.67	5.73	7.73	8.87	
	total					
Difficult	Boy	15.60	15.80	22.33	12.53	
	Girl	14.86	13.67	15.53	11.33	
	total					

Hypothesen (nulhypothesen):

Tabel A.8

	Hoofdeffect Culture	Hoofdeffect Gender	Interactie Culture × Gender
HES	$\mu_{\bullet\text{American}}(\text{HES}) =$ $\mu_{\bullet\text{German}}(\text{HES}) =$ $\mu_{\bullet\text{Swedish}}(\text{HES}) =$ $\mu_{\bullet\text{Indonesian}}(\text{HES})$	$\mu_{\text{Girl}\bullet}(\text{HES}) =$ $\mu_{\text{Boy}\bullet}(\text{HES})$	$\mu_{\text{Boy, American}}(\text{HES}) - \mu_{\text{Girl, American}}(\text{HES}) =$ $\mu_{\text{Boy, German}}(\text{HES}) - \mu_{\text{Girl, German}}(\text{HES}) =$ $\mu_{\text{Boy, Swedish}}(\text{HES}) - \mu_{\text{Girl, Swedish}}(\text{HES}) =$ $\mu_{\text{Boy, Indonesian}}(\text{HES}) - \mu_{\text{Girl, Indonesian}}(\text{HES})$
SOC	$\mu_{\bullet\text{American}}(\text{SOC}) =$ $\mu_{\bullet\text{German}}(\text{SOC}) =$ $\mu_{\bullet\text{Swedish}}(\text{SOC}) =$ $\mu_{\bullet\text{Indonesian}}(\text{SOC})$	$\mu_{\text{Girl}\bullet}(\text{SOC}) =$ $\mu_{\text{Boy}\bullet}(\text{SOC})$	$\mu_{\text{Boy, American}}(\text{SOC}) - \mu_{\text{Girl, American}}(\text{SOC}) =$ $\mu_{\text{Boy, German}}(\text{SOC}) - \mu_{\text{Girl, German}}(\text{SOC}) =$ $\mu_{\text{Boy, Swedish}}(\text{SOC}) - \mu_{\text{Girl, Swedish}}(\text{SOC}) =$ $\mu_{\text{Boy, Indonesian}}(\text{SOC}) - \mu_{\text{Girl, Indonesian}}(\text{SOC})$
DIF	$\mu_{\bullet\text{American}}(\text{DIF}) =$ $\mu_{\bullet\text{German}}(\text{DIF}) =$ $\mu_{\bullet\text{Swedish}}(\text{DIF}) =$ $\mu_{\bullet\text{Indonesian}}(\text{DIF})$	$\mu_{\text{Girl}\bullet}(\text{DIF}) =$ $\mu_{\text{Boy}\bullet}(\text{DIF})$	$\mu_{\text{Boy, American}}(\text{DIF}) - \mu_{\text{Girl, American}}(\text{DIF}) =$ $\mu_{\text{Boy, German}}(\text{DIF}) - \mu_{\text{Girl, German}}(\text{DIF}) =$ $\mu_{\text{Boy, Swedish}}(\text{DIF}) - \mu_{\text{Girl, Swedish}}(\text{DIF}) =$ $\mu_{\text{Boy, Indonesian}}(\text{DIF}) - \mu_{\text{Girl, Indonesian}}(\text{DIF})$
Multivariaat	**Bovenstaande nulhypothesen zijn alledrie waar.**	**Bovenstaande nulhypothesen zijn alledrie waar.**	**Bovenstaande nulhypothesen zijn alledrie waar.**

Toetsing:

Tabel A.9

	Culture	Gender	Culture × Gender
Hesitant	$F(3,112) = 2.06$ $eta^2 = .05$	$F(1,112) = 0.29$ $eta^2 = .00$	$F(3,112) = 1.47$ $eta^2 = .04$
Sociable	$F(3,112) = 16.63***$ $eta^2 = .31$	$F(1,112) = 0.52$ $eta^2 = .00$	$F(3,112) = 0.94$ $eta^2 = .02$
Difficult	$F(3,112) = 9.24***$ $eta^2 = .20$	$F(1,112) = 8.24**$ $eta^2 = .07$	$F(3,112) = 2.16$ $eta^2 = .05$
Multivariaat	$F(9,336) = 9.61***$	$F(3,110) = 3.61*$	$F(?, ?) = ?$

* $p < .05$; ** $p < .01$; *** $p < .001$

Beslissingen:

Tabel A.10

	Culture	Gender	Culture × Gender
Hesitant	Culture heeft geen sign. effect op Hesistant.	Gender heeft geen sign. effect op Hesistant.	
Sociable	Culture heeft sign. effect op Sociable. Dit effect is sterk.	Gender heeft geen sign. effect op Sociable.	
Difficult	Culture heeft sign. effect op Difficult. Dit effect is matig.	Gender heeft sign. effect op Difficult. Dit effect is zwak.	
Multivariaat	**Culture heeft sign. effect op sociale competentie** (HES of SOC of DIF)	**Gender heeft sign. effect op sociale competentie** (HES of SOC of DIF)	**Er is geen sign. interactie voor sociale competentie** (HES en SOC en DIF)

Causale interpretatie:
Culture: De primaire verklaring is dat cultuur invloed heeft op sociale competentie. Een alternatieve verklaring is dat de verschillen het gevolg zijn van genetische verschillen.
Gender: Alternatieve verklaringen liggen niet voor de hand.

A.6 Beknopt rapport van een MANOVA

Er werd een 4 (Culture: American, German, Swedish, Indonesian) x 2 (Gender: boy, girl) MANOVA gedaan met drie maten voor sociale competentie (Hesitant, Sociable en Difficult) als afhankelijke variabelen. De resultaten waren als volgt.

Interactie Culture × Gender
Dit effect is niet-significant op de multivariate toets.

Culture
Culture heeft een significant effect op sociale competentie: multivariate $F(9,336) = 9.61, p < .001$. Bij de univariate toetsen komt dit effect niet tot uiting in Hesitant $(F(3,112) = 2.06, p > .05)$ maar sterk in Sociable $(F(3,112) = 16.63, p < .001, eta^2$

= .31) en matig in Difficult ($F(3,112) = 9.24$, $p < 0.001$, $eta^2 = .20$). *De Zweedse kinderen waren gemiddeld het moeilijkst (M = 18.93) en de Indonesische kinderen het minst moeilijk (M = 11.93). Op sociabiliteit scoorden Indonesische kinderen juist het hoogst (M = 8.57) en de Duitse het laagst (M = 5.87).*

Gender
Gender heeft een significant effect op sociale competentie: multivariate $F(3,110) = 3.61$, $p < .05$. Dit effect komt niet tot uiting in Hesitant en Sociable (univariate $F(1,112) = 0.29$ en 0.52, niet-significant), maar wel, zwak, in Difficult ($F(1,112) = 8.24$, $p < .01$, $eta^2 = .07$). *Uit de betreffende gemiddelden blijkt verder dat jongetjes moeilijker zijn (M = 16.57) dan meisjes (M = 13.85).*

A.7 Elementair rapport van een repeated-measures-MANOVA

Design: afhankelijke variabele = BDI (kwantitatief)
within-subjectfactor = Tijd (voor, na, follow-up)
between-subjectfactor = Groep (treatment, controle)

indeling van metingen = (zie tabel A.11)

Tabel A.11

Tijd-niveau	BDI-meting
Voor	Bdv
Na	Bdn
Follow-up	Bdf

Mate van controle: Het onderzoek is een quasi-experiment (niet gerandomiseerd, treatment- en controlegroep, voor- en nameting).

Geaggregeerde data (celgemiddelden van de BDI):

Tabel A.12

Groep	Voor (Bdv)	Na (Bdn)	Follow-up (Bdf)	**Gemiddeld**
treatment (1)	15.98	11.14	8.24	11.79
controle (2)	13.78	10.08	10.63	11.49
Gemiddeld	14.88	10.61	9.43	

Hypothesen (nulhypothesen):

Tabel A.13

	Groep	Tijd	Tijd × Groep
Voor + Na + Flup	$\mu_{\text{Treat} \bullet} = \mu_{\text{Cont} \bullet}$		
Na vs. Voor		$\mu_{\bullet \text{Voor}} = \mu_{\bullet \text{Na}}$	$\mu_{\text{Treat Na}} - \mu_{\text{Treat Voor}} = \mu_{\text{Cont Na}} - \mu_{\text{Cont Voor}}$
Flup vs. Voor		$\mu_{\bullet \text{Voor}} = \mu_{\bullet \text{Flup}}$	$\mu_{\text{Treat Flup}} - \mu_{\text{Treat Voor}} = \mu_{\text{Cont Flup}} - \mu_{\text{Cont Voor}}$
Algemeen	$\mu_{\text{Treat} \bullet} = \mu_{\text{Cont} \bullet}$	$\mu_{\bullet \text{Voor}} = \mu_{\bullet \text{Na}} = \mu_{\bullet \text{Flup}}$	$\mu_{\text{Treat Na}} - \mu_{\text{Treat Voor}} = \mu_{\text{Cont Na}} - \mu_{\text{Cont Voor}}$ **en** $\mu_{\text{Treat Flup}} - \mu_{\text{Treat Voor}} = \mu_{\text{Cont Flup}} - \mu_{\text{Cont Voor}}$

Toetsing:

Tabel A.14

	Groep	Tijd	Tijd × Groep
Bdv + Bdn + Bdf	$F(1,80) = 0.073$ $eta^2 = .001$		
Bdn - Bdv		$F(1,80) = 38.597^{***}$ $eta^2 = .325$	$F(1,80) = 0.681$ $eta^2 = .008$
Bdf - Bdv		$F(1,80) = 36.571^{***}$ $eta^2 = .314$	$F(1,80) = 6.494^*$ $eta^2 = .075$
Multivariaat	(idem)	$F(2,79) = 25.375^{***}$ $p = .000$	$F(2,79) = 3.285^*$ $p = .043$

$^* p < .05; ^{**} p < .01; ^{***} p < .001$

Beslissingen:

Tabel A.15

	Groep	Tijd	Tijd × Groep
Voor + Na + Flup	Er is geen sign. hoofdeffect van Groep op depressiviteit.		
Na vs. Voor		Er is een sterk en sign. hoofdeffect van Tijd tussen voor- en nameting van depressiviteit.	Er is geen sign. Tijd × Groep-interactie tussen voor- en nameting van depressiviteit.
Flup vs. Voor		Er is een sterk en sign. hoofdeffect van Tijd tussen voor- en flup-meting van depressiviteit.	Er is een zwak maar sign. Tijd × Groep-interactie-effect tussen voor- en flup-meting van depressiviteit.
Multivariaat	(idem)	**Er is een significant hoofdeffect van Tijd op depressiviteit.**	**Er is een sign. Tijd × Groep-interactie-effect op depressiviteit.**

Causale interpretatie: De primaire verklaring is dat de cursus depressiviteit vermindert en inderdaad preventief werkt. Omdat dit onderzoek een quasi-experiment was, zijn er geen eenvoudige alternatieve verklaringen.

A.8 Beknopt rapport van een repeated-measures-MANOVA

Er werd een 2 (Groep: treatment, controle) × 3 (Tijd: voor, na, follow-up) repeated-measures-MANOVA gedaan met Groep als between-subjectfactor en Tijd als within-subjectfactor. De afhankelijke variabele was 'depressiviteit', gemeten met de BDI. Alleen de Tijd × Groep-interactie is relevant voor de vraag of de treatment effect had. Dit effect was significant ($F(2,79) = 3.285$, $p < .05$). De univariate within-subjectcontrasten voor deze interactie waren niet-significant voor de vooruitgang tussen voor- en nameting ($F(1,80) = 0.681$) maar wel voor de vooruitgang tussen voor- en follow-upmeting ($F(1,80) = 6.494$, $p < .05$). Dit laatste effect is echter zwak ($eta^2 = .075$). *Uit de gemiddelden blijkt dat de treatmentgroep in aanvang depressiever was (M = 15.98) dan de controlegroep (M = 13.78), maar dat dit ten tijde van de follow-up was omgedraaid (M = 8.24 en 10.63). Er kan worden geconcludeerd dat ten gevolge van de training na enige tijd de depressiviteit sterker vermindert dan zonder training.*

A.9 Elementair rapport van een dubbel multivariate repeated-measures-ANOVA

Design: afhankelijke variabele 1 = BDI (kwantitatief)
afhankelijke variabele 2 = ATQ (kwantitatief)
within-subjectfactor = Tijd (voor, na, follow-up)
between-subjectfactor = Groep (treatment, controle)

indeling van metingen = (zie tabel A.16)

Tabel A.16

Afhankelijke variabele	Tijd	Meting
BDI	Voor	Bdv
	Na	Bdn
	Follow-up	Bdv
ATQ	Voor	Atqv
	Na	Atqn
	Follow-up	Atqf

Mate van controle: Dit is een quasi-experiment.

Geaggregeerde data:

Tabel A.17 Celgemiddelden van BDI en ATQ (4)

Afhankelijke variabele	Groep	Voor	Na	Follow-up	**Gemiddeld**
BDI	treatment	15.98	11.14	8.24	**11.79**
	controle	13.78	10.08	10.63	**11.49**
	gemiddeld	**14.88**	**10.61**	**9.43**	
ATQ	treatment	75.29	62.90	55.40	**64.53**
	controle	62.38	57.33	59.33	**59.68**
	gemiddeld	**68.83**	**60.11**	**57.36**	

Nulhypothesen: Tabel A.18

Afhankelijke variabele	Contrast	Groep	Tijd	Tijd × Groep
BDI	Voor + Na + Flup	$\mu_{Treat \bullet} = \mu_{Cont \bullet}$		
	Na vs. Voor		$\mu_{\bullet Voor} = \mu_{\bullet Na}$	$\mu_{Treat\,Na} - \mu_{Treat\,Voor} = \mu_{Cont\,Na} - \mu_{Cont\,Voor}$
	Flup vs. Voor		$\mu_{\bullet Voor} = \mu_{\bullet Flup}$	$\mu_{Treat\,Flup} - \mu_{Treat\,Voor} = \mu_{Cont\,Flup} - \mu_{Cont\,Voor}$
	Algemeen			
ATQ	Voor + Na + Flup	$\mu_{Treat \bullet} = \mu_{Cont \bullet}$		
	Na vs. Voor		$\mu_{\bullet Voor} = \mu_{\bullet Na}$	$\mu_{Treat\,Na} - \mu_{Treat\,Voor} = \mu_{Cont\,Na} - \mu_{Cont\,Voor}$
	Flup vs. Voor		$\mu_{\bullet Voor} = \mu_{\bullet Flup}$	$\mu_{Treat\,Flup} - \mu_{Treat\,Voor} = \mu_{Cont\,Flup} - \mu_{Cont\,Voor}$
	Algemeen			
BDI **en** ATQ	**Dubbel ALGEMEEN**	**Bovenstaande nulhypothesen zijn alle waar.**	**Bovenstaande nulhypothesen zijn alle waar.**	**Bovenstaande nulhypothesen zijn alle waar.**

Toetsing: Tabel A.19

Afhankelijke variabele	Contrast	Groep	Tijd	Tijd × Groep
BDI	Bdv + Bdn + Bdf	$F(1,80) = .073$ $eta^2 = .001$		
	Bdn - Bdv		$F(1,80) = 38.597***$ $eta^2 = .325$	$F(1,80) = .681$ $eta^2 = .008$
	Bdf - Bdv		$F(1,80) = 36.571***$ $eta^2 = .314$	$F(1,80) = 6.494*$ $eta^2 = .075$
	Multivariaat			
ATQ	Atqv + Atqn + Atqf	$F(1,80) = 1.899$ $eta^2 = .023$		
	Atqn - Atqv		$F(1,80) = 26.057***$ $eta^2 = .246$	$F(1,80) = 4.609*$ $eta^2 = .054$
	Atqf - Atqv		$F(1,80) = 24.874***$ $eta^2 = .237$	$F(1,80) = 13.400***$ $eta^2 = .143$
	Multivariaat			
BDI **en** ATQ	**Dubbel multivariaat**	$F(2,79) = 1.672$	$F(4,77) = 13.177***$	$F(4,77) = 3.356*$

* $p < .05$; ** $p < .01$; *** $p < .001$

Beslissingen: Tabel A.20

Afhankelijke variabele	Contrast	Groep	Tijd	Tijd × Groep
BDI	Voor + Na + Flup	-		
	Na vs. Voor		Significant, sterk	Non-significant
	Flup vs. Voor		Significant, sterk	Significant, zwak
	Multivariaat	(idem)	Significant	Significant
ATQ	Voor + Na + Flup	-		
	Na vs. Voor		Significant, sterk	Significant, zwak
	Flup vs. Voor		Significant, sterk	Significant, matig
	Multivariaat	(idem)	Significant	Significant
BDI en ATQ	**Dubbel multivariaat**	Non-significant	Significant	Significant

Causale interpretatie: Dit was een quasi-experiment, daarom kan op grond van de Tijd × Groep-interacties redelijkerwijs worden geconcludeerd dat de training effect heeft op depressiviteit (BDI) en automatische negatieve gedachten (ATQ). Uit de Tijd × Groep-interactie blijkt dat de ATQ al bij de nameting is beïnvloed door de training, terwijl het effect op de BDI zich pas doet gelden bij de follow-up. Dit stemt overeen met de theorie dat depressiviteit het gevolg is van automatische negatieve gedachten.

A.10 Beknopt rapport van een dubbel multivariate repeated-measures-ANOVA

Er werd een 2 (Groep: treatment, controle) x 3 (Tijd: voor, na, follow-up) dubbel multivariate repeated-measures-ANOVA gedaan met Groep als between-subjectfactor en Tijd als within-subjectfactor. De afhankelijke variabelen waren 'depressiviteit' (gemeten met de BDI) en 'automatische negatieve gedachten' (gemeten met de ATQ). Alleen de Tijd × Groep-interactie is relevant voor de vraag of de treatment effect had. Dit effect was significant: $F(4,77) = 3.356$, $p = .014$. De daarop volgende univariate toetsen voor de within-subjectcontrasten waren als volgt.

Depressiviteit
De interactie was niet-significant voor de vooruitgang tussen voor- en nameting ($F(1,80) = 0.681$) maar wel voor de vooruitgang tussen voor- en follow-upmeting

($F(1,80) = 6.494$, $p < .05$). Dit effect is zwak te noemen ($eta^2 = .075$). Uit de gemiddelden blijkt dat de treatmentgroep in aanvang depressiever was ($M = 15.98$) dan de controlegroep ($M = 13.78$), maar dat dit ten tijde van de follow-up was omgedraaid ($M = 8.24$ en 10.63). Er kan worden geconcludeerd dat ten gevolge van de training na enige tijd de depressiviteit sterker vermindert dan zonder training.

Automatische negatieve gedachten
De interactie was significant voor de vooruitgang tussen voor-en nameting ($F(1,80) = 4.609$, $p = .035$) en voor de vooruitgang tussen voormeting en follow-up ($F(1,80) = 13.400$, $p < .001$). Deze effecten zijn respectievelijk 'zwak' en 'matig' te noemen ($eta^2 = .054$ en $.143$). Uit de gemiddelden blijkt dat de treatmentgroep in aanvang hoger scoorde ($M = 75.29$) dan de controlegroep ($M = 62.38$), maar dat dit ten tijde van de follow-up was omgedraaid (respectievelijk $M = 55.40$ en $M = 59.33$).

A.11 Elementair rapport van een Mann-Whitneytoets

Design: afhankelijke variabele = Hoeveelheid geconsumeerd voedsel (niet normaal verdeeld)

between-subjectfactor = Milieu (stimulusrijk, stimulusarm)

Mate van controle: Experimenteel.

Hypothesen:

H_0: De gemiddelde rangscores van de hoeveelheid voedsel zijn in de populatie voor beide groepen ratten gelijk.

H_a: De gemiddelde rangscores van de hoeveelheid voedsel zijn in de populatie voor beide groepen ratten verschillend.

Geaggregeerde data:

Tabel A.21

groep	gem. rangscore	n
Stimulusrijk	7.05	10
Stimulusarm	13.95	10

Toetsingsgrootheid en p-waarde:
U = 15.5
p = .0070 (exacte methode)

Beslissing: De gemiddelde rangscore van de geconsumeerde hoeveelheid voedsel verschilt significant tussen beide groepen.

Causale interpretatie: Experimenteel onderzoek, dus er is maar één verklaring: milieu heeft invloed op de hoeveelheid geconsumeerd voedsel.

A.12 Elementair rapport van een chi-kwadraattoets

Design: afhankelijke variabele = Hoeveelheid geconsumeerd voedsel (kwalitatieve data: veel, weinig)
between-subjectfactor = Milieu (stimulusrijk, stimulusarm, neutraal)

Mate van controle: Experimenteel onderzoek.

Hypothesen: H_0: Er is geen samenhang in de populatie tussen milieu en de hoeveelheid geconsumeerd voedsel.
H_a: Er is wel samenhang in de populatie tussen milieu en de hoeveelheid geconsumeerd voedsel.

Geaggregeerde data:

Tabel A.22

	stimulusrijk	stimulusarm	neutraal	rijtotaal
weinig	O = 6 E = 5.33	O = 1 E = 5.33	O = 9 E = 5.33	16
veel	O = 4 E = 4.67	O = 9 E = 4.67	O = 1 E = 4.67	14
kolomtotaal	10	10	10	N = 30

Toetsingsgrootheid, df en p-waarde: $\chi^2(2) = 13.125$
$p = .00176$ (exacte methode)

Beslissing: Er is een significante samenhang tussen het milieu en de hoeveelheid geconsumeerd voedsel.

Causale interpretatie: Experimenteel onderzoek, dus er is maar één verklaring: milieu heeft invloed op de hoeveelheid geconsumeerd voedsel.

Referenties

Algina, J. & Keselman, H.J. (1997). Detecting repeated measures effects with univariate and multivariate statistics. *Psychological methods*, 2, 208-218.

Aron, A. & Aron, E.N. (1994). *Statistics for psychology*. Englewood Cliffs, NJ: Prentice Hall.11

Baron, R.M., & Kenny, D.A. (1986). The moderator-mediator variable distinction in social psychological research: conceptual, strategic, and statistical considerations. *Journal of Personality and Social Psychology*, 51, 1173-1182.

Baumeister, R.F., Wotman, S.R. & Stillwell, A.M. (1993). Unrequited love: On heartbreak, anger, guilt, scriptlessness, and humiliation. *Journal of Personality and Social Psychology*, 64, 377-394.

Bem, S.L. (1974). The measurement of psychological androgyny. *Journal of Consulting and Clinical Psychology*, 42, 155-162.

Boitelle, M. (1998). *Werkstress preventie: pilot-studie naar de effecten van een nieuw programma*. Doctoraalscriptie, Katholieke Universiteit Nijmegen.

Clark, H.H. (1973). The language-as-fixed-effect fallacy: A critique on language statistics in psychological research. *Journal of Verbal Learning and Verbal Behavior*, 12, 335-359.

Cohen, J. (1988). *Statistical power analysis for the behavioral sciences*. Hillsdale, NJ: Erlbaum.

Dodge, K., Petit, G., McClaskey, C. & Brown, M. (1986). Social competence in children. *Monograph of the Society for Research in Child Development*, 51, 1-85.

Farver, J.A., Welles-Nyström, B., Frosch, D.L., Wimbarti, S. & Hoppe-Graff, S. (1997). Toy stories. Aggression in children's narratives in the United States, Sweden, Germany, and Indonesia. *Journal of Cross-Cultural Psychology*, 28, 393-420.

Fromm, E. (1956). *The art of loving*. New York: Harper & Brothers.

Green, S.B. (1991). How many subjects does it take to do a regression analysis? *Multivariate Behavioral Research*, 26, 449-510.

Howell, D.C. (1997). *Statistical methods for psychology*. Belmont, CA: Duxbury.

Kenny, D.A., Kashy, D.A., & Bolger, N. (1998). Data analysis in social psychology. In: D.T. Gilbert, S.T. Fiske & G. Lindzey (red.), *The handbook of social psychology* (vierde editie, deel 1, pp. 233-265). New York: McGraw-Hill.

MacKinnon, D.P., Lockwood, C.M., Hoffman, J.M., West, S.G. & Sheets, V. (2002). A comparison of methods to test mediation and other intervening variable effects. *Psychological Methods*, 7, 83-104.

Maris, E. (1998). Covariance adjustment versus gain scores – revisited. *Psychological Methods*, 3, 309-327.

O'Brien, R.G. & Kaiser, M.K. (1985). MANOVA method for analyzing repeated measures designs: An extensive primer. *Psychological Bulletin*, 97, 316-333.

Rogers, C.R. (1959). A theory of therapy, personality, and interpersonal relationships as developed in the client-centered framework. In: S. Koch (red.), *Psychology: A study of a science* (deel 3, pp. 184-256). New York: McGraw-Hill.

Satterthwaite, F.E. (1946). An approximate distribution of estimates of variance components. *Biometric Bulletin*, 2, 110-114.

Scholte, R.H.J., Aken, M.A.G. & Lieshout, C.F.M. van (1997). Adolescent personality factors in self-ratings and peer nominations and their prediction of peer acceptance and peer rejection. *Journal of Personality Assessment*, 69, 534-554.

Searle, S.R., Casella, G., & McCulloch, C.E. (1992). *Variance components*. New York: John Wiley & Sons.

Sobel, M.E. (1982). Asymptotic confidence intervals for indirect effects in structural equation models. In: S. Leinhart (red.), *Sociological methodology 1982* (pp. 290-312). San Francisco: Jossey-Bass.

Struik, D.J. (1990). *Geschiedenis van de wiskunde*. Utrecht: Spectrum.

Tabachnick, B.G. & Fidell, L.S. (2001a). *Computer assisted research design and analysis*. Boston: Allyn and Bacon.

Tabachnick, B.G. & Fidell, L.S. (2001b). *Using multivariate statistics*. Boston: Allyn and Bacon.

Vuren, T. van (1991). Onzekerheid over de arbeidsplaats en het psychisch welbevinden. Directe en indirecte effecten van sociale en psychologische factoren. *Gedrag en Gezondheid*, 19, 191-204.

Whiting, B. & Edwards, C. (1988). *Children of different worlds*. Cambridge, MA: Harvard University Press.

Register

1-factor 23
1-factor-ANOVA 90
1-factor repeated measures 23

Adolescentieonderzoek 69
Alternatieve verklaring 58
Analyse 11
Analysis of covariance (ANCOVA) 22, 23, 90, 101, 102, 105, 120, 196
    beknopt rapport 120
    design 107
    toelichten van beslissingen 125
Analysis of variance (ANOVA) 22, 23, 90, 102, 103, 120, 226
    beknopt rapport 120
    design 107
    univariate 145
ANOVA-tabel 39, 49, 102, 143, 155
    univariate 164
Asymptotisch 234, 240
Asymptotische methode 241
Autonome rijping van subjecten 181
Average 175, 176, 177, 193

B-gewichten 39, 40, 42, 54, 61, 68, 112, 120, 122, 125
Beknopt rapport 31
Beoordelen van de sterkte van een effect 56
Beslissingen
    verwoorden van 39, 116, 145
    toelichten van 120, 125, 194, 205
Bèta-gewichten 79, 80, 81, 88, 89
    voordeel van 85

Between-subjectfactor 16, 18, 22, 133, 164, 168, 182, 235
Block 96
Bronnen van variatie 30
    between 30
    total 30
    within 30

Categorize variables 160, 242
Causaal model 97
Celfrequentie 104
    geobserveerde 237, 238
    verwachte 237, 238
Celgemiddelde 122, 137, 152
    gecorrigeerde 112, 113
    ruwe 113
    van de covariaat 137
Cells (in Crosstabs) 240
Celvarianties, ongelijke 143
Change Contrast 187
Chi-kwadraattoets 225, 234, 238
    hypothesen 236
Chi-square test for independence 25
Coefficient, standardized 83
Columns (in Crosstabs) 240
Commensurabel 18, 167
Condities 162
    aantal 195
Constant 92
Contrasten 162, 164, 165, 173
    Follow-up versus Voor 173
    Na versus Voor 173
Contrasts 187

Controlegroep 168, 173
Controle van assumpties 33
Corrected model 102, 124, 125, 155
Corrected total 30, 124, 156
Correlate 75, 130
Correlatie 90
    afhankelijke variabelen 137
    binnen groepen 106
    covariaat-afhankelijke variabelen 137
    predictoren 45
    predictoren en criterium 45, 88
    voorspelde en geobserveerde scores 41
Correlatiecoëfficiënt 38
Correlatiematrix 45
Correlation 23
Covariaat 13, 16, 18, 22, 33, 37, 102, 104, 105, 107, 108, 113, 133
Covariantieanalyse 105, zie ook Analysis of Covariance
Covariates 121, 151
Cramers ϕ 238
Cramers V 238
Criterium 17, 37, 39, 44
Cross-sectioneel 197
Crosstabs 240

Data Editor 62
Datamatrix 14
Data
    naast elkaar 16, 194
    onder elkaar 16, 194
Decompositieformule 51
Define 187
Define Groups 233
Degrees of freedom 51
Descriptive Statistics 125
Descriptives 98
Design 11, 44, 222
    specificatie van 13
$Df_{Regressie}$ 51
Df_{Residu} 51
Df van de Error 120
Discriminant 25

Domein 126
Double multivariate repeated measures 23
Dubbel multivariate Repeated measures-ANOVA 206, 208, 210, 217
    algemene hypothesen 210, 212
    beknopt rapport 216
    beslissingen 212
    design 214
    hypothesen 210
    kleine N 213
    specifieke nulhypothesen 211
    sterkte van effect 213
    verwoorden van conclusies 212
Dummy
    codering 90
    van twee factoren 95
    variabelen 91, 102, 103, 105, 109, 125
    voor de interactie 95
    voor één factor 91

Effect(en)
    causaal 181
    en between-subjectfactoren 162
    en between-subjectfactoren en covariaten 165
    en within-subjecfactor 162, 164
    sterkte van elk significant 116
    sterkte van het algemene 55
    sterkte van het significante univariate 145
    van matige sterkte 57
Effect verandering meeteenheid 83
Epsilon 195
Error 30, 156
    (tijd) 193
Estimated Marginal Means 111, 120, 121, 125, 151, 156, 187, 194
    beslissingen toegelicht 156
Estimates of effect size 121, 152, 187
Eta^2 31, 122, 134, 143, 152, 155, 213
    partial 114
Exact 234, 240
Exacte methode 232
Experiment 168

Experimenteel gemanipuleerd 58
Explained 30

F_1 en F_2-analyse 126
Factor(en) 16, 39, 102, 103, 107, 108
    fixed 126, 151
    geneste 126
    interactie van 102
    random 126
Factors 187
Fixed factors 121
Frequenties
    ongelijke 143
    verwachte 240
Friedman repeated measures 24
F-waarde 51, 104

Gemiddelden
    gecorrigeerde 106, 120, 125
    ongecorrigeerde 113
General linear model (GLM) 22, 90, 101
Generaliseren 126
Generalized logistic regression 25
Gesimuleerde steekproeven 234
Gestandaardiseerd 79
GLM-Multivariate 23, 131, 132, 133, 161, 176, 177, 205
    aansturen van SPSS 151
    output van SPSS 153
GLM-Repeated Measures 161, 162, 163, 175, 176, 177, 205, 206
    aansturen van SPSS 186
    output van 191, 220
GLM-Univariate 23, 101, 102, 103, 105, 130, 176, 177, 194, 195
    aansturen van SPSS 121, 151, 217
    output van SPSS 123
GLM-Variance Components 126
Greenhouse-Geisser 194, 195, 196
Groep 15
Grouping Variable 233

Hellingscoëfficiënt 38

Hoofdeffect van Groep 172, 173, 177, 180, 193, 206
Hoofdeffect van Tijd 172, 173, 174, 177, 180, 192, 193, 206
Hotelling's Trace 132, 134, 155, 194
Huynh-Feldt 194, 196
Hypothesen 109
    algemene 170, 171
    algemene – en within-subjectfactor 175
    specifieke 116, 170
Hypothesis 30

Independent Samples 233
Interactie 97
    selectie-rijping- 182
    Tijd x Groep 173, 177, 180, 181, 186, 193, 206, 216
Interactiebron 145
Interactieplot 179
Intercept 38, 46, 124, 155, 156, 177
    constant 68
Into different variables 242
Itemsanalyse 126

Kind-met-badwater-weggooien-gevaar 88
Kleinste-kwadratenmethode 94
Kruskal-Wallis 24

Level 2 vs. Level 1 193
Lineair 61, 94, 98
Lineariteit 33, 108
Logistic regression 25
Logit linear regression 25
Loglinear analysis 25
Longitudinaal 197
Lower bound 194, 196

Mann-Whitney U-toets 24, 225, 229, 232, 233
    design 229
    hypothesen 230
Mauchly's test for sphericity 195
McNemar test 25

Measure(s) 17, 197, 205, 206, 207, 218
Mediatie 98
  analyse 97
  sterkte 97
  volledige 97
Meerdere afhankelijke variabelen 22
Meeteenheid 79, 81, 86
Meetniveaus 136
Meting(en) 17, 167, 197
  indeling van 13, 17, 18, 164, 167, 168, 192, 208, 222
  opgevoerde 162, 165, 176
Missende waarneming 195
Model 30, 115, 124
  R^2 van 115
  SS van 115
Moderatie 97, 98
Monte Carlo 234, 240
Multinomial logit 25
Multiple 61
Multiple correlatie 39, 49, 61, 68
Multiple-regressieanalyse (MRA) 22, 23, 37, 39, 90, 101, 102, 103, 104, 120
  algemene hypothese 56
  beknopt rapport van 61
  beslissingen 54, 55
  causale interpretatie 58
  criterium 44
  design 44
  hypothesen 47
  N te klein 56
  predictoren 44
  toelichting 61
Multivariaat 22
Multivariaat, dubbel 22
Multivariate ANOVA (MANOVA) 22, 23, 132, 133, 145, 150
  beknopt rapport 150
  beslissingen 145
  design bij 136
  hypothese bij 138
  kleine N 213
  sterkte van effect 145
  toelichtingen van beslissingen 150
  univariate hypothesen 140
Multivariate F-waarde 134, 144, 177
Multivariate methode 195
Multivariate tests 154, 155, 164, 192, 194
Multivariate toetsen 132, 134, 135, 139, 143, 145, 162, 164, 166, 192, 207, 221
Multivariate variantenanalyse met meervoudige, herhaalde metingen 217

Nameting 168, 173
  verschil bij 181
Niet-gerandomiseerde indeling 168
Niveaus 91, 162
Non-parametrisch 225
Non-parametric Tests 233
Non-parametrische toetsen 226
Non-significant 32
Normaalverdeeldheid 33, 225, 226
  schendingen van 143
Nulhypothese 111
  algemene 39, 41, 48, 49, 54, 55, 102, 109, 116, 173, 206, 210
  behouden van 55, 57
  covariaat 109
  factor 109
  geformuleerd met contrasten 174
  interactie 109
  multivariate 138, 140, 141
  multivariate – voor interactie 143
  specifieke 39, 42, 48, 54, 55, 102, 206
  univariate 138
  verwerpen van 55
Number of Levels 186

Observed 30
Onderzoek, passief-observerend 86
Ongelijke n's 125, 126
Ordinale betekenis 226, 228
Output Viewer 62
Overlap verklaarde variantie 115

Parameter estimates 120, 122, 125, 152

Parameters 32
Part correlatie 89
Part correlation 89
Partial correlation 89
Passief-geobserveerd 58
Pearson 241
ϕ 238
 Cramers 238
Pillai's Trace 132, 134, 143, 155, 194
Plots 122, 152, 187
Populatie 32
Populatie-regressiegewicht 47
[Positie=2] 125
Power 195, 196, 226
Predicted values 75
Predictor 16, 37, 39, 44, 58
 aantal 57
 belang van 85
 binair 94
 blokken van 96
 constant houden van – van de eerste analyse 96
 constant houden van overige 88
 experimenteel gemanipuleerd 86
 gecompenseerd door 88
 onderling ongecorreleerd 87
 range 80, 86, 88
 voorspellende waarde van 89
Primaire verklaring 58
Proefpersonen, aantal 56
Proportie-verklaarde variantie 38, 39, 51, 113
Proportie voorspelde variantie 41, 53
Psycholinguïstiek 126
Puntenwolk 38
P-waarde 51, 54, 143, 232

Quasi-experiment 168, 180, 181, 182, 185, 196, 216
Quasi-F 126

R^2 31, 53, 75, 113, 134, 156, 213
 toename in 96
R^2_{bron} 114

Randgemiddelde 120, 125, 171, 174
Random factor 194
Rangscores 230
Recode 242
Reference category 187
Regressie 51
 hiërarchische 96
 zie ook Multiple-regressieanalyse
Regressiegewicht 46, 58
 causale interpretatie van 86
 gestandaardiseerd, zie bèta-gewicht
 populatie- 80, 109
 relatie gestandaardiseerde en ongestandaardiseerde 83
 zie ook b-gewicht
Regressielijn 38
Regressievergelijking 41, 46, 106, 110, 111
Regression 30, 104, 115, 130
Regression-Linear 38
Relatie indeling van metingen-within-subject-factor 18
Repeated measures 22, 23, 162
 algemene nulhypothese 162
 specifieke nulhypothese 162
Repeated measures-MANOVA 186, 196
 algemene hypothese 178
 beknopt rapport 185
 beslissingen 178
 causale interpretatie 180
 design 167, 208
 hypothesen 170
 multivariate 186
 multivariate methode 194
 N te klein 178
 specifieke hypothese 178
 sterkte van effect 178
 toelichting van beslissingen 185
 univariate methode 194
 verwoorden conclusies 178
 zie ook Dubbel multivariate repeated measures-Anova
Residu 30, 33, 51

Richting
  correlatie 38
  van het effect 32
  van hoofdeffect en interactie 180
Rijpen 182
Risicofactor 42
Rows (in Crosstabs) 240
Roy's Largest Root 132, 134, 155, 194
R squared change 96

Samenhang 234, 235
  ontbreken van 236
Scatter 75
Scatterplot 75
Schaal 82
Select cases 76, 200
Selectiebias 181, 182
Sig. 68, 124, 155
  asymp. 234
  exact 234
Significant 32
  marginaal 117
Sign test 24
Simple regression 23
Source 124
Spearman rank correlation 24
Sphericiteit 194, 195
Spontaan herstellen 182
Spreidingsdiagram 38, 75, 105
SPSS Regression
  aansturen van 62
  output van 66
SS_{Model} 116
$SS_{Regressie}$ 41, 49, 51
SS_{Residu} 51
SS_{Totaal} 41, 49, 51
Standaardafwijking 137
  als meeteenheid 81
Standaardiseren 81, 98, 99
Standard error 54
Steekproefwaarden 32
Subject and items analysis 126
Subjectanalyse 126

Subject/case 15
Subjecten
  aantal 195
  aantal per cel 137
  klein aantal 57, 116, 145
Sum of squares
  type III 114, 115
  unique - 114

Test for two independent proportions 25
Tests of Between-Subjects Effects 124, 154, 155, 165, 193, 221
Test of Within-Subject Contrasts 164, 192, 193, 194, 194, 221
Test of Within-Subjects Effects 193
Test Type 233
Test Variable List 233
Toelichten van conclusies 31, 32
Toetsingsfase 175, 176
Totaal 51
Total 30, 124, 156
Transformatie naar rangscores 226
Transformatiefase 175
Treatmentgroep 168, 173, 174
T-test independent samples 23
T-test matched pairs 23
T-toetsen 90, 226
  voor gekoppelde paren 195
T-waarde 54, 104
Type I-fout 145, 226

Unexplained 30
Univariate contrasttoetsen 194
Univariate F 144
Univariate hypothesen 140
Univariate methode 195
Univariate toetsen 132, 133, 135, 139, 143, 145, 155
Unstandardized coefficients 68

Variabele 15
  afhankelijke 17, 19, 136, 197

afhankelijke – bij een between-subjectfactor 18
afhankelijke – bij een covariaat 18
afhankelijke – bij een within-subjectfactor 18
afhankelijke – van een vraagstelling 19
between subject 163
categoriale 15, 160, 225
continue 15, 39
dependent 197
één afhankelijke 101
gestandaardiseerd 81
intermediërende 97
interval- 15
kwalitatieve 225, 235
kwantitatieve 15
meerdere afhankelijke 131
meerdere kwantitatieve afhankelijke 206
modererende 97
nominale 15
onafhankelijke 15, 96
ordinale 225
R^2 van onafhankelijke 115
SS van onafhankelijke 115
storende 45, 58, 96, 113, 118
uniek verklaarde 118
verklaarde 17
verklarende 15
within-subject 163
Variantie
 -analyse 120
 geobserveerde 50
 multivariate proportie verklaarde 144
 van Y 49
 van Y' 49
 verklaarde 61, 115
 voorspelde 50
Venndiagram 53
 voor verklaarde varianties 115
Verband (correlatie) 38

Vergelijken van gemiddelden 19
Verklaard 115
Verklaren 37
Verklaring
 alternatieve 117, 181, 182
 primaire 117
Vermenigvuldiging van de scores op de predictor 80
Vermenigvuldiging van de scores op het criterium 80
Verschil afhankelijke variabele-niveau van een within-subjectfactor 19
Verschilscores 162
Versus 193
Vertaalfase 175, 176
Voormeting 168, 173, 174
 verschil bij 181
Voorspelde scores 38, 46, 50
Voorspellen 37
Voorspelling 61
Vooruitgang
 controlegroep 181
 treatmentgroep 181
Vooruitgangsscore 174, 176, 177
Vraagstelling 13, 168

Wilcoxon matched pairs 24
Wilks' Lambda 132, 134, 143, 155, 194
Within-subjectcontrasten 170
Within-subjectfactor 16, 18, 19, 22, 132, 161, 162, 164, 167, 168, 182, 192, 195, 206
 en meerdere afhankelijke variabelen 205
 en vraagstelling 19
 name 186
 random 195
Within-subject variables 17, 187, 218
Word, Microsoft 66
WordPerfect 66

$Y_{voorspeld}$ 39, 46